15週年長銷
紀念版

Super Freakonomics
超爆蘋果橘子經濟學

史帝文·李維特 Steven D. Levitt —— 著 —— 史帝芬·杜伯納 Stephen J. Dubner

Global Cooling, Patriotic Prostitutes, and Why Suicide Bombers Should Buy Life Insurance

時報出版

目次

導讀／十五年後讀來，還是一樣勁爆！

林明仁／台灣大學經濟學系特聘教授

林明仁與作者李維特（圖／林明仁提供）

十五年前，我為本書所寫之導讀的標題是：「他竟然這麼快就回來了！」彼時李維特剛因四年前出版的《蘋果橘子經濟學》而名滿天下，那時我心想應該到此為止了吧！不然照這個速度下去，我很快就無哏可用了！沒想到，他居然繼續在二〇一四年、二〇一五年分別出版兩本續集《蘋果橘子思考術》和《蘋果橘子創意百科》，現在更與老友杜伯納合作開設Freakonomics Podcast，並擔任People I (Mostly) Admire系列的主持人，訪問他覺得有趣的人物。更令人驚訝的是，他還能持續發表令人耳目一新的研究（其中包括與我合作的文章，刊登在二〇二〇年的《經濟學刊》〔*Economica*〕，討論如何使用演算法抓作弊的學生），這到底是為什麼？

作為李維特的學生，我早已習慣被問這類問題：「他是怎麼想到要問這麼多有趣的問題？他平常做研究有沒有什麼特殊習慣？當天才老師的學生是什麼感覺？」這些學者都是想看看有什麼祕訣，可以讓他們也能源源不絕地發想有趣的題目。這種心態總令我想起，當年修習諾貝爾經濟學獎得主蓋瑞・貝克（Gary Becker）的個經時，同學們都堅信，他每次上課必喝的某牌礦泉水一定有神奇的力量，一直到期末考後才了解，這是個錯誤因果推論的往事。

不過偶爾也會碰到一些與李維特同等級的學者，做出這樣的評論：「我比較好奇的是，他這樣質量俱佳的產出還能持續多久？」的確，三十二歲就成為芝大經濟系正教授，三十六歲拿下克拉克獎，三十九歲出了一本在全世界銷售了四百萬本的暢銷書，還被《時代》雜誌評選為「一百名型塑我們世界的人」。除了對經濟學的熱愛與諾貝爾獎的誘惑，還有什麼誘因結構可以讓他持續做研究？

更怪、更有趣、更具爭議！

不過，本書的出版消除了我的憂慮。他在《蘋果橘子經濟學》出版後的四年間所做的研究，比起第一本的有趣性與爭議性，恐怕是有過之而無不及。比如說，本書第一章就利用他與凡卡德希（前作第四章中那位單槍匹馬闖進非裔美人幫派地盤的社會學者），在芝加哥街頭與妓院現場所蒐集到的性交易資料，從經濟學的角度剖析此一勞動市場。他們發現，對這些處於社會底層的非裔美籍女性來說，性交易所得只占其所有勞動所得的一部分，且她們也經常必須提供性服務來「賄賂」取締她們的警察！書中也提到，二十世紀初性工作者的實質工資，遠較現在更高。這是因為現代人的道德較高尚嗎？當然不是。其實是因為需求下降——不是對「性」的需求下降，而是對「金錢購買性交易」的需求下降。為什麼？百年前的男性若想要有性行為，只有結婚或上妓院兩個選擇，但是在現代，「隨興」的性卻隨處可見。故這只是經濟學中替代品價格下降原理的應用而已！

李維特也利用與一位走高價路線性工作者愛莉的訪談（當然事先向老婆大人報備過），讓讀者更了解這個市場的運作方式。愛莉提到，當她打算採取以價制量的方式來減少工作時數（應是她工資的所得效果支配了替代效果）時，卻發現即便將價格從每小時三百提高到四百美元，需求量仍絲毫沒有下降的趨勢。這是因為客戶們通常都是高薪專業人士，因此所得彈性很小的緣故。後來，愛莉成為李維特在芝大開設的犯罪經濟學課程固定講者，他還曾經跟我抱怨說：「只有愛莉來的那一週，修課學生才會全員到齊！」

在接下來的章節中，他也說明了為何對兒童來說，安全帶其實比兒童安全座椅更安全；如何判斷急診室中哪一位醫師醫術比較高明，救活病人的機率較高；以及如何從銀行資料逮到恐怖分子等有趣的研究，都可讓讀者仔細咀嚼。而書中第五章對全球暖化的看法，則是本書未上市先轟動的主因，這部分容我稍後說明。

另外，他也介紹了一些年輕新銳學者的研究，這可能是因為他從一九九九到二〇〇八年擔任由芝加哥經濟系發行、經濟學頂尖五期刊之一的《政治經濟學期刊》（*Journal of Political Economy*）主編的緣故。書中前言與第一章，就特別介紹了芝加哥大學布斯商學院助理教授奧斯特（Emily Oster），有關印度女性地位如何因為有線電視的普及而提升（基本上是在說，女性在看了印度的肥皂劇後，產生了「有為者亦若是」的女性自覺），以及中世紀女巫如何成為異常氣候替罪羊的過程。在第二章中，他則介紹了哥倫比亞大學經濟系教授阿蒙（Douglas Almond），有關一九一八年大流感長期影響的研究。阿蒙發現，如果一個人在流感來襲時恰巧處在母親子宮中，那麼這個人長大後的教育程度及工資，會比胚胎期沒碰到流感的人還要低。我個人連結日本時代人口及死亡資料，以及現在的戶口普查與老人調查資料也發現，胚胎時期不幸遇上一九一八年大流感的台灣人，不但在兒童時期身高較矮、體重較輕，老年時也較易受腎臟等疾病的威脅。接著他也介紹了芝加哥大學商學院夏皮洛（Jesse Shapiro，他和奧斯特為夫妻）與根茲科（Matthew Gentzkow）有關媒體（電視）經濟學的研究，這些都顯示了他不吝提攜後進的氣度。而我個人與這幾位青年學者不但熟識，也都有過學術上的切磋，他們現在都已經是經濟學界名聲響亮的頂尖名校教授。

在本書提及的眾多新銳學者中，芝大經濟系的李斯特（John List）教授可說是最為特別的一位。他擅長以現場實驗方法，解決經濟學或社會科學中爭論不休的難題。自一九九六年取得博士至今，已發表超過兩百篇論文，其中有三分之一都刊登在QJE、AER、JPE等期刊上。有關李斯特的早期研究內容，讀者可以參閱第三章。我在此想介紹的是他「非常特別」的求學經驗與學術生涯。李斯特來自德國移民家庭，父親本來希望他繼承家中卡車運輸事業，但他不想聽從父親安排，便拿了運動獎學金到威斯康辛大學史蒂芬點分校就讀，緊接著前往懷俄明大學攻讀經濟學博士。雖然求學時皆非就讀名校，但李斯特從中佛羅里達大學助理教授開始，短短幾年間憑其優異的學術表現，就從亞利桑納州立大學、馬里蘭大學，一路竄升到芝加哥大學的正教授，並於二〇一二至二〇一八年擔任芝大經濟系系主任！Steve曾經公開說過，在他這一代的經濟學家中，最有可能拿諾貝爾獎的不是他自己，而是李斯特！與李斯特互動的過程當中，我也深深感覺他是一個溫柔敦厚、願意尊重及鼓勵後進的謙謙君子。也難怪兩人雖然成長背景南轅北轍（一個來自藍領家庭，上的是名不見經傳的學校；另一個父親是知名消化科醫師，一輩子只待過哈佛、麻省理工和芝大），還是因相似的個人特質與對學術的看法，成了好友與研究上的最佳拍檔。Steve甚至對我直言：「Experimental economics is "the" future of economics!」（實驗經濟學是經濟學的未來！）

芝大經濟學帝國主義最後一塊拼圖

在本書的序言中，李維特承認他在第一部中所言，「《蘋果橘子經濟學》沒有一定的主題」是一派胡言！誘因結構對人類產生的影響，或者更貼切地說，蓋瑞・貝克就是這本書的主題！在這位一九九二年諾貝爾經濟學獎得主五十年的學術生涯中，他將經濟分析的對象，深入到法律、政治、社會學等各個領域，以經濟學角度解析犯罪、家庭、婚姻、生育、政治活動等，傳統上不屬於經濟學研究的領域，而被社會科學界以經濟學帝國主義（Economic Imperialism）來稱呼此一現象。因此，只要想通了人類及社會都是在面臨限制的情況下求效用極大的原則，「經濟」道一以貫之——所有的選擇行為不就都是經濟學嗎？

貝克的貢獻，主要是從經濟理論推導，人類在面臨不同誘因結構下的不同反應。然而，我們可以推演出千百個或優雅或複雜的理論，但在未經現實世界資料測試前，這些理論都只是理論而已！而科學就是實證資料不斷與理論對話辯證的過程。資料所展現的統計結果和經濟故事是否一致？有沒有其他的故事，也會讓我們觀察到同一個現象（這也就是我們常說的，要有alternative hypothesis）？資料能不能讓我們同時支持A假說，但反駁B假說？這些都是我們應用個體經濟學（Applied Microeconomics）者們最重視的事。資料的分析，必須有理論作為導引，而理論的正確與否，則得靠資料來支持。單純只從理論的結果出發，容易淪於空中閣樓或黑板經濟學的象牙塔謬誤；只從資料探勘（data mining）中所得的相關進行推論，也會落入相關並非因果的窘境。唯有將資料與不同理論結果反覆對照驗證，從而自不同的對立假說中，找出在邏輯上最符合資料結果的一個，才能對現實世界有完整深入的了解。李維特在找尋因果關係時，在對資料的蒐集、理論的詮釋，以及找到如何測試不同假說的方法上，都展現了獨一無二、才華洋溢的創新做法，也因此學界與一般讀者在閱讀完他的研究之後，都會認為「對！這個現象，就是這樣解釋。」從這個角度來看，他其實是芝加哥學派經濟學帝國主義的最後一塊拼圖。這也是貝克如此賞識李維特的原因！

他把個體經濟帶進了歧路？

然而，毀譽相隨，李維特在學術與暢銷書上的名氣，讓他的研究結論與書中的每一句話，都受到（過度？）嚴格的檢視。舉例來說，他的〈墮胎合法化與犯罪〉一文，就至少有五組不同的經濟學家從資料蒐集、計量方法等方向加以抨擊，而〈愈多警察、犯罪愈少〉一文，也被發現有統計程式撰寫上的錯誤。他也依循學術規範，針對這些疑慮一一回應，並解釋這些批評對原來的結論基本上並沒有太大影響。讀者在看到這些批評時，應該要記得在應用經濟學的研究中，即便是使用完全相同的資料，但若運用不同分析角度與統計方法，所得結果也不會完全相同！重點是從中釐清不同方法及結果的推論限制，而非一心一意想要證明「誰犯了錯」；秉持這種健康的心態，才能創造有意義的學術對話。

另外，美國交通運輸部長拉胡德（LaHood），也對本書中「對兩歲以上兒童來說，安全帶較安全座椅安全」的論點，非常不滿意，認為李維特是來譁眾取寵的。但這位部長除了一直強調安全座椅比較安全之外，並沒有針對書中的論點如資料的處理或統計結果的推論，做出回應。這與芝加哥公立學校執行長鄧肯（後來擔任歐巴馬團隊的教育部長）的反應大不相同。在閱讀過「小學老師如何作弊」的研究後，鄧肯立刻邀請李維特一起思考，如何對付作弊的教師。他以論文中發展出的偵測公式，找出最有可能出問題的班級重新測驗，並據此開除舞弊的教師。而第二年，舞弊案件也大幅下降了。這不就是一個只在意學生到底學到多少東西的部長應該做的事？不過，最嚴厲的批評來自同為芝大經濟系同僚，也是二〇〇〇年諾貝爾獎得主海克曼（James Heckman）

教授。海克曼認為李維特讓經濟學界產生了一股「生產可愛文章（cute papers）的風潮……淪落到《紐約時報》的層次」。更糟糕的是，「許多年輕人深受此道吸引，因此不願意研究困難但重要的基本問題」！美國《新共和》（*New Republic*）雜誌更在二〇〇七年刊登了〈蘋果橘子經濟學如何搞砸憂鬱的科學〉（How Freakonomics is ruining the dismal science）的專文！

對於這個爭論，哈佛大學經濟系的曼昆（Gregory Mankiw）教授有一個很有趣、也很經濟學的看法。他認為，每個研究方法總有碰到邊際產值遞減的時候，海克曼的複雜數學統計模型是如此，李維特的聰明工具變數法也會碰到這一天。當某一個重要經濟領域的學者太少，即表示投入此一領域的報酬率很高，因此聰明的經濟學家自然會往這個方向投資。簡言之，市場自然會解決這個問題，不必杞人憂天。

邊際革命（marginal revolution）部落格的作者、喬治梅森大學的塔巴洛克（Alex Tabarrok）教授對這個爭辯也有一段一針見血的評論：「大家似乎把海克曼相對於李維特，比喻成是蘇格拉底和愛智好辯者（Sophists）的對立關係。然而，經濟學的未來，不該是李維特對上海克曼，而是李維特與海克曼！」的確，海克曼的研究主題都是既重要又困難，研究結論也總是發人深省。但其實只要是了解海克曼的個性與學術取向的人，都不會對於他覺得「蘋果橘子經濟學」有些「light」感到意外。有些經濟學家研究「重要」的問題，另一些鑽研「有趣」的問題，不也是比較利益的展現？況且，誰說重要的問題一定得以無趣的面貌出現？此外，過去十年的經濟學研究發展，也如同上述兩位所預測的，朝向「李維特與海克曼」發展了。

再者，沒有「蘋果橘子經濟學」，並不代表大家就會去研究重要困難的問題。事實上，絕大多數的經濟學研究不但極度無趣乏味，問的問題瑣碎、毫無價值，更糟糕的是，這些人連花點心思做些娛樂讀者（如提供更多的制度細節或例子）的努力都不肯。而且，研究墮胎、犯罪與教育，應該不算不重要的問題吧？經濟學的本質就是人的行為，本著了解自己的好奇心所做的探險，本應是有趣的；重要困難的問題，也不必然是屬於少數專家且枯燥乏味的，不是嗎？

道德、政治與暖化

本書在最後潤稿階段時，我曾經問他：「你覺得書中最具爭議的是哪個章節？」他不假思索地回答：「第五章有關全球暖化的部分。」「為什麼？」「因為我們花了不少篇幅討論高爾！」當時我就直覺認為，討論全球暖化，一定會遭到比提出墮胎降低犯罪率理論時，更嚴厲無情的批評——因為有許多學者與環保團體都是以研究並宣導此一論點作為畢生志業。果不其然，許多長年推廣「若不趕快節能減碳，全球暖化將會毀滅地球」的有識之士紛紛群起攻之。但第五章的重點其實是：如果我們必須盡快讓地球降溫，除了減少排放二氧化碳之外，還有沒有其他方法可以減緩地球暖化的速度？這些方法的成本效益分析為何？在地球暖化的後果如此嚴重，且實施主流政策的成本（即大幅減少二氧化碳）又是如此巨大的情況下，我們豈不更應該就各種可行方案反覆評估？說不定我們最後會發現，地球工程的想法不符合經濟效益，但這無損此章的重要性，因為這是在仔細分析各種可行性成本效益後獲得的結果，而非在知道二氧化碳是暖化元凶後，就認定減碳是唯一的選擇！

大家都來當蘋果橘子經濟學家

我曾經收到一封學生的教師節賀卡，其中有一段「抱怨」說：「老師，自從上了你的課之後，有時我都會變得神經兮兮的（^_^）。因為你總是能把平時生活跟經濟學扯上關係，而且對經濟學理論也超有感覺。我也有想過要試試，可是，太難了啦！！！！！」其實，鼓勵大家以經濟學的角度思考問題，發掘人們是如何因應生活中的種種誘因，是我們芝加哥學派一貫的理念，也是Steve寫作的初衷。經濟學思考與一般人的道德思考法大不相同：前者講究的是各種不同解決方案的取捨，特別強調的是，人們面對解決方案創造出的新誘因會有什麼反應，而這些新反應對我們的政策目標有何影響，尤其是經濟學家注意的重點。另一方面，道德思考對政策好壞的判準，則為政策是否使人感覺不道德，或者是否出於善意。該方法完全憑直覺，根本不論政策後果，也不對不同政策比較分析其成本效益。於是，防治愛滋病，就要教導年輕人不可以有婚前性行為，因為這是不道德的，又會染病，而非教導他們如何利用保險套或選擇較安全的性伴侶等方法來減低傳染的風險，卻完全不管這兩者哪一個才能有效降低感染率。這種道德至上政策的後果，傷害到的經常是原先最想幫助的那群人！這也難怪芝大商學院教授、曾任歐巴馬總統經濟顧問的古斯比（Austan Goolsbee）要大聲疾呼：「道德不會改變人的行為，價格才會！」從經濟學的角度去解析人類行為，社會處處皆能讓我們有知識的驚奇。從經濟學的角度去解析政府政策，能讓我們更清楚了解政策的後果，也才不會落入海耶克所言的「通往地獄之路，往往是善意所鋪成」的窘境。希望讀者在看了這本書後，也能夠像我的學生一樣，開始神經兮兮地想利用誘因結構來解釋日常生活中的所有現象，找到自己的「Aha Moment」（啊哈時刻），加入蘋果橘子經濟學家的陣容！

（本文由初版導言修訂而成，作者為台灣大學經濟學系特聘教授）

An Explanatory note

說在前頭｜《蘋果橘子經濟學》沒說清楚的事

是該坦白的時候了，在前作《蘋果橘子經濟學》中我們撒了謊，而且是兩個謊。

第一個謊言出現在前言，文中寫到，這本書沒有統一連貫的主題，以下將說明這是怎麼一回事。出版此書的公司（都是正派、聰慧之士）在閱讀我們的初稿之後，提出了警告，他們說：「這本書沒有一貫的主題！」原稿內容隨機地敘述許多關於作弊的老師、自利交易的房地產經紀人、窮得只能跟老媽住一起的毒販的故事，但沒有一個漂亮的理論基礎，可以把這些故事總結歸納。

當我們為這本大雜燴文集提出一個書名「Freak-onomics」時，出版公司發出的警告更大聲了，我們甚至可以聽到電話那頭有手掌拍擊額頭的聲音：「這兩個傢伙提交了一本沒有一貫主題的稿子，和一個荒謬、虛構的書名！」

在已經出版的這本書中，我們一開始就在「緣起」裡承認，關於書中的內容，並無一個一貫的主題，因此，為了維持太平（以及保有此著作的版稅預付款），我們決定繼續堅持這點。

但其實，這本書是有個一貫的主題，儘管在當時，這點並不明顯，而且，連我們自身也沒能明確看出。若一定要勉強提出一貫的主題，可以使用這幾個字：「人們會對誘因有所反應」。若要說明得更詳細，或許可以這麼闡釋：人們對誘因會有反應，儘管未必以可預期或明顯的方式反應。因此，宇宙中最強力的定律之一是「始料不及後果定律」（the law of unintended consequences），此定律適用於學校老師、房地產經紀人、毒販，也適用於孕婦、相撲選手、貝果銷售員、三K黨。

與此同時，書名仍然懸而未決，歷經數月和許多建議，包括「非傳統智慧」（是嗎？）、「那可不一定」（啊？）、「E-Ray異象」（別問我們這是什麼東東），出版公司最後認為，「Freakonomics」也沒有那麼糟嘛，或者，更確切地說，這個書名太糟了，搞不好反而不賴喲！

又或者，他們根本是累了、乏了，不想再耗下去了，就用「Freakonomics」吧！

書名副標說明此書探討的是「所有事物隱藏的一面」，這是我們撒的第二個謊。我們以為，人們看到這些字眼，自然知道這是刻意的誇大修辭，但有些讀者逐字嚴肅看待，指責我們敘述的大雜燴故事其實並未涵蓋「所有事物」。因此，這個副標雖非刻意的撒謊，卻變成了一個謊言，我們在這裡向各位致歉。

不過，我們未在前作中寫進「所有事物」，這個失誤本身倒是導致一個始料不及的後果：需要第二本著作。但我們在此要言明，第一本著作和第二本著作加起來，仍然未能涵蓋「所有事物」。

我們兩人迄今已合作數年，此合作關係始於杜伯納（作家兼記者）為雜誌撰寫一篇關於李維特（經濟學家）的文章，儘管一開始，雙方針鋒相對（以彬彬有禮的方式），但當幾家出版社提供一筆還不賴的酬勞，邀請撰寫一本書時，我們決定攜手合作。（別忘啦，人們會對誘因有所反應，不論一般人怎麼看，經濟學家和記者也是人哪！）

在我們討論這筆酬勞該如何分配時，幾乎一開始就陷入僵局，兩人都堅持六四拆帳，但當發現彼此都認為對方應該分得六成酬勞時，我們心裡都明白，這將是不錯的合作關係。於是，我們決定五五對分，便開始幹活了。

撰寫第一本書時，我們並沒有感受到太大壓力，因為我們當時真的認為，不會有多少人讀這本書。（李維特的父親也這麼想，他說接受預付款是「不道德的事」，哪怕只是一文錢！）這種低期望使我們沒有心理負擔地輕鬆施展手腳，撰寫任何我們覺得值得一書之事，因此，我們樂在其中。

沒想到，《蘋果橘子經濟學》轟動賣座，這令我們既吃驚又興奮，立即想要乘勝追擊推出新作，例如出一本《傻瓜也能懂蘋果橘子經濟學》（Freakonomics for Dummies），或是《蘋果橘子經濟學心靈雞湯》（Chicken Soup for Freakonomics Soul）之類的，大概能賺不少錢，但我們想等到做了足夠研究，多到我們忍不住想寫下來時，再出第二本。經過四年多，這一刻終於來臨，第二本著作誕生了，我們相信它必定比第一本還要精采，當然，是否真是如此，得由讀者諸君論斷，或許它跟第一本一樣，問市之前，有人擔心那本書的市場反應恐怕很糟糕。

別的不說，出版公司這回就接受了我們頑固的糟糕品味：當我們提議這本新書取名為「SuperFreakonomics」時，他們毫無半點異議！

各位讀者啊，若這本書有任何益處的話，你本身也做了貢獻呢！在這個通訊如此便宜、容易的年代，寫書的好處之一是，作者能夠直接聽到讀者的回響，既大聲又清晰，且為數眾多。好的回饋意見難得，且非常珍貴，我們不僅收到對第一本著作的回饋意見，也獲得許多有關於未來探討題材的建議。有些人以電子郵件提供的意見被納入本書內容，在此向你們致謝。

《蘋果橘子經濟學》一書的成功，產生了一項特別奇怪的副產品：我們經常受邀（分別，或一起）向各種團體演講。在這些場合，我們往往被引介為「專家」──噯，就是我們在《蘋果橘子經濟學》一書中提醒你當心的那種人啦，那些享有資訊優勢而有誘因去利用這種優勢的人。（我們可是盡全力去糾正聽眾，使他們明白，我們並不是所有事物的專家。）

這些際遇也創造了日後寫作的材料。有一回，在加州大學洛杉磯分校演講時，杜伯納談到，人們總是說他們使用洗手間後會洗手，但實際上這麼做的情形遠少得多。演講結束後，一位男士走到講台前，伸出手，他說他是泌尿科醫生。這自我介紹雖令人有點倒胃，但這位泌尿科醫生述說的故事卻十分引人入勝，他談到在一個影響性很大的環境（他任職的醫院）中，未做好洗手工夫所導致的問題，以及該醫院如何以富創意的誘因措施克服了這些問題。你將在本書中讀到這個故事，以及另一則值得稱頌的故事，談到很久以前，某位醫生也致力於克服不良的手部衛生問題。

在另一場對創投家的演講中，李維特談到他和社會學家蘇西耶・凡卡德希（Sudhir Venkatesh）共同進行的某項新研究，《蘋果橘子經濟學》一書中曾經敘述凡卡德希和一名販毒幫派老大一起歷險的故事。李維特和凡卡德希進行的這項新研究，想了解芝加哥流鶯的日常作息。巧的是，這場演講的聽眾中有一位創投家（書裡替他取了個假名「約翰」），在當天稍晚以一小時三百美元的價格，和一名流鶯（書中稱她為「愛莉」）約會。約翰來到愛莉的公寓後，看到她的咖啡桌上擺了一本《蘋果橘子經濟學》，他問道：「妳從哪裡拿到這本書？」愛莉說，是她的一位「同行」女性友人給她的。

約翰想給愛莉一個深刻印象（男性想感動女性的本能是很強烈的，就算是在進行性交易、而且已經付了錢時，這種本能依舊存在），他告訴愛莉他當天正巧出席了此書作者之一的一場演講。約翰大概認為一個巧合還不夠，他又告訴愛莉，李維特正在研究有關娼妓的題材。

幾天後，李維特收到一封電子郵件：

我從我們彼此認識的某人那兒聽聞，你正在撰寫一篇有關娼妓的經濟學論文，對吧？我不知道這是不是一項重要的研究計畫，或是那位消息人士在愚弄我，只好冒昧寫了這封信讓你知道，若有需要，我樂意提供協助。

謝謝，愛莉

不過，有個複雜問題得解決：李維特得向他的太太和四個小孩解釋，下個週六早上，他不在家，他要和一位娼妓吃早午餐。李維特提出辯解理由：親自和這名娼妓會面很重要，因為這有助於正確建構她的需求曲線。不知怎麼地，家人相信了他的說辭。

所以，在本書中，你也將讀到愛莉的故事。

促使愛莉的故事得以納入本書中的一連串事件，或許可以歸因於經濟學家所謂的「累積優勢」：我們的第一本著作《蘋果橘子經濟學》的名氣，為第二本著作的撰寫創造了其他作家可能無法享有的許多優勢。我們最希望的是，已善加利用這種優勢。

最後要說的是，在撰寫此書時，我們盡量減少使用經濟學術語，對許多讀者而言，這類術語可能既深奧難解，也不容易記住。因此，與其將愛莉事件視為「累積優勢」的例子，我們不妨就稱它為……「怪異」吧！

Introduction

Putting The Freak in Economics

前言｜把怪誕加進經濟學裡

生活中有許多困難的決定。你應該從事哪一種職業？是否需要把衰老多病的母親送往療養院？你和你的配偶已經有兩個小孩了，該不該再生第三個？

這些決定之所以困難，有一些原因。其一是利害性高，其二是涉及高度不確定性，說到底，類似這樣的決定並不常出現，這意味著你並不常有練習做這類決定的機會。你大概很熟練於採買雜貨，因為你經常做這件事，至於購買人生的第一棟房子，那可是全然不同的一碼事。

另一方面，有些決定倒是十分容易。

想像你去參加朋友家裡舉行的派對，他家離你家只有一哩遠，你在派對上玩得很盡興，也許是因為你喝了四杯紅酒。現在，派對曲終人散了，你一邊喝掉最後一杯酒，一邊掏出你的汽車鑰匙，突然間，你決定不該這麼做，因為你現在的狀況不適合開車回家。

在過去數十年，我們被嚴格教育有關酒後駕車的危險性，酒後駕車的肇事率比清醒駕車高出十三倍。

可是，酒後駕車的人仍舊很多，在美國，所有重大車禍事故中，有超過三〇％涉及至少一名駕駛人酒後開車。在飲酒最盛的夜間時段，這個比例高達近六〇％。總的來說，平均每一百四十哩行車路程中，就有一哩路程是酒後開車，相當於每年有二百一十億哩的酒後駕車。

為何有這麼多人酒後駕車呢？也許是因為酒後開車者鮮少被抓到，這可能是最發人警醒的統計數字，平均每兩萬七千哩的酒駕路程中，只有一哩被抓。這意味著，你可以一邊喝著啤酒，一邊開車橫跨全美，再開回來，接著再來回三趟後才會被警察攔檢。跟絕大多數壞習慣一樣，若能制定夠強烈的誘因措施，也許就能完全消除酒駕，例如隨機擺放路障，對酒駕者就地正法，不過，我們的社會恐怕不能接受這種做法。

話說回頭，你在朋友家的派對結束時，做出了似乎是有史以來最容易的決定：你決定不開車，改而走路回家，反正只有一哩路嘛。你找到你的朋友，感謝他舉辦的這場派對，並告訴他你打算走路回家，他十分贊成你的明智判斷。

可是，他應該贊成嗎？我們都知道酒後駕車有多危險，但酒醉後走路❶呢？這個決定真的那麼容易嗎？

酒醉不開車也別走路

讓我們來看看一些數字。每年有超過一千名喝醉的行人死於交通意外❷，他們偏離人行道，走上城市街道；他們躺在鄉間道路上休息；他們搖晃莽撞地奔跑穿越車水馬龍的公路。相較於每年跟酒醉相關的交通事故死亡總人數（約一萬三千人），死於交通意外的酒醉行人數目相當少，不過，當你選擇酒醉走路或駕車時，要看的並不是這些總數。真正切要的問題是：以平均每哩來看，到底是酒醉駕車比較危險，還是酒醉走路比較危險？

平均每位美國人每天在住家或工作場所以外的地方走約半哩路，十六歲以上的美國人約兩億三千七百萬人，所以，算一算，可駕車年齡的美國人每年在外行走四百三十億哩。若我們假設這些行走哩程中，平均每一百四十哩中有一哩是酒醉走路（相同於酒駕的哩程比例），這相當於每年有三．〇七億哩的酒醉走路。

用這些數字來算一算，你會發現，若以平均每哩來看，酒醉行人因交通事故致死的機率，比酒駕者因交通事故致死的機率高出八倍。

還有一項重要警告：酒醉行人通常只會導致自身受傷或死亡，不會導致他人受傷或死亡，但酒駕者就不同了，在涉及酒精的死亡車禍中，三六％的受害人是乘客、行人，或其他駕駛人。不過，就算把那些無辜死亡者排除在外，以平均每哩來看，酒醉行人因交通事故致死者，仍然是酒駕肇事致死者的五倍。

憑此數據，在離開朋友家的派對時，你的決定應該很明顯：開車比走路安全。（當然啦，少喝點，或是叫輛計程車，會更安全。）下一回，你在派對上喝了四杯酒後，在決定如何回家時，你的考慮應該會有點不同吧。或者，要是你已經喝得太醉了，也許你的朋友會幫忙，因為，真正的朋友不會讓他的朋友酒醉後走路❸。

電視解放了印度婦女

若你能選擇出生於世界任何地方，印度大概不會是最明智的選擇。儘管自我吹捧為全球經濟中發展快速的要角，但整體而言，這個國家仍然非常貧窮。印度人民平均壽命和識字率仍低，汙染與貪腐情形嚴重，在超過三分之二人口居住的農村地區，獲得電力供給的住家還不及一半，平均每四戶住家只有一戶住家有廁所❹。

當個印度女人尤其不幸，因為許多印度父母有強烈的重男輕女觀念。已有兩個兒子的印度家庭中，只有一〇%想再生個小孩；反觀已有兩個女兒的印度家庭中，有將近四〇%想再接再厲試試看。在印度，生個男孩猶如創造了一個個人退休基金，他會長大成為賺錢的男人，奉養父母的晚年，時候到了，替父母點燃火葬的柴堆。反觀生了個女兒，意味著把退休基金換貼嫁妝基金的標籤，長久以來，嫁妝習俗雖為人詬病，但新娘的父母給新郎或其家人現金、汽車、房地產，仍是普遍之事。還有呢，婚禮的費用通常也是由女方家庭支付。

為全球各地貧窮唇顎裂兒童施行修補手術的美國慈善組織微笑列車（Smile Train），最近在印度清奈（Chennai）待了一段時間，當地一名男子被問到他有幾個小孩時，他回答：「一個。」該組織後來得知該名男子的確有個兒子，但他還有五個女兒，他顯然認為這些女兒不值得一提。微笑列車組織還得知，清奈的產婆有時收費二・五美元，受託悶死剛出生的唇顎裂女嬰，因此，該組織決定利用誘因做善事，開始提供獎金以鼓勵產婆把唇顎裂女嬰帶到醫院施行修補手術，每帶來一名女嬰，可以獲得最高達十美元的獎金❺。

在印度，女性地位嚴重低落，以至於印度女性人口比男性少約三千五百萬人。經濟學家阿馬蒂亞・沈恩（Amartya Sen）口中所謂的「失蹤女性」，大多數被推測為已經死亡，可能是因間接手段致死（例如女孩的父母不提供營養食物或醫療，可能是為了保留這些資源給女孩的兄弟），或是被直接殺害（女嬰出生後被父母或產婆弄死），或是墮胎（這種情形愈來愈多）。即使在偶爾才見電力供應、難以找到乾淨供水的印度最小村莊，孕婦也能付錢請技術員以超音波掃描胎兒的性別，若懷的是女嬰，就施行墮胎。近年，由於這類性別選擇性墮胎的情形愈來愈普遍，印度的男性與女性人口比例失衡狀況愈來愈嚴重，這種現象也發生在其他重男輕女的國家，例如中國。

幸運得以長大成人的印度女嬰，在人生的幾乎每個階段都面臨不平等待遇，她賺的錢比男性少，受到的健康照料較差，接受的教育較少，或許還受到日常的殘暴待遇。在一項全國性健康問卷調查中，五一％的印度男性表示在某些境況下打老婆是合理的事；更令人吃驚的是，五四％的女性贊同這種看法，例如老婆把晚餐燒焦了，或是未經丈夫允許而離開住家。每年有超過十萬名年輕印度女性被燒死，這其中有許多是索奩焚妻＊（bride burning），或是其他的家暴情況。

印度女性的非意願懷孕及感染性病風險也很高，包括愛滋病高感染率，原因之一是印度男性在性交時使用保險套不當的情形超過一五％，為何失敗率如此高呢？根據印度醫學研究委員會的調查，約六〇％的印度男性陰莖太小，不適用依照世界衛生組織規格生產的保險套。這項研究調查歷時兩年，有超過一千名印度男性接受科學人員度量他們的陰莖大小及拍照，一名研究人員指出：「保險套規格不適用印度男性。」

存在這麼多的問題，該如何改善印度女性（尤其是絕大多數居住在鄉村地區的女性）的生活呢？

印度政府做了一些嘗試，例如立法禁止索討嫁妝和視性別選擇墮胎，但民間普遍漠視這些法律。還有一些幫助婦女的金錢干預措施，包括「我的女兒，我的新娘」（Apni Beti, Apna Dhan）計畫，付錢給鄉村婦女，以鼓勵她們不要墮掉女胎；龐大的微型信貸產業，對女性提供小型事業貸款；以及許多國際性援助機構推出的種種慈善方案。印度政府也誓言要促使更易於取得尺寸較小的保險套。

不幸地，這些方案大都複雜、所費不貲，充其量只獲致表面上的成功。

不過，另一種干預似乎見到了成效。跟超音波機器一樣，這項干預得仰賴技術，但跟婦女本身沒多大關係，跟生小孩這碼事的關聯性更低。它也不需要靠印度政府或多國籍慈善組織的管理，事實上，它根本不是針對幫助任何人而設計的，至少不是我們一般認為的「幫助」方式。它只是一項已經有相當歷史的企業產物，叫做「電視」。

官方電視台已經存在數十年，但是，低品質和枯燥乏味的節目令人覺得不值一看。不過，情況在近年間有了改變，拜器材與播送價格的明顯下滑所賜，印度有廣大地區已經安裝了有線電視和衛星電視。自二〇〇一年至二〇〇六年間，有一億五千萬印度人首度可以收看有線電視，他們的村莊突然間可以收看到發送自印度大城市及海外的最新遊戲節目、肥皂劇、新聞、警政措施。電視使得許多印度鄉村居民首度看到外面的世界。

不過，並不是每個印度村莊都能收看到有線電視，那些取得有線電視服務的村莊也只能在不同時段收看，這種情形產生了經濟學家喜歡研究的資料，這可是極棒的自然實驗。村莊能否收看到及何時可收看到有線電視，使得村莊居民及他們的生活產生了變化，愛蜜莉．奧斯特（Emily Oster）和羅伯特．詹森（Robert Jensen）這兩位年輕的美國經濟學家藉由度量這些變化與差異，洞察電視對於印度女性產生的影響。

他們檢視印度政府對兩千七百戶家計單位（大多數位於農村）進行調查所獲得的資料，這項調查詢問十五歲以上女性的生活型態、偏好和家庭關係。調查結果顯示，最近可收看到有線電視的女性明顯不願意容忍打老婆的情形，較不會承認有重男輕女傾向，並且較可能發揮個人自主權。電視似乎以政府干預無法做到的方式賦予女性權力。

是什麼導致這些變化呢？是印度女性從電視上看到遍布世界各地的影像後，變得更自主了嗎？——在那些影像中，女性隨心所欲地裝扮自己、處理自己的錢、不被當成所有物或生孩子的機器。抑或這些節目只是使得印度農村婦女覺得，羞於對政府訪查員承認她們受到太糟糕的待遇？

對於這些親身調查所獲得的資料，我們可以合理抱持懷疑，人們口中述說他們如何表現其舉止行為，跟他們的實際行為之間往往存在相當大的差距。套用經濟學的術語，這兩種行為是「宣稱偏好」（declared preferences）和「展現偏好」（revealed preferences）。再者，當撒謊不會付出代價時（例如在這樣的政府調查中撒謊），可以預期會出現不少撒謊的情形。撒謊甚至可能是潛意識行為，受訪者說的是她認為訪查員想聽的話。

不過，當你能夠度量「展現偏好」或實際行為時，你就能獲得可信度頗高的洞察，歐斯特和詹森就是因此而發現了確實變化的可信證據。可收看有線電視的印度農村家庭，其生育率開始低於無法收看到有線電視的農村家庭（在印度這樣的國家，較低的生育率通常意味著女性有較高的自主權，且健康風險性較低）。可收看有線電視的家庭也比較願意讓他們的女兒繼續接受教育，這意味著這些家庭的女孩較受到重視，或至少被認為應該獲得跟男孩平等的待遇。（值得一提的是，男孩的入學率並未改變。）這些確實的數字使得那項印度官方調查中受訪者的自述資料可信度提高，有線電視似乎真的對印度農村婦女賦權，甚至已經到了促使她們不再容忍家暴的地步。

或者，也可能是她們的丈夫太忙於收看板球賽事，沒時間找碴施暴啦。

沒排碳問題的年代被淹沒在馬糞中

當世界邁向現代紀元時，人口稠密度也在短期內暴增，這種情形大多發生於倫敦、巴黎、紐約、芝加哥之類的大城市。以美國為例，在十九世紀，城市的居民增加了三千萬人，其中有一半是在最後二十年增加的。

但是，隨著人口和他們的家當從一地遷居至另一地，一個問題出現了。主要的交通方式製造出一堆副產品——經濟學家所謂的「負面外部性」（negative externalities），包括交通阻塞、高保險成本、太多的交通死亡事故。原本被供在餐桌上的穀物，有時被轉化為燃料，導致食物價格上漲和食物短缺。還有空氣汙染和有毒排放物，危害環境與人們的健康。

我們談的是汽車，對吧？不，不是汽車，我們談的是馬兒。

自古以來，力氣大、用途廣泛的馬兒是人類的好幫手，隨著現代城市的擴展，馬兒被用來做很多事：拉街車和私家馬車、拖運建築材料、載運從船上及火車卸下的貨物，甚至為製造家具、繩索、啤酒、衣服的機器提供馬力。要是你的年幼女兒生了重病，醫生還會騎馬奔馳至你家。當發生火災時，一隊馬匹拖拉消防泵車衝過街道，奔往現場。在邁入二十世紀之初，大約有二十萬匹馬豢養在紐約市，且供人們驅使，當時，紐約市人口與馬口的比例是十七比一。

不過，馬兒也會製造麻煩！

運貨馬車導致街道嚴重阻塞，當馬兒的健康垮了，牠往往被當場斃命，這導致進一步的交通延誤。許多馬主為防欺騙詭計，簽定的壽險合約中要求馬兒必須由第三方施行安樂死，這意味著必須等候警察、獸醫，或美國防止動物虐待協會人員抵達現場。就算馬兒死了，交通阻塞問題也沒就此完結，交通學者艾力克・摩里斯（Eric Morris）寫道：「死了的馬兒非常笨重難移，因此，清道夫通常會等到馬屍腐爛，他們便能更容易地把牠鋸成塊後運走。」

鐵製馬車輪和馬蹄發出的聲響實在吵死人（據說導致很多人患精神病），因此，有些城市禁止馬車行走於醫院和其他敏感地區的周邊街道。

馬兒或馬車並不像你在電影中看到的那般易於操控，尤其是在滑溜、擁擠的城市街道上，不論車或馬都經常撞倒人，據說在一九〇〇年，馬匹導致的意外事故奪走了兩百條紐約人性命，相當於平均每一萬七千名居民中就有一人因此喪命。這裡給你一個比較數字：在二〇〇七年，有二百七十四名紐約客死於車禍，相當於平均每三萬名紐約客中有一人因車禍喪命。換言之，紐約客在一九〇〇年死於馬匹導致意外事故的機率，是現今紐約客死於車禍機率的近兩倍！（很遺憾，沒有關於酒後騎馬和酒駕馬車的統計資料，不過，我們可以設想數字恐怕高得嚇人。）

最嚴重的問題是馬糞，平均每匹馬一天拉出約二十四磅的糞便，二十萬匹馬一天拉出近五百萬磅的糞便，這大堆馬糞都去了哪兒？❻

更早數十年，當城市裡的馬兒沒那麼多時，存在一個運作順暢的馬糞市場，農夫購買馬糞，運送（當然是用馬運送囉）至他們的農場。但是，隨著城市人口爆炸性成長，出現了馬糞嚴重供給過剩的現象，在空地上，馬糞堆積到六呎高，在城市街道邊，馬糞堆積得猶如雪堆。在夏天，臭氣沖天；下雨時，濃稠的馬糞湯湧上人行道，滲漏進商店與住家的地下室。今天，當你欣賞舊紐約的褐石建築，以及它們優雅地比街道高出一道矮層，走上二樓才是客廳時，請別忘了，這在當年是必要的設計，好讓屋主高居於馬糞海上。

這些糞便非常有害健康，會滋生多到難以計數的蒼蠅，散播各種致命疾病。老鼠和其他害蟲群集於堆積如山的馬糞中，揀食未被消化的燕麥及其他馬飼料（拜更多馬兒需要飼料之賜，人們食用的穀物價格更貴了）。在當時，沒有人擔心地球暖化的問題，若當時的人們擔心此問題的話，馬兒鐵定成為頭號公敵，因為馬糞排放出的沼氣是引發強大溫室效應的氣體。

一八九八年，紐約主辦第一屆國際城市規畫研討會，馬糞是這場研討會的主要議題，因為世界各地的城市都面臨相同的馬糞危機。但大家想不出個對策，摩里斯寫道：「被此危機難住之下，這場城市規畫研討會宣布徒勞無功，原訂舉行十天的會議，只開了三天就落幕。」

這世界似乎到了沒有馬兒將無法生存、但有了馬兒也生存不下去的地步。可是，後來，這問題消失了，妙計既不是政府頒布的什麼勒令，也不是來自什麼天啟，城市居民也沒有屈服於馬力帶來的利益之下，起而推動什麼利他主義或自制之類的群眾運動。是技術創新解決了這個問題。不，不是創造出排糞量較少的動物，而是遠較乾淨、有效率的電車和汽車問世，把馬兒踢進了柵欄裡。比馬車更便宜、更易操控的汽車被稱為「環境救星」，世界各地城市終於能夠不用掩鼻地深呼吸，並再度邁開大步向前進。

創造性破壞

很不幸地，故事並未就此劃下句點。拯救了二十世紀的解方，似乎已經危及二十一世紀，因為汽車和電車也製造出它們的負面外部性。過去一世紀，超過十億輛汽車和成千上萬的燃煤發電廠所排放出的碳，似乎已經導致地球的大氣層溫度升高。馬兒的活動曾經對文明發展構成威脅，如今，人類活動也對文明發展構成威脅。哈佛大學環境經濟學家馬丁・魏茲曼（Martin Weitzman）說，全球氣溫將升高到足以實際毀滅地球的機率大約是五％。在某些陣營（例如向來對任何世界末日預言都有興趣的媒體），這類毀滅論更強烈。

這其實並不令人太驚訝，當某個問題的解方尚未端在我們眼前之前，我們總是很容易認為問題沒有解方。但是，歷史一再證明，這種假設是錯的。

這世界絕對不完美，也不是所有進步都總是有益，就算是社會普遍蒙益之事，也無可避免地造成某些人的損失，這也是經濟學家熊彼得（Joseph Schumpeter）之所以稱資本主義為「創造性破壞」（creative destruction）的原因。

不過，人類為看似棘手問題尋找技術性解決方法的能力很強，全球暖化問題很可能也是如此。並不是說這問題的潛在嚴重性不大，但人類的智謀（尤其是在有適當誘因下）更大。更令人鼓舞的是，技術性解方往往遠比毀滅論者所能想像的更為簡單、便宜。事實上，在本書最後一章，我們將看到，一群工程師已經發展出三種全球暖化問題的解方，每一種解方都可以用低於肯塔基州堅蘭（Keeneland）拍賣會上所有良種馬的價格買到。

順帶一提的是，馬糞的價值已經回升了，最近，麻州一牧場的主人請警方制止一位鄰居運走該牧場的馬糞，這位鄰居聲稱這是誤會一場，此牧場的前主人允許他這麼做。不過，牧場現在的主人可不依，他要求這鄰居得為他取走的馬糞付六百美元。

這位喜愛馬糞的鄰居是誰呢？正是那位提出全球暖化嚴重預測的經濟學家魏茲曼。當此事見諸報端時，一名同事寫信給魏茲曼：「恭喜啊。我認識的經濟學家幾乎全是馬糞的淨輸出者，而你，似乎是淨輸入者。」

「蘋果橘子經濟學」到底在講啥？

征服馬糞、有線電視的意外效果、酒醉走路的危險性，這些跟經濟學有什麼關係？與其把這類事當「經濟學」來思考，不如將它們視為「經濟方法」（economic approach）的例示；使這個名詞變得流行且通俗的是一九九二年諾貝爾獎得主、長期任教於芝加哥大學的經濟學家蓋瑞・貝克❼（Gary Becker）。貝克在獲頒諾貝爾獎時的致詞中解釋，經濟方法「不假設個人只受到自私或利益的激勵，它是一種分析方法，不是有關什麼動機因素的假設……，行為受到很廣泛的價值觀和偏好的影響。」

貝克的學術生涯始於研究和經濟學並非密切相關的主題，例如犯罪與懲罰、吸毒、時間分配、婚姻的成本與效益、養育小孩、離婚等，他的多數同事並不鑽研這類東西。「有很長一段時間，絕大多數重要經濟學家忽視或非常不喜歡我所研究的主題，我被視為偏離經濟學領域，或根本稱不上是真正的經濟學家。」

噯，要是貝克研究的東西不是真正的經濟學，那我們也想研究它們。坦白說，貝克研究的東西其實是「freakonomics」——把經濟方法和惡質、怪異反常的現象結合起來，只不過，當時還未造出「freakonomics」這個字。

在獲頒諾貝爾獎時的致詞中，貝克指出，經濟方法並不是一種題材，也不是用以解釋經濟的數學工具，而是決定對這個世界進行有點不同的檢視。經濟方法是有系統地說明，人們如何做決定與如何改變他們的心意；如何選擇愛與結婚的對象，如何決定恨、或甚至殺了某人；偶然看到一堆錢時，他們會偷走、不理會、抑或再加添上一些；為何他們害怕某個事物，但對於僅僅有點不同的事物，卻又那樣渴望期盼；為何他們會懲罰某種行為，但獎勵另一種類似的行為。

經濟學家如何說明這類決定？通常是始於蒐集大量累積資料，可能是刻意產生的資料，也可能是意外留下的資料。只要問對了問題，一群好資料可以大大幫助說明人們的行為，在本書中，我們做的事就是提出適當、正確的問題❽，這可以幫助我們說明——例如，在某種情況下，腫瘤學家或恐怖分子或大學生如何行動，以及為什麼。

把人類行為的怪異性歸納為冰冷的機率數字，有些人可能對此感到不舒服，我們之中有誰想讓自己被描繪為「典型」（typical）呢？舉例而言，若把地球上的所有女性和男性合起來計算，你會發現，典型的成年人平均有一個乳房和一個睪丸；但實際上，有多少人符合這樣的描述？若你所愛的人在酒駕車禍中喪生，那麼，得知酒醉走路比酒駕還要危險，這能對你產生安慰嗎？若你是遭到丈夫家暴的年輕印度新娘，得知有線電視能對典型的印度新娘賦權，會使你開心嗎？

這些異議很好，也正確，不過，儘管每個規則都有例外，但知道規則仍然是有益的。在人們可能有無限「非典型」方式的複雜世界裡，找出基線是非常有助益的事，而找出基線的一個好起始點就是發掘平均而言的事實。這樣，我們就可以避免在思考日常決策、法律、組織治理時，根據的是例外與反常，而不是以平均事實為根據。

無牙鯊魚和嗜血大象

回顧二〇〇一年夏季，在美國，那年夏天被稱為「鯊魚之夏」，媒體報導各地紛紛出現鯊魚瘋狂殺人的事件傳聞。最初的例子是八歲男孩傑西（Jessie Arbogast）在佛羅里達州彭沙科拉（Pensacola）的墨西哥灣海域淺灘戲水時，遭到一頭公牛鯊咬斷右臂，大腿也被咬掉一大塊。《時代》（*Time*）雜誌以鯊魚攻擊為主題，做了封面故事報導，以下是主文的導述：

> 在毫無警訊下，鯊魚靜悄悄地潛至。牠們的攻擊方式有三種：撞上後立刻游走、猛撞後大咬、襲擊，最常見的是撞上後立刻游走。鯊魚可能看到游泳者的單隻腿，以為是條魚，咬了一口，才發現這不是牠平常的獵物。

嚇到了沒？

理智者可能再也不敢靠近海洋了。但是，那一年實際上發生了多少起鯊魚攻擊事件呢？

你猜猜看，然後把你猜的數字減一半，再減一半，對半再減上幾回。二〇〇一年一整年，全世界總計只發生六十八次鯊魚攻擊事件，其中只有四次致人於死。

這些數字不僅遠低於媒體歇斯底里的暗喻，相較於之前和之後各年的數字，它們也沒有較高。自一九九五至二〇〇五年間，全世界平均每年發生六〇・三次鯊魚攻擊事件，次數最多的一年是七十九次，最低為四十六次，平均每年被鯊魚咬死的人數是五・九，最高數字是十一人，最低是三人。換言之，二〇〇一年夏天的新聞標題大可以這麼下，「今年的鯊魚攻擊事件次數跟歷年差不多」，不過，這樣的標題可能無法使雜誌銷量增加多少。

暫且不去想可憐的傑西，以及他和他家人遭遇的悲劇，換個角度想想：在人口超過六十億的世界，二〇〇一年只有四人因為鯊魚攻擊而喪命，但每年被新聞轉播車輾過的人恐怕更多。

另一方面，平均每年至少有兩百人被大象殺死，為何我們就不怕牠們呢？也許是因為絕大多數受害人居住的地方遠離世界各地的媒體中心，也可能和我們從電影中獲得的印象有關。友善、逗趣的大象是兒童片中常見的角色元素之一，例如《大象家族》

（*Babar*）和《小飛象》（*Dumbo*）；反觀鯊魚，總是被派當壞蛋的角色，要是鯊魚在法律界有人脈的話，牠們一定會告上法院，要求下令禁止放映《大白鯊》（*Jaws*）這部電影。

可是，在二〇〇一年夏天，駭人的鯊魚新聞沒完沒了，恐懼高叫，直到九月十一日發生世貿大樓和五角大廈的恐怖攻擊事件，鯊魚新聞才靜了下來。那一天，有近三千人喪命。比起最早有鯊魚攻擊事件紀錄的十六世紀後期迄今數百年間，遭鯊魚攻擊而喪命的總人數，高出兩千五百人。

所以，從「典型」的角度來思考，雖有其缺點，但也有其優點。因此，在本書中，我們盡全力根據累積資料來說故事，而不是根據個別軼事、顯明的異常現象、個人意見、情緒爆發，或道德傾向。也許有人會說，統計數字可被拿來任意詮釋，可被用以辯護站不住腳的理由，或是用來撒小謊。但是，經濟方法力求相反：無懼、無偏好地探討一個主題，讓數字說真相。我們不站在任何一邊，舉例而言，有線電視的引進顯著幫助印度農村地區的婦女，這並非指我們認定電視產生的影響必然是正面的，你將在第三章讀到，電視的問世在美國造成了一項破壞性極大的社會變化。

經濟方法並非要將這世界描述成我們任何人想要、或害怕、或祈禱變成的世界，而是要解釋這世界的真實面貌。大多數人都想矯正或改變世界的某些面貌，但要改變世界，你得先了解它。

看見你從沒料到的另一面

在撰寫此書時，距離始於美國次貸風暴、進而像高傳染力疾病般快速蔓延全球的金融危機約莫過了一年，將有大量關於這個主題的書籍出版，就算沒有數千本，也有數百本吧。本書不探討這個主題。

為什麼？主要是因為總體經濟和其複雜、多變的無數主題，並不是我們的研究領域。在經歷過最近發生的事件後，大概有人會懷疑：有任何經濟學家的研究領域是總體經濟嗎？社會大眾遇到的經濟學家，大多被當成先知一般，能高度有把握地告訴你，股市、通貨膨脹率或利率將朝什麼方向變化。但是，最近我們已經看到，這類預測通常沒什麼用。光是解釋過去，就已經讓經濟學家夠頭痛了，更遑論預測未來。（經濟學家們至今仍在辯論，小羅斯福總統的政策究竟是減輕了大蕭條，抑或導致它更加惡化呢！）當然啦，忙於預測未來的，並非只有經濟學家而已。相信我們自身的預測能力，似乎是人世間永遠少不了的一部分；而快速忘掉我們的預測有多麼不準確，同樣也是人世間永遠少不了的一部分。

因此，在本書中，我們幾乎不談人們所謂的「經濟」（總體經濟），對此，我們的最佳辯解是：我們所寫的主題雖和總體經濟沒有直接關聯性，但也許可以為實際的人類行為提供一些洞察。信不信由你，若你能了解導致學校老師或相撲選手作弊的誘因，你就能了解次貸泡沫是如何發生的。

書中的故事是發生於許多領域的場景——從安靜的學術界走廊到最汙穢的街角，許多故事是根據李維特的近期學術研究，有些故事的靈感則是來自其他經濟學家、工程師與天體物理學家、精神病殺人犯與急診室醫生、業餘歷史學家和變性神經科學家。大多數故事可歸屬於以下兩種類別之一：那些你總以為你了解，但其實不然的事物；那些你從不知道你想了解，但你其實想了解的事物。

我們的許多發現也許不是那麼有用，甚至可能不是那麼確實，但這不要緊，我們只是試圖開啟談話，並不是要下結論。也就是說，你也許會在本書中發現一些值得爭議的東西。

事實上，若你沒發現，我們反而會覺得失望。

注解

❶ 酒醉走路：聰明傑出的經濟學家凱文・莫菲（Kevin Murphy）使我們注意到酒醉走路的相對危險性。**酒後駕車的危險**參見史帝文・李維特和傑克・波特（Jack Porter）〈酒後駕車有多危險？〉（How Dangerous Are Drinking Drivers?），《政治經濟學期刊》（*Journal of Political Economy*）109，no. 6（2001）。

❷ 一個笨重累贅的聯邦政府官僚體制帶來的益處之一是，它雇用大批人員組成許多機構，蒐集與編纂無數領域的統計資料。美國高速公路安全管理局（NHTSA）就是一個這樣的機構，它提供有關交通安全的可靠、寶貴資料，本文中許多資料取自此機構。**酒醉駕駛里程比例**，見〈酒醉駕駛在美國〉（Impaired Driving in the United States），美國高速公路安全管理局，二〇〇六年。**酒醉行人死亡**，見〈行人巷道死亡數〉（Pedestrian Roadway Fatalities），美國高速公路安全管理局，DOT HS 809 456，二〇〇三年四月。**酒後駕車死亡**，見〈二〇〇六年交通安全實況〉（Traffic Safety Facts 2006），美國高速公路安全管理局，DOT HS 810 801，二〇〇八年三月。**躺在鄉間道路休息**，見威廉・施密特（William E. Schmidt）的〈鄉間現象：躺在道路上的死亡〉（A Rural Phenomenon: Lying-in-the-Road Deaths），《紐約時報》，一九八六年六月三十日。

❸ **美國人駕駛年齡的人數**：本書各處提及的人口統計和首數（特點）來自美國人口普查局。純屬偶然地，我們最近遇到「真正的朋友不會讓他的朋友酒醉駕車」（Friends Don't Let Friends Drive Drunk）這句標語的創作者之一蘇珊・澤賓（Susan Wershba Zerbin）。一九八〇年代初期，澤賓任職於紐約的李柏卡茲廣告公司（Leber Katz Partners），該公司免費為美國交通部的反酒駕宣

傳活動提供服務，她是這個案子的業務經理，「運輸部長伊麗莎白・杜爾（Elizabeth Dole）是我們的主要接觸對象，」她回憶道，「真正的朋友不會讓他的朋友酒醉駕車」這句話，撰寫於此宣傳活動內部的策略說明中，但他們發現，內部人員特別記得這句話，因此把它拿來作為宣傳活動的標語。

❹ **電視解放了印度婦女**：這一節有大量內容取材自：羅伯特・詹森（Robert Jensen）和愛蜜莉・奧斯特（Emily Oster）的〈電視的力量：印度的有線電視和婦女地位〉（The Power of TV：Cable Television and Women's Status in India），《經濟學季刊》（*Quarterly Journal of Economics*）Volume 124, Issue 3，p1057-1094，二〇〇九年八月一日。更多關於**印度生活水準**的資料，見聯合國的印度人類發展報告。〈二〇〇五—〇六年，印度，全國家庭健康調查（NFHS-3）〉（National Family Health Survey (NFHS-3), 2005–06, India），國際人口科學研究所暨Macro Intl.（The International Institute for Population Sciences and Macro Intl.）；以及〈二〇〇五年印度貪汙調查〉（India Corruption Study 2005），媒體研究中心（Center for Media Studies），國際透明組織（Transparency International），印度。

關於**在印度不被期待的女孩**，使用超音波鑑別性別、決定是否流產，見全國家庭健康調查報告（NFHS-3 report）；彼得・沃納科特（Peter Wonacott）的〈印度偏離的性別比使得奇異公司銷售成為焦點〉（India's Skewed Sex Ratio Puts GE Sales in Spotlight），《華爾街日報》，二〇〇七年四月十九日；以及尼爾・卡茲（Neil Samson Katz）和瑪麗莎・雪莉（Marisa Sherry）的「印度：消失的女孩」（India：The Missing Girls），前線節目（Frontline，PBS公共電視網），二〇〇七年四月二十六日。更多關於**印度對嫁妝**的堅持，見錫望・安德森（Siwan Anderson）的〈隨著現代化，嫁妝在歐洲式微，卻在印度興起的原因〉（Why Dowry Payments Declined with Modernization in Europe but Are Rising in India），《政治經濟學期刊》111，no. 2（April 2003）。Sharda Srinivasan 和 Arjun S. Bed的〈家庭暴力和嫁妝：南印度村莊的例證〉（Domestic Violence and Dowry : Evidence from a South Indian Village），《世界發展》（*World Development*）35，no. 5（2007）；艾蜜莉雅・珍德曼（Amelia Gentleman）的〈印度新娘付出高額代價〉（Indian Brides Pay a High Price），《國際先驅論壇報》（*The International Herald Tribune*），二〇〇六年十月二十二日。

❺ 關於**微笑列車組織**的故事與發現，係本書作者訪談該組織人員布萊恩・穆蘭尼（Brian Mullaney）所取得的資訊；參見杜伯納和李維特〈關鍵慈善事業〉（Bottom-Line Philanthropy），《紐約時報雜誌》，二〇〇八年三月九日。更多關於**印度的「失蹤女性」**，參見阿馬蒂亞・沈恩（Amartya Sen）的〈超過一億名女性處於失蹤狀態〉（More Than 100 Million Women Are Missing），《紐約書評》（*The New York Review of Books*），一九九〇年十二月二十日；史帝芬・克拉森（Stephan Klasen）和克勞蒂亞・威克（Claudia Wink），發表在巴蘇（K. Basu）和坎伯（R. Kanbur）編輯的《社會福利、道德哲學與發展：阿馬蒂亞・沈恩誕辰75週年紀念論文集》（*Social Welfare, Moral Philosophy and Development : Essays in Honour of Amartya Sen's Seventy-Fifth Birthday*，牛津大學出版社，2008）中的文章；以及Swami Agnivesh、Rama Mani 和 Angelika Koster-Lossack的〈失蹤：五千萬印度女孩〉（Missing : 50 Million Indian Girls），

《紐約時報》，二〇〇五年十一月二十五日。同時見杜伯納和李維特的〈尋找失蹤的一億女性〉（The Search for 100 Million Missing Women），《*Slate*》，二〇〇五年五月二十四日，文章報導了愛蜜莉・奧斯特發現失蹤女性和B型肝炎之間的關聯；同時見李維特的〈一位學者做了正確的事〉（An Academic Does the Right Thing），《紐約時報》蘋果橘子經濟學部落格，二〇〇八年五月二十二日，文中揭露了前述關於肝炎連結的結論是錯誤的。

中國崇尚兒子：參見泰瑞莎（Therese Hesketh）和Zhu Wei Xing〈人口總數中性別比異常：原因和結果〉（Abnormal Sex Ratios in Human Populations：Causes and Consequences），《美國國家科學院院刊》（*Proceedings of the National Academy of Sciences*），二〇〇六年九月五日；莎朗・拉福蘭尼爾（Sharon LaFraniere）的〈中國對男嬰的偏愛造成三千二百萬的（性別）差距〉（Chinese Bias for Baby Boys Creates a Gap of 32 Million），《紐約時報》，二〇〇九年四月十日。關於**索奩焚妻、毆打妻子和家庭暴行**：見Virendra Kumar和Sarita Kanth的〈索奩焚妻〉（Bride Burning），《柳葉刀》（*The Lancet*）364，supp. 1（December 18, 2004）。B. R. Sharma的〈印度暴力侵害婦女的社會病因〉（Social Etiology of Violence Against Women in India），《社會科學學報》（*Social Science Journal*）42，no. 3（2005）。〈印度愛滋病毒和愛滋病統計〉（India HIV and AIDS Statistic），英國愛滋教育及研究慈善組織（AVERT），可在www.avert.org/indiaaids.htm查詢。以及Kounteya Sinha的〈眾多婦女替毆妻辯解〉（Many Women Justify Wife Beating），《印度時報》（*The Times of India*），二〇〇七年十月十二日。**保險套並未因應印度而優化**：見Rohit Sharma的〈在印度推出測量男性陰莖尺寸的計畫〉（Project

Launched in India to Measure Size of Men's Penises），《英國醫學期刊》（*British Medical Journal*），二〇〇一年十月十三日；Damian Grammaticus的〈對印度男性「太大」的保險套〉（Condoms 'Too Big' for Indian Men），*BBC News*，二〇〇六年十二月八日。Madhavi Rajadhyaksha的〈印度男性不符標準〉（Indian Men Don't Measure Up），《印度時報》，二〇〇六年十二月八日。「我的女兒，我的新娘」（Apni Beti, Apna Dhan）由Fahmida Jabeen和Ravi Karkara在「在孟加拉和印度，政府支持的育兒計畫」（Government Support to Parenting in Bangladesh and India）中敘述，拯救兒童協會（Save the Children），二〇〇五年十二月。

＊因為夫方認為新娘嫁妝不夠，或要求添加嫁妝未果，而燒死新娘或剛娶進門的媳婦。

❻**被淹沒在馬糞中**見約耳・塔爾（Joel Tarr）、克雷・麥克沙恩（Clay McShane）的〈馬對十九世紀美國城市的中心重要性〉（The Centrality of the Horse to the Nineteenth-Century American City），《美國城鎮的形成》（*The Making of Urban America*），雷蒙・莫爾（Raymond Mohl）編輯（Rowman & Littlefield，1997）；艾力克・莫里斯（Eric Morris）的〈從馬匹力到馬力〉（From Horse Power to Horsepower），《*Access*》no. 30，二〇〇七年春季號；安・格林（Ann Norton Greene）的《工作馬：工業化美國的獸力》（*Horse at Work : Harnessing Power in Industrial America*）（哈佛大學出版社，2008）。同時參見本書作者訪談莫里斯、麥克沙恩、大衛・羅斯納（David Rosner）和哥倫比亞大學社會醫學科學教授羅納德・勞特斯坦（Ronald H. Lauterstein）。**氣候變遷將「如我們所知地摧毀地球」**：見馬丁・魏茲曼（Martin Weitzman）的〈建立和解釋災難性氣候變化的經濟學〉（On Modeling and Interpreting the Economics of

Catastrophic Climate Change），《經濟學和統計學評論》（*The Review of Economics and Statistics*）91，no. 1（February 2009）。**被偷的馬糞肥**見《波士頓環球報》：凱・拉札爾（Kay Lazar）的〈這並非一項糞便交易〉（It's Not a Dung Deal），二〇〇五年六月二十六日；〈經濟學教授建立付費馬糞設置〉（Economics Professor Set to Pay for Manure），二〇〇五年八月二日。

❼「**蘋果橘子經濟學**」到底在講啥？貝克堪稱為「freakonomics」始祖。蓋瑞・貝克，最早的蘋果橘子經濟學家，寫了許多應該被廣為閱讀的書、論文和文章，包括研究人類行為的經濟學方法，人類家庭和人力資源專題，也參見他諾貝爾獎致詞演說〈觀看生活的經濟學方式〉（The Economic Way of Looking at Life），諾貝爾獎致詞演說，芝加哥大學，一九九二年十二月九日；以及《一九九二年諾貝爾獎：諾貝爾獎、致詞演說、得主小傳和講座》（*The Nobel Prizes/Les Prix Nobel 1992 : Nobel Prizes, Presentations, Biographies, and Lectures*），托爾（Tore Frängsmyr）編輯（諾貝爾基金會，1993）。

❽誠如知名統計學家約翰・杜奇所言：「對正確的問題提出接近的解答，其價值遠大於對錯誤的問題提出準確的解答。」**一個乳房和一個睪丸**：此想法要向未來學家瓦茲・瓦克爾（Watts Wacker）致謝。

歇斯底里鯊魚攻擊：《時代》雜誌封面故事報導，二〇〇一年七月三十日，以及提摩太・羅切（Timothy Roche）的〈拯救男孩傑西（Jessie Arbogast）〉一文。關於「**鯊魚攻擊事件統計數字**」，確切的來源是國際鯊魚攻擊文件，佛羅里達大學的佛羅里達自然歷史博物館編纂。**大象致死**：見《人與野生生物，衝突或共存》（*People and Wildlife, Conflict or Co-existence*），羅西・伍德洛夫（Rosie Woodroffe）、賽門・瑟古德（Simon Thirgood）和拉比・諾維茨（Alan Rabinowitz）編輯（劍橋大學出版社，2005）。更多關於大象攻擊人類的資料，見查理・西伯特（Charles Siebert）的〈大象的崩潰？〉（An Elephant Crackup），《紐約時報雜誌》，二〇〇六年十月八日。

Chapter 1

How Is A Street Prostitute Like A Department-Store Santa?

流鶯就像百貨公司裡的聖誕老人

不久前的一個下午，夏季即將結束，天氣涼爽宜人，二十九歲的兼差娼妓拉席娜❶，坐在一輛停在芝加哥南邊區低收入戶迪爾邦國宅外的運動休旅車車蓋上。除了雙眼看起來疲憊不堪，渾身仍然充滿青春氣息，一頭直髮框著姣好面容。拉席娜穿著紅黑相間的寬鬆運動服，是那種她從孩提時期就開始穿著的衣服，她的父母鮮少有錢替小孩添新裝，因此，她一向是撿堂表兄弟的舊衣服，這習慣一直保持至今。

拉席娜述說她如何賺錢維生，她有四條主要收入途徑：偷竊、把風、理髮、賣淫。她解釋，偷竊指的是在商店行竊後出售贓物，把風是幫當地街頭毒販，她替小男孩理一次頭八美元，男人則是十二美元。

這四種工作，哪一種最差？

「賣淫，」她毫不遲疑地說。

為什麼？

「因為我其實不喜歡男人，我想大概是心理作用吧。」

要是賣淫能有兩倍收入呢？

「你的意思是我會不會因此多從事這工作？」她問。「會！」

男人真吃香

有史至今，從來都是當男性比當女性容易。沒錯，這麼說是過度概括化，且確實有例外的情形，但不論從什麼層面來看，女人都比男人辛苦。雖然打仗、打獵、幹粗活的，大多是男人，女人的平均壽命較短。自十三世紀至十九世紀，有多達一百萬名歐洲女性（絕大多數是窮苦的女性，當中有許多是寡婦）因巫術而被處死，被究責導致惡劣氣候而致農作歉收。

後來，女人的平均壽命終於長過男人，主要是拜生育相關的醫療進步所賜。但在許多國家，即使到了二十一世紀，女性依然處於嚴重弱勢的不利地位。在喀麥隆，年輕女性得被「燙胸」❷——用燒熱的搗杵或椰子殼敲打或按摩胸部，目的是抑制胸部發育，免得太豐滿誘人。在中國，歷經約一千年後，裹小腳的習俗終於廢止，但遭棄的女嬰孩仍然遠多於男嬰孩，不識字和自殺的女性也遠多於男性。如前所述，不論在什麼層面，印度農村女性至今仍然受到歧視。

不過，尤其是在已開發國家，女性的生活已經顯著改善了，在二十一世紀的美國、英國或日本，女孩的前途遠非一個世紀或兩個世紀之前的女孩所能相比。教育、法律、投票權、職業機會等，不論從什麼層面來看，現今女性的處境待遇都比先前任何時代的女性好很多。在最早有這類統計資料的一八七二年，美國的大學生中有二一%是女性，今天，這個比例是五八%，而且還在繼續提高。這些今非昔比的變化，著實驚人。

就連哈佛女也吃虧

但是，身為女性，仍然得付出相當的經濟代價。二十五歲以上、至少擁有學士學位的美國全職女性，年所得中位數約四萬七千美元，相同條件與情況的男性，年所得中位數超過六萬六千美元，比女性高出四〇%。就算是上過美國頂尖大學的女性，平均所得還是爭不過男性，經濟學家克勞蒂亞・高定（Claudia Goldin）和勞倫斯・凱茲（Lawrence Katz）的研究發現，哈佛大學畢業的女性平均所得，不及哈佛畢業男性平均所得的一半，就算只針對全職、全年受雇者，而且針對特定科系、職業，且其他變數維持相同，這項研究調查仍然發現，哈佛畢業女性的所得比哈佛畢業的男性低三〇%。

是什麼原因造成如此大的男女薪資差距？

原因很多。首先，為了照顧家庭，女性離開職場或改換至待遇較差職業的可能性較高，即使在高待遇行業（例如醫藥業、法律業），女性也往往選擇薪水較低的專業類別（例如普通科醫生、內部法律顧問）。其次，歧視的情形仍然存在，包括明顯的歧視，例如純粹因為她不是男性，就拒絕給予升遷；也有潛藏、非明顯可見的歧視，例如有研究顯示，過胖的女性受到的薪資懲罰大於過胖的男性，牙齒差的女性也一樣。

生理差異性也是原因之一。經濟學家安德莉雅・市野（Andrea Ichino）和安里柯・莫瑞第（Enrico Moretti）分析一家義大利大銀行的資料，發現四十五歲以下女性員工經常以二十八天週期性地缺勤，把這些缺勤拿來和員工生產力評量相比較，這兩位經濟學家研判，該銀行女性和男性員工的所得差距中，有一四％是因為生理期缺勤所致。

美國於一九七二年通過〈教育法修正案第九條〉（Title IX），廣義地禁止在教育領域採行性別歧視，但其中也要求高中及大學將女性的運動活動（如運動隊、社團、課程等）增加到和男性相同。其後，無數女性參加這些新的運動活動，經濟學家貝熙・史帝文森（Betsey Stevenson）的研究發現，在高中參加運動活動的女孩，日後繼續上大學、並找到穩當工作的可能性較高，尤其是在一些傳統上由男性把持的高技巧性運動領域。這是好消息。

可是，〈教育法修正案第九條〉也為女性帶來壞消息。在此法令通過的當時，大學女子運動隊的總教練有九成以上是女性，但這項法案的通過，使得這類工作更具吸引力：薪資提高，曝光率增加，工作本身變得更興奮有趣，就像鄉下人的平庸食物被專門服務上流社會的廚子「發現」後，便立即從陋屋端上高檔餐廳一般，這類工作立刻吸引了一群新顧客：男性。現在，大學女子運動隊的女性教練只剩不到四成。在女子運動項目中，能見度最高的教練工作在美國女子職籃（WNBA），WNBA於十三年前創立，是NBA的支系。截至本書撰寫之際，WNBA有十三支球隊，只有六支球隊（不及五成）的教練是女性，事實上，這還是WNBA第十年賽季後才出現的改善，在當時，十四支WNBA隊伍中，只有三支隊伍由女性擔任教練。

邁入二十一世紀後，儘管女性在勞動市場上的處境與待遇已有種種進步，但仍然與男性相差一大截，女性只能感嘆恨不生為男兒身。

每五十名女性就有一個是娼妓

不過，有一個勞動市場，向來由女性稱霸：賣淫。

這個市場的生意模式建立在一個簡單前提之上：上溯至不可考的久遠年代，在世界各地，男性對性的需求大於他們能免費取得的性交。於是，賣淫這個行業自然誕生，有適當的價格，就有女人願意滿足男人的這項需求。

今天，大體而言，賣淫在美國是不合法的，不過，有一些例外，以及許多言行不符的執法。在美國建國早年，賣淫是令人皺眉的行為，但並不犯法，到了進步主義時期（約一八九〇年代至一九二〇年代），這種寬容才結束，大眾強烈反對「白奴」——數以千計的女人被監禁且強迫賣淫。

後來，賣淫雖被入罪化，但白奴問題反而愈演愈烈，事實恐怕更嚇人：女性並非被迫賣淫，而是自己選擇當妓女。在一九一〇年代初期，美國司法部在二十六州的三百一十個城市進行普查，以計算美國娼妓總數，普查結果指出：「我們保守估計，以賣淫為職的女性約有二十萬人。」

在當時，美國總人口中，十五歲至四十五歲女性約兩千兩百萬人，若司法部的估計數字可信，那代表此年齡層女性平均每一百一十人中就有一人是妓女。不過，大多數（約八五％）妓女都是二十幾歲，因此這個年齡層的美國女性，平均每五十人中就有一人是妓女。

出賣肉體賺更多

昔日，性交易市場在芝加哥尤其熱絡，那裡有超過一千家妓院。芝加哥市長設立了一個最高層級的賣淫問題委員會（Vice Commission，一九一〇年成立），委員會成員包括宗教界領袖，以及來自民間、教育界、法界和醫學界的權威人士。在深入了解後，這些正派人士發現，他們要對抗的是比「性」更難纏的問題：經濟。

這個委員會表示：「一位用雙手工作、每週只能掙得六美元的女孩，在得知有人對她的身體有需求，男人願意付好價錢，讓她每週能賺到二十五美元時，你還會納悶她為何出賣肉體嗎？」

換算成今天的幣值，當時每週賺六美元的女店員，一年薪水只有六千五百美元；每週賺二十五美元的妓女，一年所得相當於今天的兩萬五千美元。不過，賣淫問題委員會承認，在芝加哥娼妓中，每週二十五美元算是很低的收入了，那些在妓院裡賣身的女人（有些妓院只收費五毛錢，其他妓院則收費五或十美元），平均每週賺七十美元，年收入相當於現今幣值的七萬六千美元。

在芝加哥南邊的紅燈區，坐落著一個街區又一個街區的妓院，其中的愛芙萊俱樂部（Everleigh Club）被芝加哥賣淫問題委員會形容為「全美最出名、豪華的妓院」，其顧客包含商業鉅子、政治人物、運動員、藝人，甚至還有一些反賣淫的人士。有「蝴蝶女」（butterfly girls）之稱的愛芙萊俱樂部妓女，不僅迷人、注重衛生、值得信賴，而且很健談，要是來客愛騷文弄詩，她們也能引經據典，投其所好。在《第二大城的罪惡》（*Sin in the Second City*）一書中，作者凱倫・艾伯特（Karen Abbott）指出，愛芙萊俱樂部也提供別處不提供的性服務，例如「法式」性行為，也就是現今通稱的「口交」。

在一頓講究的晚餐得花上現今幣值約十二美元的那個年代，愛芙萊俱樂部的客人願意付現今幣值約二百五十美元的入場費，開一瓶香檳要價三百七十美元，相較之下，性服務倒顯得相當便宜了：約一千兩百五十美元。

經營愛芙萊俱樂部的是愛達・愛芙萊（Ada Everleigh）和米娜・愛芙萊（Minna Everleigh）姊妹，她們可是小心翼翼地守護著她們的資產，對蝴蝶女們提供健康飲食、優良的醫療照料、多才多藝的教育和最優渥的薪水——週薪可高達四百美元，相當於年薪為現今幣值的四十三萬美元。

當然啦，愛芙萊蝴蝶女的薪水是高得離譜，但為何在一百年前，就連普通的芝加哥妓女也能賺這麼多錢？

最好的解答是：薪資主要由供需法則決定。供需法則的效力通常比立法者制定的法律還要強大。

尤其是在美國，政治與經濟並未得宜地搭配結合，政治人物有各種理由通過各式各樣的法律，很多法律或許立意良好，但卻沒有考慮到人們對真實世界裡種種誘因做出反應的方式。

當賣淫在美國被入罪化時，警察的查緝工作大都是針對娼妓，而不是她們的顧客。這是很典型的現象，就跟其他違法市場（例如販毒、槍枝黑市）一樣，多數政府偏好懲罰財貨與服務的供給者，而不是這些東西的消費者。

可是，當你把供給者關起來時，就創造了匱乏，無可避免地導致價格上漲，誘使更多的供給者進入市場。美國的「反毒之戰」一直缺乏成效，就是因為將力量投注於販毒者，而非吸毒者，儘管購買毒品者人數明顯超過販毒者，因毒品入罪的總受刑時間中有超過九〇％是由毒販吃牢飯。

為何社會大眾不支持懲罰使用者呢？使用者被視為弱勢者，情不自禁地參與罪行，懲罰他們似乎不公平；反觀供給者，則是很容易被當成魔鬼。

但是，若政府真想打擊非法財貨與服務，就應該針對這些東西的需求者。舉例而言，若違法召妓的男人被判去勢，這個市場將立即縮小。

在一百年前的芝加哥，受罰的風險幾乎全落在妓女身上，除了恆常存在的被捕威脅外，還有社會根深柢固地視賣淫為恥辱的觀念，或許，最大的懲罰是，妓女永遠無法找到合適的丈夫。這些因素加總起來，你大概就能了解，娼妓的薪水必須高到足以吸引女性進入此市場，滿足強大的需求。

當然，在娼妓業金字塔頂端的女人最賺錢，當愛芙萊俱樂部被芝加哥市長勒令關閉時，愛達和米娜兩姊妹已經攢存了現今幣值約兩千二百萬美元。

經濟專家和妓女合作

愛芙萊俱樂部當年營業所在地的大樓，如今早已拆除，整個芝加哥紅燈區也不復存在，愛芙萊俱樂部坐落的那個街區，在一九六〇年代被夷為平地，取而代之的是高樓層國宅。

但這裡仍然是芝加哥南邊區，娼妓仍然在這裡活動，例如穿著紅黑相間運動服的拉席娜。不過，可以確定的一點是，她們不會再引經據典，跟你談希臘詩文了。

拉席娜是紐約哥倫比亞大學社會學家凡卡德希最近結識的眾多流鶯之一，凡卡德希在芝加哥讀研究所，現在仍經常為了做研究而重返芝加哥。

當年，初抵芝加哥的凡卡德希天真無邪，是受保護、熱愛「死之華樂團」（Grateful Dead）、在悠閒的加州長大的小孩，熱切地想在這個種族對立熾熱（尤其是黑人與白人之間）的城市感受其溫度。出生於印度的凡卡德希既不是黑人，也不是白人，這對他有利，使他免於夾存在學術界（絕大多數為白人）和南邊貧民區（絕大多數為黑人）之間的交戰。過沒多久，他就混身於芝加哥的一個街頭幫派，這個幫派掌控鄰近地區，大部分錢都是靠著販售快克古柯鹼賺來的。（沒錯，《蘋果橘子經濟學》一書中探討毒販那一章裡談到了凡卡德希的研究，現在，我們再度借助於他的研究，探討另一個主題。）這身歷其境的探究，使凡卡德希成為對該鄰近地區地下經濟活動知之甚詳的權威，在結束毒販這個研究主題後，他接下來研究的主題是娼妓。

不過，訪談一、兩位拉席娜這類女性，能獲得的資訊有限，任何人若想深入了解娼妓市場，必須蒐集累積一些實際資料。

這一點說來容易，做起來可有相當難度，因為賣淫是非法活動，標準的資料來源（例如普查表格或稅賦資料）幫不上忙。就算先前的研究曾經對娼妓進行過直接訪查，但這些訪談往往是在事過境遷已久後進行的，而且，進行訪談的機構（例如戒毒中心、教會的庇護之家）未必能取得公正、無偏見的資訊。

此外，以前的研究顯示，當人們被訪談到遭社會不恥的行為時，他們會輕描淡寫或誇飾他們參與其中的情形，視其中牽涉的利害關係或訪談對象而定。

以墨西哥政府推出的「機會」（Oportunidades）社會福利計畫為例，要取得這項計畫的援助，申請人必須詳細列舉他們的個人職業和家中財物。當申請人通過初步審核後，計畫工作人員將到府檢視，以確定申請人是否說實話。

經濟學家西撒．馬丁內里（César Martinelli）和蘇珊．帕克（Susan W. Parker）分析「機會」計畫的十萬多名受助者資料，發現此計畫的申請人通常短報他們擁有的一些財物項目，包括汽車、貨車、錄放影機、衛星電視、洗衣機等。這種現象並不令人意外，希望取得福利好處的人們，有誘因使自己聽起來比實際境況更窮困。可是，馬丁內里和帕克也發現，申請人高報其他項目，例如室內洗手間、自來水、瓦斯爐、水泥地等。為何家中根本沒有這些基本設備的社會福利申請人，竟會謊稱他們擁有這些設備呢？

馬丁內里和帕克將之歸因於難為情。就算是窮困到明顯需要社會福利救助的人，也不願意向社福工作人員承認，家裡的地板是泥地，或家裡沒有廁所。

凡卡德希知道，像「賣淫」這麼敏感的主題，傳統的訪查方法未必能獲得可靠資料，因此，他嘗試不同的方法：實時實地蒐集資料。他雇用追蹤者站在街角，或是在妓院裡和妓女同坐，直接觀察她們的交易的某些層面，並在客人離去後，立即向妓女蒐集更私密的細節。

凡卡德希雇用的追蹤者以往大多當過妓女，這是重要條件，因為這類女性在蒐集資料時，較可能取得誠實答覆。凡卡德希也付錢請妓女參與這項研究，他認為，若她們願意為了賺錢而從事性交易，她們必定也願意為了賺錢而談性交易，事實的確如此。凡卡德希以近兩年時間，從芝加哥南邊區三處不同區域蒐集到約一百六十名妓女的資料，取得超過兩千兩百件性交易的紀錄。

追蹤表記錄了大量資料，包括：

- 性行為細節和時間長短
- 性行為發生地點（在車上、戶外或室內）
- 性交易取得的金額
- 性交易取得的毒品量
- 顧客的種族
- 顧客的大約年齡
- 顧客的吸引力（性感＝一〇分，可憎＝一分）
- 是否使用保險套
- 顧客是新客或熟客
- 顧客是否已婚、有工作、和幫派有關聯、來自鄰近地區（若能得知或研判的話）
- 妓女是否趁機向顧客行竊

■顧客是否為難、施暴妓女

■性行為是否獲得酬勞，抑或免費服務

那麼，這些蒐集到的資料告訴了我們什麼訊息呢？

當妓女不比從前好賺

首先來看薪資。調查結果顯示，目前芝加哥流鶯一般每週工作十三小時，約接客十次，平均時薪約二十七美元，因此，每週所得約三百五十美元，這當中包含平均每位妓女向顧客竊取二十美元，以及有些妓女接受以毒品代替現金支付酬勞（通常是快克古柯鹼或海洛因，而且妓女通常會對這些顧客減價）。在凡卡德希的所有研究對象中，高達八三%的妓女有毒癮。

跟拉席娜一樣，這些女性中有許多也從事其他非賣淫的工作，凡卡德希也對此進行追蹤。她們的賣淫酬勞比這些非賣淫工作高出四倍，不過，若考量到賣淫的種種不利，其酬勞看起來就嫌低了。以凡卡德希的研究對象來看，平均每位妓女一年當中遭遇十二次施暴情事，一百六十位參與研究的妓女中，至少有三人在研究進行期間喪命。「大多數嫖客施暴的原因是，他們因故未能完事或勃起，」凡卡德希指出，「這令嫖客感到恥辱，認為『我太猛，妳受不住』，或『妳太醜，使我倒胃口』，於是想拿回錢，而妓女當然不想跟剛剛喪失男子氣概的嫖客妥協。」

此外，相較於一百年前，就算跟當年酬勞最低的妓女相比，現在的女性靠賣淫賺取的酬勞優勢也相形失色。跟往昔的娼妓相比，現今像拉席娜這樣的女人，靠賣淫賺取的酬勞，幾乎沒比其他工作的酬勞多幾個錢。

為何娼妓的酬勞降低這麼多呢？

因為需求已經顯著減少。這不是指性的需求減少，性需求仍然很旺盛，但是，跟其他產業一樣，賣淫這個產業面臨愈來愈大的競爭。

娼妓面臨的最大競爭來自何處？很簡單：任何願意和男性進行免費性行為的女性。眾所周知，近幾十年，性道德觀已經明顯改變。一世紀之前，「露水性愛、一夜情」（casual sex）這個名詞根本不存在，更別提「炮友」（friends with benefits）了，那時候不像現在，婚外性行為較難實行，被抓到時，受到的懲罰也較高。

想像一名年輕男性，剛踏出大學校園，還沒有穩定的女友，但想要有一些性行為，在數十年前，召妓是一個可能的選擇，雖然違法，但不難找到賣淫者，而且被捕的風險很低。短期而言雖相對昂貴，卻提供了相當的長期價值，因為不會有意外懷孕或婚姻承諾的潛在成本。出生於一九三三年和一九四二年之間的美國男性中，至少有二〇%的第一次性交經驗是和妓女。

現在，想像二十年後相同條件與處境的年輕男性。性道德觀的改變為他帶來更多的免費性愛供給，在他這個世代，只有五%的男性第一次性交經驗是和妓女。可別以為他和他的朋友們把他們的處男貞潔留給結婚對象，他這個世代的男性中，有超過七成的人在婚前就已有性行為，更早世代的男性，這個比例只有三三%。

所以，婚前性行為興起，成為嫖妓的強勁代替品，隨著付費性行為需求的減少，滿足此需求的供給者（妓女）的酬勞也下滑。

若賣淫業是一般產業的話，大概會雇用政治說客，對抗婚前性行為的入侵，他們也許會推動立法，將婚前性行為入罪化，或至少對這種行為課以重稅。當美國的鋼鐵製造業者和糖製造業者開始感受到，來自墨西哥、中國或巴西的更便宜產品帶來的競爭壓力時，他們就遊說聯邦政府對這些外來品課徵較高關稅，以保護本國產品。

這種保護主義傾向並不是什麼新鮮事，一百五十多年前，法國經濟學家巴斯夏❸（Frédéric Bastiat）撰寫了一篇文章〈蠟燭製造業者的請願書〉（The Candlemakers' Petition），裡頭提到：「這個產業代表了蠟燭、燭蕊、燈籠、燭臺、路街油燈、剪燭花、熄燭器的製造者，以及獸脂、油、松脂、酒精等，凡是和照明有關之生產者的利益。」

巴斯夏在文章中抱怨：「這些產業遭到一個外來競爭者極具殺傷力的競爭，這個競爭者的營運條件顯然遠優於我們這些照明相關業者，使它得以用低到難以置信的價格淹沒國內市場。」

這個卑鄙的外來競爭者是誰？

「不是別人，正是太陽。」巴斯夏寫道。他乞求法國政府通過法令，禁止所有法國人民讓陽光照進他們家。（沒錯，巴斯夏的這篇文章是諷刺作品；在經濟學界，這是大舉興風作浪的手法。）

唉，不幸啊，賣淫業缺乏像巴斯夏這般熱情、詼諧的擁護者。賣淫業不像製糖業和鋼鐵業，在華府的權力走廊上沒什麼影響力，儘管我們可以不諱言地說，政府高層中的許多男人跟它有關係。這也說明了為何在自由市場之風的猛烈吹襲下，賣淫業的收入受到嚴重衝擊。

口交價格大不如昔

相較於其他非法活動，賣淫活動的地理集中程度較高，舉例而言，在芝加哥，賣淫被抓的案件中有將近一半發生於這個城市不到〇．三％的街區。這些街區有何共通點？它們靠近火車站和主要道路（妓女得出現在顧客能找到她們的地方），這些街區住了許多窮人——不過，跟一般貧民區不同的是，這些街區並未過度遍布著女人當家的家計單位。

這種集中度使我們得以把凡卡德希蒐集到的資料，拿來和芝加哥市警局的全市逮捕資料相結合，據以估計整個芝加哥市街頭賣淫的程度。結論是：在任何一週，有大約四千四百位女人在芝加哥街頭當流鶯，合計一年和十七萬五千名不同的男人進行約一百六十萬件性交易。這流鶯人數跟一百年前的芝加哥妓女人數差不多，若考慮芝加哥市人口在這一百年間已成長三〇%，這意味著流鶯占該市總人口的比例明顯下降。但有一點依舊不變：嫖妓幾乎可說是不違法之事，統計資料顯示，男性召妓被逮的機率大約是每一千兩百次中，只可能被抓一次。

凡卡德希研究的那些妓女在芝加哥市的以下三個地區活動：西普爾曼區（West Pullman）、玫瑰園區（Roseland）和華盛頓公園區（Washington Park），這些地區住的大多是非裔美國人，妓女也多為非裔美國人。西普爾曼區和玫瑰園區毗鄰，是芝加哥偏遠南邊區的勞工階級聚居地，這裡曾經是幾乎只有白人居住的地區，西普爾曼區是因為普爾曼火車製造工廠在此設立後形成的人口聚居地。華盛頓公園區數十年來都是貧窮黑人聚居之地。在這三個地區，嫖客的種族不一。

週一通常是一星期當中妓女生意最清淡的一晚，週五最忙，不過，她們在週六夜晚賺到的錢，通常比週五多出約二〇%。

為何不是生意最好的那天最賺錢呢？因為決定價格的最重要因素是，妓女受雇提供的性服務項目，而不知什麼原因，顧客在週六購買的是較貴的服務項目。表1-1列出這些妓女經常受雇提供的性服務項目與價格。

值得一提的是，相對於「正常」性交（陰道性交），口交的價格比往昔明顯下跌。在愛芙萊俱樂部年代，男人得付兩倍或三倍的價格，才能取得口交服務；如今，口交的價格反而不及陰道性交的一半，為什麼？

表1-1

性服務項目	平均價格
打手槍	$26.70
口交	$37.26
陰道性交	$80.05
肛交	$94.13

沒錯，口交對妓女的成本較低，因為它免除懷孕的可能性，降低感染性病的風險。口交也提供公共衛生學者所謂的「容易退出」（ease of exit）的益處，亦即讓妓女更易於倉促逃避警察或凶惡的嫖客。不過，從以前到現在，口交的這些益處一直都存在著，是什麼原因使得口交的昔日價格明顯較高呢？

最好的答案是：口交含帶某種禁忌稅。在當年，口交被視為性變態的一種形式，尤其是在有宗教信仰的人們觀念裡，因為它滿足「性」的性慾需求，卻不履行「性」的生殖需求。愛芙萊俱樂部當然樂得從這項禁忌中牟利，事實上，該俱樂部的醫生熱烈支持口交，因為它既能為俱樂部賺更多錢，又使蝴蝶女（交際花）少受折磨與耗損。

但是，隨著社會態度的改變，價格的下跌反映了事實。這種偏好的改變並非僅限於賣淫行業，在美國的青少年群裡，當性交與懷孕情形減少的同時，口交

表1-2

性服務項目	市場占有率
口交	55%
陰道性交	17%
打手槍	15%
肛交	9%
其他	4%

情形也增多，有些人或許視此為巧合（或者更糟），但我們稱之為經濟學在發生作用。

在賣淫行業中，口交價格的降低使得它的需求增加，表1-2分析芝加哥妓女從事的各項性服務的市場占有率。

「其他」類別包括裸舞、純聊天（這是極罕見的情形，在兩千多次交易中只會出現幾次），還有和「純聊天」完全相反的其他表演，奇特怪異到恐怕就連最富創意的讀者都得發揮極高的想像力，別的不說，這類表演可能是儘管可以獲得免費性交，賣淫市場仍將繼續存在的主要理由：男人雇用妓女做女朋友或老婆絕對不願意做的事。（不過，要在此一提的是，在我們的樣本中，一些最怪異反常的表演過程中其實包含了家庭成員，有各種你能想像得到的性別和世代組合。）

妓女也採差別取價

妓女並非對所有顧客都索取相同價格，舉例而言，黑人顧客的平均每場付費比白人顧客低九美元，拉丁裔顧客的付費居中。對於這種對相同產品索取不同價格的做法，經濟學家稱之為「差別取價」（price discrimination）❹。

在商界，差別取價並非總是可行，要做到差別取價，至少必須存在以下兩項條件：

- 必須有一些顧客具有可清楚辨識的特性，顯示他們願意支付較高價格。（例如黑皮膚或白皮膚，就是可清楚辨識的特性。）
- 賣方必須能夠防止其產品被轉賣，這樣才能摧毀任何套利機會。（就賣淫而言，極不可能發生轉售的情形。）

若存在上述情形，大多數廠商就可以透過差別取價而蒙利。商務旅客最知道這點，因為他們經常在最後一分鐘付出比鄰座休旅乘客高三倍的機票價格。去沙龍剪髮的女性也知道這點，因為大致相同的剪髮服務，她們在沙龍付出的價格是男性的兩倍。或是看看線上衛生護理服務目錄「李奧納多醫生」（Dr. Leonard's），這個網站上標示對人提供的「神奇理髮」（Barber Magic Trim）服務價格為十二．九九美元，對寵物提供的「寵物神奇理髮」（Barber Magic Trm-a-Pet）服務價格為七．九九美元，這兩項服務似乎相同，但李奧納多醫生似乎認為，人們願意花在自己頭髮上的錢，比他們願意花在寵物毛髮上的錢來得多。

芝加哥的流鶯如何採取差別取價呢？凡卡德希發現，她們對白人及黑人顧客採取差別取價策略，面對黑人顧客時，她們通常提出使對方不議價的價格。（凡卡德希觀察到，黑人顧客比白人顧客更可能討價還價，他認為，這可能是因為黑人顧客對他們的鄰居較熟悉，因此較了解這個市場。）另一方面，面對白人顧客時，她們傾向讓「男人」出價，期望可以獲得慷慨的價格。從整體上看，調查資料中顯示的黑人顧客與白人顧客價格差異性，這種策略似乎挺管用。

還有其他因素可以讓芝加哥妓女對顧客降價，參見表1-3的例子。

表1-3

降價情形	平均減價
以毒品代替現金支付酬勞	$7.00
在戶外完成性服務	$6.50
顧客使用保險套	$2.00

由於多數妓女有毒癮，因此，對以毒品代替現金支付酬勞的顧客給予減價，並不令人意外。戶外交易的減價，有部分是時間折扣，因為戶外交易通常進行得比較快，另一個原

因是妓女必須支付室內交易的場地費，有些妓女租用住家的一間臥房，或是在住家地下室放置一個床墊，也有妓女使用便宜的汽車旅館，或是夜間不營業的街角小店鋪。

對使用保險套的顧客給予小減價，這一點倒是令人感到意外，但更令人意外的是使用保險套者甚少的情形：就算只計算陰道性交和肛交，也只有不到二五％的性交易使用保險套。（新顧客使用保險套者比熟客多，黑人顧客使用保險套者比其他人種顧客少。）平均而言，一名芝加哥流鶯一年可能從事大約三百次未採取防護措施的性交易，好消息是，根據更早的研究，仰賴流鶯解決性需求的男人，感染愛滋病毒的比例出人意外地並不高，低於三％。（但召男妓的男性顧客就不同了，他們感染愛滋病毒的比例超過三五％。）

總而言之，影響妓女索價的因素很多：性服務本身的類別、顧客的特性，甚至連性交易發生地點也會影響價格。

但令人驚訝的是，在一定地點，不同妓女索取的價格幾乎相同。你可能以為，較具吸引力的妓女索取的價格，會高於魅力較差的妓女，但這種情形鮮少出現，為什麼？

唯一合理的解釋是：大多數顧客視妓女為經濟學家所謂的「完全替代品」（perfect substitutes），或是易於互替的商品。就像在雜貨店裡，一串香蕉在你眼中可能和其他串香蕉無異，同理也適用於經常涉足賣淫市場的男客。

「皮條客作用」

要取得大減價，一定能成功的途徑是直接找上妓女，不要透過皮條客。平均來說，相同的性服務，直接找妓女的價格，比透過皮條客的價格低約十六美元。

此估計係根據玫瑰園區和西普爾曼區的妓女提供的資料，這兩區毗鄰，在很多方面相似，但西普爾曼區的妓女透過皮條客，玫瑰園區的妓女則否。西普爾曼區的居民稍多一些，這形成了把妓女從街上趕走的社區壓力；反觀玫瑰園區有較多的街頭幫派活動，雖然，芝加哥的幫派一般並不涉及拉皮條活動，但他們不想讓任何人干預他們的黑市經濟。

這項關鍵差異讓我們得以衡量，皮條客對賣淫市場的影響作用，在本文中，我們稱之為「皮條客作用」（pimpact）。不過，首先要問一個問題：我們如何確定這兩類妓女相似而可以拿來相互比較呢？也許，那些和皮條客合作的妓女有不同於其他妓女的特性？例如，她們也許更內行，或是毒癮較輕？若果如此，我們不過是在比較兩類不同的女性族群，無法研判「皮條客作用」。

不過，實際情況是，在凡卡德希的研究對象中，許多妓女來回於這兩個地區，有時和皮條客合作，有時自行接客。因此，我們可以進行分析並獨立出「皮條客作用」。

表1-4

妓女	週薪	每週平均交易交易次數
自行接客	$325	7.8
和皮條客合作	$410	6.2

如前所述，顧客若透過皮條客，平均得多付十六美元。但是，那些透過皮條客完成性交易的顧客，往往也購買較昂貴的服務（他們不購買打手槍的服務），這使得妓女的酬勞提高。因此，縱使皮條客通常抽取二五％的佣金，妓女仍然能以較少次的交易，賺得更多酬勞（參見表1-4）。

皮條客的成功祕訣在於，他們尋找街頭流鶯無法自行找到的顧客。凡卡德希在其研究中得知，西普爾曼區的皮條客花很多時間，在脫衣舞夜總會和靠近印第安納州的江輪賭場中招攬顧客（大多是白人）。

不過，資料也顯示，「皮條客作用」並非只是創造更高的酬勞。和皮條客合作的妓女，比較不會遭到顧客施暴，或被迫為幫派成員提供免費性服務。

因此，對芝加哥的流鶯而言，和皮條客合作似乎有利無弊，就算扣除佣金後，幾乎不論在哪一方面都是蒙受好處。要是每個產業的每個仲介者都提供這種價值，那就好啦。

皮條客作用大於房地產經紀人作用

以住宅不動產業為例，就如同賣淫業的妓女一樣，你可以自行接客，也可以和皮條客合作；要出售房子時，你也可以自己賣，或是找房地產經紀人協助。房地產經紀人的抽佣比例（約五％）低於皮條客（約二五％），不過，以金額來看，房地產經紀人在每筆交易中獲得的佣金遠高得多了，通常是好幾萬美元。

那麼，房地產經紀人的生意好做嗎？

三位經濟學家最近分析威斯康辛州麥迪遜市（Madison）的房屋銷售資料，這裡是「屋主自售」（for-sale-by-owner，簡稱FSBO，發音為『FIZZ-bo』）模式興盛的市場，主要是以「FSBOMadison.com」網站為中心，屋主只須付一百五十美元，就可以在此網站上張貼售屋訊息，在賣掉房子後，無須再支付任何佣金。這三位經濟學家把麥迪遜市的「屋主自售」銷售資料，拿來和透過房地產經紀人的銷售資料進行幾個層面的比較，包括價格、房屋坐落地區的特性、在市場上銷售所花的時間等，藉此評估房地產經紀人的影響作用——對稱於前述「皮條客作用」，本文稱此為「房地產經紀人作用」（Rimpact）。

他們獲得什麼發現呢？

在「FSBOMadison.com」網站上出售的房子，賣得的價格大抵相同於透過房地產經紀人賣得的價格，這恐怕令房地產經紀人面子掛不住了。透過房地產經紀人賣掉一棟四十萬美元的房子，得支付約兩萬美元的佣金，在「FSBOMadison.com」網站出售，只須花一百五十美元吶！〔另一項最近的研究發現，索取均一佣金的房地產經紀人（一般而言，每棟房子索取五百美元佣金），賣得的價格也大抵相同於，依售價比例抽佣的經紀人賣得的價格。〕

不過，在此要提供一些重要提醒。支付房地產經紀人五％的佣金，他（她）可是替你包辦所有事務，對一些出售房子的屋主而言，這很值得。此外，很難說麥迪遜市的結果也將適用及發生於其他城市。再者，這項調查是在房市熱絡期間進行的，在榮景時期，屋主自售的容易度和成交率大概比較高。還有，那些選擇自售而不透過房地產經紀人的屋主，本身的生意頭腦也許較好吧。最後，儘管屋主自售房子的平均售得價格，相同於透過房地產經紀人賣得的價格，但他們多花了二十天才把房子賣掉。不過，大多數人恐怕會覺得，在自己的舊宅多住二十天以省下兩萬美元，很值得啦。

房地產經紀人和皮條客提供的服務，基本上並無二致：向潛在顧客推銷你的產品。如同這項研究顯示，網際網路顯然是房地產經紀人的強勁代替品，不過，若你想推銷的是流鶯的話，網際網路並不是撮合賣方和買方的好媒介——至少，到目前為止還不是。

所以，考量這兩種仲介者為賣方帶來的價值，皮條客的服務顯然比房地產經紀人的服務有價值得多了。對那些偏好以數學符號呈現結果的人，你可以這樣表述：

警察愛娼妓？

在凡卡德希的研究中，西普爾曼區有六名皮條客經營賣淫業，凡卡德希結識這六人，他們全都是男性。在往昔，芝加哥的賣淫業通常是由女性經營，就算是環繞最貧窮街坊附近的賣淫業亦然。但是，受到高酬勞的吸引，男人最終接管了這個市場，又一個例子顯示，在淵遠流長的人類史上，男人總是涉入酬勞不錯的市場，搶走女人的飯碗。

這六名皮條客年齡從三十出頭到四十幾歲都有，而且「收入相當不錯」，凡卡德希說，年所得約五萬美元。他們當中有些人還有正當的工作——例如汽車技工、商店經理人，大多數都擁有自己的房子，全都沒有毒癮。

他們的重要角色之一是應付警察，凡卡德希得知，這些皮條客和警方維持不錯的工作關係，尤其是一位名叫「查爾斯」的警員。查爾斯剛上任時，掃蕩並逮捕皮條客，但竟引發意想不到的結果，「你逮捕皮條客，只會引發搶地盤之爭，」凡卡德希說，「這些暴行角力比賣淫情事更棘手。」

於是，查爾斯做了一些讓步，皮條客們同意在小孩於公園玩遊戲的時段，遠離公園，並且不在光天化日之下從事拉客和賣淫的行為；相對地，警方將不干預皮條客，更重要的是，他們也不會逮捕妓女。在凡卡德希進行研究期間，皮條客掌控區域只出現一樁妓女被正式逮捕之事。在皮條客為妓女提供的種種好處當中，最大的好處之一是不會遭捕。

不過，妓女其實並不需要靠皮條客來避免被捕，在芝加哥，妓女被逮捕的平均機率是四百五十次交易中只有一次，而且，平均每十次被捕，只有一次遭到入獄判刑。

倒不是警方不知道妓女在哪裡，也不是警方瀆職或市長故意讓賣淫業生存，這其實是經濟學家所謂「代理問題」（principal-agent problem）的一個實例，在一項行動中，兩方似乎有相同的動機誘因，但事實未必如此。

在這個例子中，你可以把警察局長視為委託人，他想掃蕩街頭賣淫，街上的警察是代理人，他可能也想掃蕩街頭賣淫（至少理論上是如此），但他並沒有實際逮捕的強烈誘因。在某些警員眼中，妓女提供了比多逮捕一人的績效更具吸引力的東西：性。

從凡卡德希的研究中可以明顯看出這個事實，在他追蹤的妓女所從事的全部交易中，有大約三％是提供警員的免費性服務。

資料不會說謊：芝加哥流鶯和警察性交的機率高於她們被捕的機率。

國慶日漲價加班

當流鶯的害處之多，再怎麼強調都不為過：墮落、染病風險、恆常存在的暴力威脅。情況最糟的，莫過於華盛頓公園區——凡卡德希研究的第三個地區，此處位於玫瑰園區和西普爾曼區北方約六哩，經濟境況更差，外人（尤其是白人）較少進入。在該區，賣淫活動主要集中於四個地點：兩棟大型公寓；包含五個街區的一處熱鬧商業區；一八七〇年代由腓特烈・歐姆斯德（Frederick Law Olmsted）和卡爾弗特・沃克斯（Calvert Vaux）共同設計、占地三七二英畝的華盛頓公園。在華盛頓公園內活動的妓女是自行接客，沒有和皮條客合作，在凡卡德希的研究中，她們是酬勞最低的一群妓女。

這可能使你以為，這些女性情願做其他行業，也不願賣淫。但實際上，市場經濟的特性之一是，就算是被視為最差的工作，也一定有值得做的價格。因此，儘管這些妓女的待遇處境差，她們若不賣淫，境況會更糟。

你覺得這聽起來很荒謬嗎？

這個論點的最強烈證據來自你意想不到之處：長久以來受到喜愛的美國傳統「家庭團圓」。每年七月四日的美國國慶假日，芝加哥華盛頓公園裡擠滿一起野餐、聚會的家庭和其他大型團體，對其中部分遊客而言，和姑媽姨媽喝汽水聊天不夠刺激有趣。資料顯示，在每年的這段期間，華盛頓公園的妓女需求特別旺盛。

於是，妓女們便做了任何優秀企業家都會做的事：她們將價格調漲三〇%，並且盡其所能地加班。

最有趣的是，這種需求的突然增強，吸引另一群特別的工作者加入——在這段旺季，一群一整年都不賣淫的女性停下其他工作，開始做起賣淫生意。這些兼差性質的賣淫者，多數有小孩，也很照顧自己的家庭，她們也沒有毒癮，但跟淘金熱時期的採礦者或房市榮景期的房地產經紀人一樣，她們看到賺錢機會，加入搶錢行列。

至於本章標題點出的問題：何以流鶯就像百貨公司裡的聖誕老人？答案應該很明顯了：流鶯跟百貨公司裡的聖誕老人一樣，都會把握節日旺盛需求帶來的短期工作機會。

女教師都到哪裡去了？

根據前文分析，我們已經看出，若撇開節日突增的需求不看，現今的妓女需求遠低於六十年前，主要是因為男女平等主義革命所致。

若你對此感到意外，不妨看看男女平等主義革命下，另一群更令人意想不到的受害者：學童。

擔任教師工作者，向來以女性居多，在一百年前，這是女性能獲得的、跟烹飪清掃或其他僕人性質無關的少數工作之一（護士是另一種這類工作，但教師工作更顯著，教師與護士的比例為六：一）。在當時，女性工作者中有將近六%是教師，僅次於勞力工（一九%）、僕人（一六%）和洗衣婦（六．五%），而且，教書是大多數女性大學畢業生的首選工作，截至一九四〇年，有高達五五%的大學教育程度女性工作者在三十歲出頭時擔任教師。

但過不了多久，聰慧女性的工作機會開始增多。一九六三年通過的〈薪資平等法〉（Equal Pay Act）和一九六四年通過的〈民權法〉（Civil Right Act）是重要貢獻因素，社會對於女性角色的觀念改變，也是重要影響因素。隨著愈來愈多女孩上大學，有能力加入勞工行列的女性也增加，特別是一些向來大致禁制女性進入的好職業：法律、醫藥、商業、金融業等。（此革命中鮮為人知的英雄之一，是嬰兒奶粉的普及使用，這使得媽媽能夠在產後盡快返回工作崗位。）

這類資格條件要求高、相當競爭的職業，提供高薪資，吸引最優秀、最出色的女性工作者，這些女性要是早一個世代出生的話，她們當中有許多人必定成為學校教師。

但時勢不同了，她們沒去當教師，結果，學校教師這個行業開始出現人才外流現象。在一九六〇年，大約四成的女教師在智商測驗和其他性向測驗中，得分居最高的前五分之一，只有八%的女教師在這類測驗中，得分落在最低的五分之一。二十年後，在這類測驗中，只剩下不到兩成的女教師得分居最高的前五分之一，得分落在最低五分之一的女教師比例卻增加超過一倍。「過去數十年間，教師的素質不斷降低，但沒有人想討論這個問題。」紐約市公立學校總監在二〇〇〇年點出問題。

這並非指學校裡不再有很多優秀的老師，當然還是有很多優秀的教師，但總的來說，過去數十年，教師的技巧變差了，課堂教學的品質也變差了。自一九六七年至一九八〇年間，美國學生的測驗分數降低了大約相當於一．二五個年級的水準，教育研究人員約翰．畢夏普（John Bishop）稱此下滑為：「史上前所未見。」他認為，這導致國家生產力嚴重降低，而且這種情形將持續至二十一世紀。

不過，至少那些進入其他職業領域的女性，境況倒是變好了，對吧？

嗯，是有點變好啦，但程度有限。如前所述，就算是受過最佳教育的女性，她們賺的平均薪資仍然明顯低於和她們程度相當的男性，在令人高度嚮往的金融界和企業部門，這種情況尤其明顯，而且，在這些領域，女性人數比例顯著較低。近年間，女性執行長人數已經增加了約八倍，但在所有執行長中，女性比例仍然不到一．五％。在美國一千五百大企業中，只有約二．五％的最高薪主管職務是由女性擔任，把這項事實拿來跟以下事實相對照，尤其令人感到不可思議：在過去二十五年間，自美國一流大學取得企管碩士學位的總人數中，女性超過三〇％，今天這個比例更高達四三％。

經濟學家瑪莉安．貝特朗（Marianne Bertrand）、克勞蒂亞．高定和勞倫斯．凱茲，分析兩千多位從芝加哥大學取得企管碩士學位的男女，嘗試為這種薪資差距解謎。

他們獲得的結論是：性別歧視可能只是導致男女薪資差距的次要因素之一，最重要的因素是欲望（或缺乏欲望）。他們辨識出導致男女薪資差距的三項主要因素：

- 女性的學業平均分數（GPA）比男性稍低；或許，更重要的是，女性選修的財金課程較少。在其他條件相同之下，財金背景和職業所得之間有強烈關聯性。
- 在職涯的頭十五年，女性工作時數（每週五十二小時）少於男性（每週五十八小時），這十五年間，每週六小時的差異加總起來，相當於少了六個月的工作經驗。
- 女性的職涯中斷情況比男性多。在工作十年後，只有一〇％的男性企管碩士中斷工作六個月以上，但這麼做的女性企管碩士卻高達四〇％。

大問題似乎是：許多女性愛小孩，就算是擁有企管碩士學位的女性也一樣。沒有小孩的女性企管碩士，平均工作時數只比男性企管碩士的平均工作時數少三％；但是，有小孩的女性企管碩士，平均工作時數就比男性企管碩士的平均工作時數少了二四％。「對擁有企管碩士學位的工作者而言，工作時數較少和職涯中斷所導致的金錢懲罰極大，」三位經濟學家寫道，「許多企管碩士媽媽——尤其是丈夫事業成功的企管碩士媽媽，決定在生下第一胎後的幾年內暫時放慢職場發展腳步。」

這是奇怪的轉變。美國許多最優秀、最傑出的女性為了賺取高薪而取得企管碩士，但她們最後嫁給最優秀、最傑出的男人，這些男人也賺高薪，負擔得起讓他們的老婆不需要工作得那麼多。

這是否意味著女性投資時間和金錢以取得企管碩士，是不智之舉呢？恐怕不能這麼說。若她們沒有念商學院，或許她們永遠不會遇上這樣的老公。

男人愛錢，女人愛孩子

在檢視男女薪資差距時，我們還可以從另一個角度思考。或許，我們不必把女性薪資較低的現象解釋為女性的失敗，而是將它視為一種跡象，顯示「較高薪資」這項誘因對女性的意義與重要性，不若它對男性的意義與重要性。我們可不可以說，金錢是男性的弱點，就猶如小孩是女性的弱點呢？

最近，有一項配對實驗，招募年輕男女接受一項類似學術才能測驗（SAT）形式的數學測驗，總計有二十道題目。實驗的第一種版本支付每位參加者五美元，完成測驗的人可以再獲得十五美元。第二種實驗版本支付每位參加者五美元，每答對一題可獲得兩美元。

他們的測驗表現如何？

在第一種版本中（亦即均一價格，不論答對或答錯，凡是完成測驗者皆可再獲得十五美元），男性的測驗成績只比女性稍佳一些，平均只比女性多答對一題。但在第二種版本中（亦即有現金誘因，答對愈多題，獲得獎金愈高），男性的表現就明顯比女性優異，女性的測驗成績則幾乎跟第一種版本的表現差不多，反觀男性，平均比女性多答對兩題。

變性手術能為你加薪嗎？

經濟學家盡其所能地蒐集資料和使用複雜的統計方法，試圖了解導致女性薪資低於男性的原因，但是，根本的困難在於男性和女性有太多層面的差異性。經濟學家真正想做到的是進行類似這樣的實驗：針對一群女人，複製她們的男性版本；再針對一群男人，複製他們的女性版本；然後開始觀察這些人。度量每一種性別團體和她們（他們）本身的異性複製人之間的差異性，大概就能獲得一些真正有用的洞察。

或者，若是無法複製人的話，可以找來一群女人，隨機抽樣地從中挑選一半，施展魔法把她們變成男性，但除了變性之外，「她們」的其他一切不變。再找來一群男人，對他們做相同的事。

不幸的是，法令不容許（目前還不容許）經濟學家進行這樣的實驗，但個人要是想這麼做，倒是可以的，這叫做「變性手術」。

那麼，當一個男人決定透過變性手術和荷爾蒙治療，使自己過女人的生活〔此稱為「男變女」變性人（male-to-female，簡稱MTF）〕，或是當一個女人決定透過這些方法使自己過男人的生活〔此稱為「女變男」變性人（female-to-male，簡稱FTM）〕後，結果如何呢？

史丹佛大學神經生物學家班・巴瑞斯（Ben Barres）出生時是個女娃，取名芭芭拉・巴瑞斯（Barbara Barres），在一九九七年變性為男人，那時他四十二歲。跟數學和多數科學領域一樣，神經生物學界是男性的天下，巴瑞斯表示，他的變性決定「令我的同事和學生吃驚，但是他們全都認為這非常好。」事實上，在變性為男人後，他的學術地位似乎提高了。有一次，巴瑞斯在一場專題討論演講完後，聽眾席中一名不知道此變性故事的同校科學家，向巴瑞斯的一位朋友說出這番恭維：「班・巴瑞斯的表現比他妹妹好太多了。」可是，巴瑞斯沒有妹妹，這名科學家輕蔑的是巴瑞斯的前身——女性的巴瑞斯。

巴瑞斯承認：「男人變性為女人，要比女人變性為男人困難得多了。」他說，問題在於男性被認定在某些領域有能力，特別是科學和財金這類領域，而女性則否。

反過來看，伊利諾大學芝加哥分校的傑出經濟學家黛德瑞・麥克羅斯基（Deirdre

McCloskey）出生時是男娃，取名「唐納德」（Donald），在一九九五年決定變性為女人，當時她五十三歲。跟神經科學領域一樣，經濟學領域也是以男性居多，「我本來準備遷居華盛頓州史波坎市，在裝有升降機的穀倉當祕書，」她說。雖然，實際上並無此必要，但她的確發現：「經濟學界在某些方面對我加諸了奇怪的懲罰，我猜想，若我現在仍然是唐納德的話，我大概能多賺點錢。」

麥克羅斯基和巴瑞斯只不過是兩筆資料點，克莉絲汀・舒爾特（Kristen Schilt）和馬修・魏斯沃（Matthew Wiswall）這兩位研究學者想要有系統地檢視，那些在成年後變性的人所賺得的薪資，是否發生了什麼改變。這跟我們先前建議的實驗方法有很大差別，畢竟，這些變性者並不是一個隨機樣本，他們在變性前和變性後也不是典型的女人或男人，不過，這兩位學者的研究結果仍然令人感興趣。舒爾特和魏斯沃發現，女人在變性為男人後，賺的錢比變性前稍高，反觀男人在變性為女人後，平均而言，所賺的薪資比變性前低了近三分之一。

不過，對此結論必須要注意。首先，這兩位學者的樣本很小，只有十四位「男變女」和二十四位「女變男」變性人接受調查。此外，兩位學者的研究對象主要是招募自變性人研討會，這使得這些研究對象成為麥克羅斯基所謂的「專業變性人」（professional gender crossers）類別，他們未必具有代表性。

麥克羅斯基指出：「人們往往以為，當你變性為女人後，並非開始好好過妳的新生活，而是繼續回頭看過去的話，妳將不會成為工作領域中最成功的人。」（她是改變了性別，但變性並不會改變她的經濟學家身分啊！）

快樂的娼妓

回到芝加哥，在距離流鶯工作地幾哩遠的一處時尚街區，住著一名出生時是女娃、且一直維持此性別的女性，她賺的錢比她原本以為自己能賺到的錢還要多。

她生長於德州一個很不正常的大家庭，後來離家從軍去，接受電子領域訓練，在海軍體系裡從事研發工作。七年後退伍，重返民間社會，在全球規模最大的公司之一從事電腦程式設計工作，年薪五位數，嫁給一位年薪六位數的抵押貸款經紀人。她的人生很成功，但也很乏味。

沒有小孩的她後來離婚了，搬回德州，部分原因是為了幫助照顧一名生病的親戚。她再度捧電腦程式設計師的飯碗，也再婚了，但最終仍是以離婚收場。

她的職涯並沒有更好的發展，她聰慧、能幹、有純熟的技能，同時，她也有迷人的外表，身材玲瓏有致，一頭金髮，友善親切，在她任職的組織裡總是很受歡迎。不過，她並不喜歡那麼賣力地工作，於是，她變成一名創業者，開創了只有一名女性的事業，讓她每週只須工作十或十五小時，就能賺到以往薪資的五倍收入。她的名字是愛莉，她是一名妓女❺。

愛莉進入這一行，純屬意外，或者，至少是在鬧著玩的情況下踏入的。她的家庭是虔誠的美南浸信會教徒，她說她從小到大都很古板嚴謹，成年後還是一樣。「你知道的，就是那種住在每月選拔最佳庭園的市郊，每晚七點以前不能喝酒，一晚不能喝超過兩杯啤酒。」不過，年紀輕輕就離婚的她，開始造訪約會網站（她喜歡男人，喜歡性），一開始，只是好玩地在網站上的個人簡介裡列出「伴遊」（escort），「那只是突如其來的念頭，」她回憶，「我只是想，就這樣張貼，看看結果如何。」

結果，她的電腦立即湧入大量回應，她回想當時情況：「我開始不斷地按『縮減至最少』（minimize）選項，這樣我才應付得來。」

震撼教育

愛莉安排在非週末的某天下午兩點，和一名男子在一家旅館的停車場西南角碰面。那名男子開著黑色賓士轎車前來，愛莉毫無概念，不知道要索取多少錢，她考慮收五十美元。

那名男子是牙醫，外型並不令人生畏，已婚，非常和善。進到房間後，愛莉緊張地脫衣。如今，她已不記得那次性交的細節了，（她說：「那些畫面已經非常模糊不清。」）但她還記得當時的感想：「其實，一點也不奇特怪異。」

完事後，那名男子放了一些錢在梳妝臺上，問道：「妳從沒做過這樣的事，對吧？」愛莉試圖撒謊，但沒成功。

他說道：「好，聽著，妳必須學會以下的事。」接著開始教她：她必須更加小心，她不應該接受和一個陌生男子在停車場碰面，她必須事先對顧客有一些了解。

「他是完美的第一次約會對象，」愛莉說，「直到今天，我仍然很感激他。」

那名男子離開房間後，愛莉數了一數梳妝臺上的現金：兩百美元。「多年來，性，我都是免費提供服務，所以，事實上，當有人付我錢時，哪怕只是一文錢，呵，那都是一種震撼。」

她立即就產生當全職妓女的念頭，但又擔心家人和朋友會發現，因此，她決定慢慢來，主要接的是城外的交易。她縮減了程式設計的工作時數，儘管如此，仍然覺得這工作實在枯燥乏味，也就是在此時，她決定遷居芝加哥。

沒錯，那是個大城市，令愛莉生畏，但芝加哥不像紐約或洛杉磯，它沒那麼國際化，還保有足夠的內地氣息，讓一個來自南方的女孩有家的感覺。她建構了一個網站（電腦技巧令她駕輕就熟），並且在密集的嘗試摸索後，研判出哪些情色服務網站能幫她吸引到適當的顧客，而哪些網站只會浪費她的廣告費。（勝出的網站是「Eros.com」和「BigDoggie.net」。）

經營「一個女人」的事業，有幾個優點，最主要的優點是，她不必和任何人分享她的營收。在舊年代，愛莉大概得替愛芙萊姊妹之類的人工作，他們付給旗下的女孩優渥酬勞，但從中抽走的收入足以使他們自己穿金戴銀。網際網路讓愛莉可以當自己的鴇母，為自己累積財富。很多文章和論述談到，網際網路對於旅遊、房地產、保險、股票與證券買賣等產業產生強大的「去中介化」（disintermediation）作用，亦即免除了經紀商或中間人，不過，我們很難想到有哪一個市場，比高檔賣淫業更自然地適合「去中介化」。

不利之處是，愛莉只能靠她自己過濾潛在顧客，確保他們不會對她施暴、欺騙，或強姦。她找到一個既簡單又聰明的方法：當有新顧客在網路上跟她接洽時，在未取得此人的真實姓名和工作場所電話號碼之前，她絕對不訂下約會。她會在約會當天早上打電話給他，表面上只是想告訴他，她對於即將跟他碰面感到很興奮。

其實，打這通電話也是要讓對方明白，她可以隨時找到他，要是出了什麼問題，她可以到他辦公室興風作浪，「沒人想看到瘋女人大鬧公司的那些戲碼。」愛莉微笑著說。至今，她只訴諸此伎倆一次，那是在一名顧客付給她偽鈔之後。當愛莉造訪這位老兄的辦公室時，他立刻拿出幾張真鈔。

「獎盃妻」

愛莉在她的公寓會客，大多是在白天，他們大多是中年白人，有八成是已婚者，這些男人發現，比起向老婆解釋為何某個晚間不在，還不如工作時間設法蹺班來得容易。愛莉非常享受她悠閒的夜晚時光，可以閱讀、看電影，或只是輕鬆休息。她的收費訂價是一小時三百美元（這似乎是跟她才幹相似的多數其他女性的薪資水準），但有一些折扣：兩小時收費五百美元，或是十二小時的過夜收費兩千四百美元。她的約會中有大約六成是只有一小時的交易。

愛莉的臥室（她笑著稱之為「我的辦公室」）裡，一張有四根帷柱的維多利亞式大床占去了大部分空間，雕花紅木柱子垂掛著灰白色的絲帳。這不是最舒適的辦事床，在被問到是否有任何顧客被這張床難住時，她承認，不久前，一位肥胖的男士壓壞了它。

愛莉當時如何處理呢？她說：「我告訴他，真抱歉，這該死的東西其實已經壞了，但我一直沒把它修好。」

她是那種總是看每個人優點的人，她相信這是她的事業成功的主要因素之一，她真心喜歡來找她的男人，因此，那些男人也喜歡她，並非只是因為她將和他們性交。經常有顧客帶禮物給她：亞馬遜網路書店（Amazon.com）的一百美元禮券；一瓶好酒（她事後上Google查詢標籤，得知價值）；有一次，她還獲贈一台新的MacBook筆記型電腦。男人跟她說甜言蜜語，讚美她的容貌或室內裝飾，在很多方面，他們以妻子期望老公對待她們的方式對待她，但妻子卻往往得不到這樣的對待。

價格跟愛莉同一等級的這行女性，大多自稱為「伴遊」，愛莉談到這一行的朋友時，稱呼她們為「女孩」，但這並非她講究挑剔，「我喜歡『hooker』，我喜歡『whore』，我喜歡所有稱呼，」她說，「拜託，我知道自己做哪一行啦，我不會故作清高。」愛莉提到她的一位每小時收費五百美元的朋友：「她認為自己跟街上那些以一百美元代價提供口交服務的女孩並沒有兩樣，我也認同，我跟她說：『沒錯，親愛的，妳是同樣的壞東西。』」

關於這點，愛莉可能錯了。儘管她認為自己跟流鶯相似，但她和那類女人的相似程度，還不若她和「獎盃妻」(trophy wife)的相似程度呢！基本上，愛莉是按小時出租計費的「獎盃妻」，她賣的不是性（至少不只是性）；她賣給男人一個機會，讓他們可以把現在的妻子換成一個更年輕、在性方面更冒險刺激的版本，但又能免去實際上這麼做的麻煩及長期成本。在一、兩小時當中，她是理想妻子的化身：美麗、體貼、聰慧，對你的玩笑開懷大笑，滿足你的性慾。每次你出現在她門口，她總是開心於見到你，你喜愛的音樂已經在播放著，你喜愛的飲料正透著冰涼，還有，她永遠不會叫你去倒垃圾。

愛莉表示，在滿足顧客的不尋常要求方面，她比一些妓女更開明、大方些。例如，在德州時的一名顧客，仍然定期飛來芝加哥光顧，這名男子請求把他裝在公事箱裡的一些東西寄放在愛莉那裡，其實，在他要參加的會議裡，絕大多數人看到這些東西，根本不會聯想到性本身。不過，愛莉很明確堅持她的顧客一定得戴保險套。

若有顧客提供一百萬美元，要求不戴套做愛呢？

愛莉對此問題思考了一下，然後展現出對於經濟學家所謂的「逆向選擇」（adverse selection）的敏銳了解，她說她仍然不會接受，因為任何一個顧客若瘋狂到會提供一百萬美元，以交換一回合無防護措施性交，那他必定已經瘋狂到她必須不惜任何代價地避開。

在她開始於芝加哥以一小時三百美元營業之初，需求旺盛得不得了，她盡體力所能負荷的多接客，每週工作約三十小時。這種情形持續了一陣子，等到付清汽車貸款，並存了一些錢後，她便減少到每週只工作十五小時。

即便如此，愛莉仍然開始思考，她的一小時時間對她而言，是否比多賺三百美元更有價值？每週工作十五小時，她一年的收入已超過二十萬美元。最終，她提高收費至一小時三百五十美元，預期這將使需求減少，但實際上並沒有。因此，幾個月後，她又調高到一小時四百美元，但需求依舊沒有明顯減少，這使愛莉對自己有點惱怒，很顯然地，長期以來，她的收費太低了。不過，至少她能夠策略性地利用她的價格變化，展開一點差別取價：她對自己喜愛的顧客收取舊費率，但告訴那些她較不喜愛的顧客，一小時收費提高到四百美元，要是他們因此卻步，她就有個便利的藉口可以拒絕他們。反正，客源不缺。

過沒多久，她的收費再提高到一小時四百五十美元，幾個月後，再調高至一小時五百美元。短短幾年，愛莉的價格調高了六七％，但需求幾乎沒有減少。

她的價格飆高，呈現了另一個驚人事實：她的索費愈高，實際上進行的性交愈少。

在一小時三百美元時，她有一長串一小時的約會，每個男人都想在這一小時內盡其所能地多進行性行為。但在一小時索取五百美元時，她和顧客往往把大部分時間花在喝酒和用餐上，「四小時的晚餐約會，最終只有二十分鐘用於性交，」她說，「儘管我仍然是那以往索價三百美元的女孩，穿著打扮相同，談話內容也相同。」

愛莉心想，也許是經濟榮景使她賺錢吧，那是二〇〇六年和二〇〇七年，是她接待的許多銀行家、律師、房地產開發商生意興隆的期間。可是，愛莉發現，向她購買服務的大多數顧客不怎麼受到價格影響——套用經濟學術語，就是「對價格不敏感」（price insensitive），性需求似乎相當程度地跟總體經濟境況脫鉤、解耦（uncoupled）。

我們的最佳推測是，在芝加哥，像愛莉這樣獨自經營或為「伴遊」服務業工作的妓女不到一千名。像拉席娜這樣的街頭流鶯，做的可能是美國最糟的工作；但像愛莉這樣的高級妓女，境況完全不同：薪資高，時間有彈性，遭施暴或逮捕的風險相當低。因此，真正的疑惑並不是為何像愛莉這樣的女性會去當妓女，而是為何沒有更多女人選擇這個行業。

當然啦，並非每個女人都適合從事賣淫業，妳對性的喜歡程度必須夠高，並且願意做一些犧牲，例如沒有丈夫（除非他非常理解，或非常貪婪）。可是，當時薪高達五百美元時，這些負面效應與缺點很可能變得不是那麼重要，事實上，當愛莉向一位多年好友坦承她已經變成妓女，並敘述她的新生活後，那位朋友在幾星期後便加入了愛莉的行業。

愛莉從未遭到任何來自警方的麻煩，也不預期將來會有這種遭遇。事實上，若賣淫合法化，她恐怕就會非常煩惱了，因為她之所以能獲得高薪資，原因就在於男人不能合法取得她提供的服務。

重回校園選讀經濟學

愛莉已經很嫻熟於她的領域，她是個精明的企業家，懂得維持低間接成本，保持品質控管，學會差別取價，非常了解市場的供需力量。她也樂在自己的工作之中。

話雖如此，愛莉已經開始尋求退場策略了，她現在三十歲出頭，仍然富有魅力，但很清楚她的商品不易保鮮、不耐久。她為年紀較長的妓女感到難過，她們就像上了年紀的運動員，不知道何時該退出運動場。（愛莉在南美洲度假時，有一位這樣的運動員向她求歡，他是將來有可能進入名人堂的棒球員，他並不知道愛莉是職業妓女，不過，愛莉拒絕了，因為她不想在度假時工作。）

她也漸漸厭倦了過祕密生活，她的家人和朋友不知道她是妓女，不斷的欺騙使她疲累，只有在面對同行的其他女孩時，她才不需要偽裝防衛，但她們不是她最親近的朋友。

她已經存了不少錢，但還不足以讓她能就此退休，因此，她開始思考下一份職業。她取得了房地產經紀人執照，當時，房市正熱，而且，從舊工作過渡到新職場似乎相當容易，因為這兩種工作的時間都可以彈性安排。不過，有相同想法的人太多了，房地產經紀人這個行業的入行門檻這麼低，每次榮景期都吸引一大堆人加入。在過去十年，美國房地產經紀人協會（National Association of Realtors）會員數已經增加了七五%，這是導致他們的所得中位數降低的一個重要原因。當愛莉得知她的佣金中有一半得繳給雇用她的房地產經紀公司時，著實嚇壞了，這比任何一名皮條客膽敢抽取的佣金比例高太多了！

最後，愛莉認知到她真正想做的事：重返大學。她將以她從經營自己的事業中學到的東西為基礎，若一切順利的話，她可以把這些新知應用到某個支付高薪、但不必靠她本身體力的職業上。

愛莉選擇研讀什麼學門呢？那還用說嗎？當然是經濟學！

注解

❶ **認識拉席娜**：她是眾多參與社會學家蘇西耶・凡卡德希（Sudhir Venkatesh）的實地研究計畫的流鶯之一，本章稍後會詳述此研究的洞察，也寫在李維特和凡卡德希合著的工作底稿《街頭賣淫的實證分析》（*An Empirical Analysis of Street-Level Prostitution*）中。

男人真吃香（女人真命苦）：關於壽命的歷史紀錄，見福恩・布洛（Vern Bullough）與卡麥隆・坎伯（Cameron Campbell）合著的〈中世紀女性的長壽與飲食〉（Female Longevity and Diet in the Middle Ages），《*Speculum*》55，no. 2（April 1980）。**視為女巫處死**：見愛蜜莉・奧斯特的〈歐洲文藝復興時期的巫術、天氣與經濟成長〉（Witchcraft, Weather and Economic Growth in Renaissance Europe），《經濟展望期刊》（*Journal of Economic Perspectives*）18, no. 1（Winter 2004）。

❷ **燙胸**：見蘭迪（Randy Joe Sa'ah）的〈喀麥隆少女戰鬥「燙胸」〉（Cameroon Girls Battle 'Breast Ironing'），BBC News，二〇〇六年六月二十三日；有二六%的喀麥隆年輕女孩被施以「燙胸」，通常是在青春期由她們的母親施行。

中國女性的婚約：見美國國務院的〈二〇〇七年各國人權報告〉（2007 Country Reports on Human Rights Practices）；纏足的長遠影響，見史帝夫・康明斯（Steven Cummings）、Xu Ling與凱蒂・史東（Katie Stone）的〈中國北京年老婦女纏足的結果〉（Consequences of Foot Binding Among Older Women in Beijing, Chin），《美國公共衛生期刊》（*American Journal of Public Health*）87，no. 10（1997）。

女性生活的大幅改善：受高等教育女性的發展出自美國教育部國家教育統計中心的兩份報告：《美國教育一百二十年：統計圖像》（*120 Years of American Education : A Statistical Portrait*）（1993）、《美國的高等教育機構：二〇〇七年秋季，頒授學位和其他獎項：二〇〇六—〇七年和註冊十二個月：二〇〇六—〇七年》（*Postsecondary Institutions in the United States : Fall 2007, Degrees and Other Awards Conferred : 2006–07, and 12-Month Enrollment : 2006–07*）（2008）。常春藤盟校畢業的女性薪資也低於男性（**哈佛女也吃虧**）：見克勞蒂亞・高定（Claudia Goldin）、勞倫斯・凱茲（Lawrence F. Katz），〈過渡：受過教育的精英，其職業生涯與家庭生命週期〉（Transitions : Career and Family Lifecycles of the Educational Elite），《美國經濟學會（AEA）論文和論文集》（*AEA Papers and Proceedings*），二〇〇八年五月。**超重女性的薪資懲罰**：參見道爾頓・康利（Dalton Conley）、麗貝卡・格勞伯（Rebecca Glauber），〈性別、體重和經濟地位〉（Gender, Body Mass and Economic Status），美國全國經濟研究所（NBER）工作報告（National Bureau of Economics Research working paper），二〇〇五年五月。**牙齒欠佳的女性**：參見雪莉・格萊德（Sherry Glied）與馬修・奈德爾（Matthew Neidell），〈牙齒的經濟價值〉（The Economic Value of Teeth），美國全國經濟研究所工作報告（NBER working paper），二〇〇八年三月。**月經的代價**：參見安德莉雅・市野（Andrea Ichino）與安里柯・莫瑞第（Enrico Moretti），〈生物性別差異、缺勤曠職和收入差距〉（Biological Gender Differences, Absenteeism and the Earnings Gap），《美國經濟期刊：應用經濟學》（*American Economic Journal : Applied Economics*）1，no. 1（2009）。**教育法修正案第九條為女性創造**

職缺，卻是男性就職：見貝熙．史帝文森（Betsey Stevenson），〈教室之外：用教育法修正案第九條衡量高中體育課的效益〉（Beyond the Classroom：Using Title IX to Measure the Return to High School Sports），華頓商學院，賓州大學，二〇〇八年六月；琳達．卡本特（Linda Jean Carpenter）與薇薇安．阿科斯塔（R. Vivian Acosta），〈校際運動中的女性：二十七年全國性縱向研究，一九七七—二〇〇四年〉（Women in Intercollegiate Sport：A Longitudinal, National Study Twenty-Seven-Year Update, 1977–2004）；以及克莉絲汀．克魯茲（Christina A. Cruz）的《不同性別的體育課：為何女性教練失去田徑場》（*Gender Games：Why Women Coaches Are Losing the Field*）（VDM Verlag，2009）。關於女性職籃聯盟的不平等，見麥可．泰瑞（Mike Terry）的〈男性占據WNBA教練行列〉（Men Dominate WNBA Coaching Ranks），《洛杉磯時報》，二〇〇六年八月二日。

戰前的賣淫：此段落摘自多種檔案來源與書籍，包括：《芝加哥的賣淫問題》（*The Social Evil in Chicago*）（別名「賣淫問題委員會報告」，the Chicago Vice Commission report），美國警惕協會（American Vigilance Association），一九一一年；喬治．尼蘭（George Jackson Kneeland）與凱薩琳．戴維斯（Katharine Bement Davis）的《紐約市賣淫商業化》（*Commercialized Prostitution in New York City*）（The Century Co.，1913）；霍華德．伍爾斯頓（Howard Brown Woolston）的《美國的賣淫》（*Prostitution in the United States*），第一冊，《美國捲入世界大戰前》（*Prior to the Entrance of the United States into the World War*）（The Century Co.，1921）；以及《失去的姊妹：美國的賣淫，一九〇〇年—一八年》（*The Lost*

Sisterhood : Prostitution in America, 1900–1918）（約翰霍普金斯大學出版社，1983）。關於愛芙萊詳情，見凱倫・艾伯特（Karen Abbott）的迷人著作《第二大城的罪惡》（*Sin in the Second City*）（蘭燈書屋，2007）。

毒販坐牢，非買家坐牢：見Ilyana Kuziemko與李維特的〈羈押毒犯的實證分析〉（An Empirical Analysis of Imprisoning Drug Offenders），《公共經濟學期刊》（*Journal of Public Economics*）88（2004）；以及美國司法部量刑委員會（U.S. Sentencing Commission）的《二〇〇八年聯邦量刑統計資料》（*2008 Sourcebook of Federal Sentencing Statistics*）。

芝加哥的流鶯：這個段落大致引用自李維特和凡卡德希的《街頭賣淫的實證分析》工作報告。

對「機會」計畫的職員說謊：見西撒・馬丁內里（César Martinelli）與蘇珊・帕克（Susan Parker）的〈社會計畫中的欺瞞與誤導〉（Deception and Misreporting in a Social Program），《歐洲經濟協會期刊》（*Journal of European Economics Association*）7，no. 4（2009）。是記者蒂娜・羅森伯格（Tina Rosenberg）讓我們注意到這篇論文。

過去與現在的靠妓女破處：見查理・威尼克（Charles Winick）與保羅・金賽（Paul M. Kinsie）的《生氣蓬勃的商業：賣淫在美國》（*The Lively Commerce : Prostitution in the United States*）（Quadrangle Books，1971），書中引述格布哈德（P. H. Gebhard）一九六七年十二月在美國科學促進學會會議（AAAS）發表的論文；還有愛德華・羅曼（Edward O. Laumann）、約翰・加格農（John H. Gagnon）、羅伯特・麥可（Robert T. Michael）與史都華・麥可斯（Stuart Michaels）合著的《性的社會組織：美國的性行為》（*The Social Organization of Sexuality :*

Sexual Practices in the United State s）（芝加哥大學出版社，1994）。

❸十九世紀古典自由理論經濟與政治經濟學家，倡導自由放任經濟政策和自由貿易。

口交價格大不如前？見邦尼（Bonnie L. Halpern-Felsher）、喬迪・康奈爾（Jodi L. Cornell）、朗達・克羅普（Rhonda Y. Kropp）與珍妮（Jeanne M. Tschann）合著的〈青少年的口交與陰道性交：感知態度與行為〉（Oral Versus Vaginal Sex Among Adolescents : Perceptions, Attitudes, and Behavior），《兒科學》（*Pediatrics*）115（2005）；杜柏納與李維特的〈欲望的經濟學〉（The Economy of Desire），《紐約時報雜誌》，二〇〇五年十二月十一日；蒂姆・哈福德（Tim Harford）的〈信口胡謅：解讀青少年口交的龐大興盛〉（A Cock-and-Bull Story : Explaining the Huge Rise in Teen Oral Sex），《*Slate*》，二〇〇六年九月二日。「**容易退出**」（Ease of exit）是英屬哥倫比亞大學的麥可・雷卡特（Michael Rekart）博士在作者訪談中使用的片語；亦請見麥可・雷卡特的〈性工作危害的減少〉（Sex-Work Harm Reduction），《柳葉刀》366（2005）。

❹**差別取價：**或譯「價格歧視」。關於李奧納多醫生對人與寵物的神奇理髮詳情，見丹尼爾・漢默許（Daniel Hamermesh）的〈你應該摒棄的歧視〉（To Discriminate You Need to Separate），蘋果橘子經濟學部落格，《紐約時報》，二〇〇八年五月八日。

男妓客戶的高愛滋病比率：見艾利福森（K. W. Elifson）、波爾斯（J. Boles）、達羅（W. W. Darrow）與史特克（C. E. Sterk）的〈愛滋病病毒（HIV）血清陽性率和男妓女妓客戶的風險因素〉（HIV Serop-revalence and Risk Factors Among Clients of Female and Male Prostitutes），《愛滋病與人類免疫缺乏病毒學期刊》（*Journal of Acquired Immune Deficiency Syndromes and*

Human Retrovirology）20，no. 2（1999）。

皮條客作用大於房仲經紀人作用：見Igal Hendel、Aviv Nevo與Francois Ortalo-Magne的〈房地產銷售平台的相對績效：MLS Versus FSBOMadison.com〉（The Relative Performance of Real Estate Marketing Platforms：MLS Versus FSBOMadison.com），《美國經濟評論》（*American Economic Review*）；還有李維特與查德．西佛森（Chad Syverson）的〈當房屋銷售者使用固定費用的房地產經紀人時，反托拉斯對結果的影響〉（Antitrust Implications of Outcomes When Home Sellers Use Flat-Fee Real Estate Agents），《布魯金斯學院—華頓商學院城市事務論文集》（*Brookings-Wharton Papers on Urban Affairs*），二〇〇八年。

女性主義與教職：一九一〇年的女性職業資料摘自一九一〇年美國人口普查。**女性從事教職率：**見克勞蒂雅．高定、勞倫斯．凱茲與Ilyana Kuziemko的〈美國大學女性的回鄉／回歸：大學性別差距的逆轉〉（The Homecoming of American College Women：The Reversal of the College Gender Gap），《經濟展望期刊》20，no. 4（Fall 2006）。感謝Kuziemko附加的計算。**工作機會倍增：**見雷蒙．葛列格里（Raymond F. Gregory）的《婦女與工作場所歧視：克服性別平等的障礙》（*Women and Workplace Discrimination：Overcoming Barriers to Gender Equality*）（羅格斯大學出版社，2003）。**嬰兒奶粉成為「不被歌頌的英雄」：**見斯特凡尼亞．阿爾巴內希（Stefania Albanesi）與克勞蒂雅．奧利維蒂（Claudia Olivetti）的〈性別角色與科技進步〉（Gender Roles and Technological Progress），國家經濟研究局工作報告（National Bureau of Economic Research working paper），二〇〇七年六月。**教師品質的惡化：**見Marigee P.

Bacolod的〈替代機會重要嗎？女性勞動力市場在教師供給和教師素質下降中的作用，一九四〇年—九〇年〉（Do Alternative Opportunities Matter? The Role of Female Labor Markets in the Decline of Teacher Supply and Teacher Quality, 1940–1990），《經濟學和統計學評論》（*Review of Economics and Statistics*）89, no. 4（November 2007）；哈洛德・李維（Harold O. Levy）的〈為何最優秀的人不教書〉（Why the Best Don't Teach），《紐約時報》，二〇〇〇年九月九日；以及約翰・畢夏普（John H. Bishop）的〈測試分數下降是否和生產力增長下滑有關〉（Is the Test Score Decline Responsible for the Productivity Growth Decline），《美國經濟評論》（*American Economic Revie*）79, no. 1（March 1989）。

連頂尖女性也賺得少：見賈斯汀・沃爾福斯（Justin Wolfers）的〈診察歧視：股票收益和執行長性別〉，《歐洲經濟協會期刊》 4，nos. 2–3（April-May 2006）；還有瑪麗安・伯特蘭（Marianne Bertrand）、克勞蒂雅・高定與勞倫斯・凱茲的〈金融與公司部門青年專業人員性別差異動態〉（Dynamics of the Gender Gap for Young Professionals in the Financial and Corporate Sectors），國家經濟研究局工作報告，二〇〇九年一月。

男人愛錢，女人愛小孩？金錢誘因的性別差距實驗摘自羅蘭・福萊爾（Roland G. Fryer）、李維特與約翰・李斯特（John A. List）的〈探索財務激勵對刻板印象威脅的影響：來自先導性研究（Pilot Study）的證據〉（Exploring the Impact of Financial Incentives on Stereotype Threat : Evidence from a Pilot Study），《美國經濟學會論文和論文集》98，no. 2（2008）。

變性能幫你加薪嗎？見克莉絲汀・舒爾特（Kristen Schilt）與馬修・魏斯沃（Matthew

Wiswall）的〈之前和之後：性別轉變、人力資本和工作場所經驗〉（Before and After : Gender Transitions, Human Capital, and Workplace Experiences），《B. E. 經濟分析與政策期刊誌（BEJEAP）》（*B.E. Journal of Economic Analysis & Policy*）8，no. 1（2008）。這個段落的詳情摘自班・巴瑞斯（Ben Barres）與戴德瑞・麥克羅斯基（Deirdre McCloskey）的作者訪談；也請見羅賓・威爾森（Robin Wilson）的〈變性成為女人，讓具領導地位的經濟學家震驚職場〉（Leading Economist Stuns Field by Deciding to Become a Woman），《高等教育紀事》（*Chronicle of Higher Education*），一九九六年二月十六日；以及香卡（Shankar Vedantam）的〈他曾經是她，提供自身的科學觀點〉（He, Once a She, Offers Own View on Science Spat），《華爾街日報》，二〇〇六年七月十三日。

❺ **為何沒有更多像愛莉的女人**？如同在本書一開始澄清的說明裡所述，我們結識愛莉是因為雙方都認識的某人，愛莉並非她的真名，但所有關於她的故事都是真實的。在過去幾年，本書兩位作者都跟愛莉相處不少時間（當然，大家都衣衫整齊！），這一節內容係根據我們對她的密集訪談、檢視她的帳簿，以及她受邀在李維特於芝加哥大學開設的「犯罪經濟學」課堂上演講的內容。有幾名學生表示，愛莉的演講是他們在芝加哥大學多年，聽到最精采的一堂課，這番話不僅表達了他們對愛莉之洞察的強烈肯定，也是對李維特和其他教授的殘酷指控。亦請見杜伯納的〈應召女郎對史匹澤事件的看法〉（A Call Girl's View of the Spitzer Affair），蘋果橘子經濟學部落格，《紐約時報》，二〇〇八年三月十二日。

房地產榮景吸引房仲人員：參閱杜伯納與李維特的〈瀕危物種〉（Endangered Species），《紐約時報雜誌》，二〇〇六年三月五日。

Chapter 2

Why Should Suicide Bombers Buy Life Insurance?

自殺炸彈客應該買壽險

要是你知道烏干達東南部的某人明年將生個寶寶，你應該全心全意期望這個寶寶別誕生在五月，若這寶寶誕生於五月，長大成人後出現視障、聽障或學習障礙的機率將高出二〇%。

不過，從現在算起的三年後，五月可能是個不錯的寶寶誕生月，但危險並未消失，而是轉移到四月。

是什麼因素造成這種怪異型態呢？在回答此問題之前，請先思考一下：在繞過半個地球另一端的密西根州，也鑑別出同樣的這種現象；事實上，在密西根州，五月誕生的風險程度比烏干達還要高。

經濟學家道格拉斯・阿蒙（Douglas Almond）和布哈許卡・馬宗德（Bhashkar Mazumder），對此奇怪、令人煩惱的現象提出一個簡單答案：齋戒月。

哦，所以才說生要逢時

密西根州的某些地區有相當多的穆斯林（伊斯蘭

教徒）人口，烏干達東南部也是。在整個齋戒月，教徒白天不能吃，不能喝，絕大多數穆斯林女性就算懷孕，也遵守這種習俗，反正，並不是一整天都不能進食，日落後到日出前可以恢復進食。不過，阿蒙和馬宗德分析多年的出生資料後發現，齋戒月期間存在母體子宮中的胎兒，比較可能出現成長後遺症。這種影響作用的程度大小，取決於當齋戒月來臨時的寶寶受孕月分，若齋戒月禁食恰好是懷孕的第一個月，影響程度最大；但若母親在懷孕第八個月前的任何時候禁食，這種影響作用都有可能發生。

伊斯蘭教採用陰曆，因此，每年齋戒月開始日都會比前一年的齋戒月開始日提早十一天。二〇〇九年的齋戒月從陽曆八月二十一日到九月十九日，這使得二〇一〇年五月成為最不幸運的誕生月，而三年後，齋戒月開始日是陽曆七月二十日，因此，最不幸運的誕生月是四月。當齋戒月落在夏季時，這種風險將增大，因為夏季的白晝較長，禁食的時間也較長，這也是為何密西根州的誕生月影響作用風險程度更高的原因，因為在那裡，夏季的白晝長達十五小時，反觀赤道通過的烏干達，整年各季的白晝時數大致相同。

一個人的一生，可能受到其出生時間、地點或境況的顯著影響，這絕對不是誇大不實的論點，就連動物的命運也受到這種出生輪盤的影響。撒拉布列馬（Thoroughbred）的主要繁殖地肯塔基州，在二〇〇一年遭遇一場怪病侵襲，導致五百頭小馬死產，約三千頭小馬流產。到了二〇〇四年，數量減少的那批馬兒三歲了，三冠王賽事中有兩場的勝出者是「聰明瓊斯」（Smarty Jones），牠的母馬當年在肯塔基州受孕，非常幸運地在那場怪病侵襲肯塔基州之前，就返回賓州家鄉。

這種出生的影響作用比你想像的還要常見，道格拉斯．阿蒙分析一九六〇年至一九八〇年的美國普查資料後發現，有一群人的壞運氣影響他們終身。相較於早他們幾個月或晚他們幾個月出生的人，這群人更容易生病，終身所得也較低。在普查資料中，這群人就像考古學紀錄中明顯突出的一層火山灰，他們是夾在兩個正常厚層中間的薄層——不祥的沉積物。

怎麼說呢？

在一九一八年爆發的「西班牙流感」（Spanish flu）期間，這群人在母體子宮裡，那是一場嚴重災難，在短短幾個月內導致超過五十萬名美國人喪命，正如阿蒙所言，死亡人數比美國在二十世紀參與過的所有戰役的總死亡人數還要多。

在那場致命大流感風暴中，另有超過兩千五百萬名美國人受到感染，但他們存活了下來，這其中包含平均每三名適孕年齡的婦女中，就有一人感染。跟齋戒月寶寶一樣，在此大流感肆虐期間受感染的孕婦，她們的寶寶也因為在媽媽肚子裡的時間「不對」，故而有終身帶著此「傷疤」的風險。

其他的出生影響作用雖不像前述例子那般悲慘，但仍然對一個人的未來造成明顯影響。在兩人以上合著的學術論文中，作者的排列順序通常是按作者姓氏字母順序，這種情形在經濟學界尤其明顯。在這種慣例下，要是碰巧有位經濟學家的姓名是「Albert

Zyzmor」，不是「Albert Aab」，會發生什麼樣的影響呢？真實世界裡的兩位經濟學家研究了這個問題，他們發現，在其他條件相同之下，Aab博士更可能在一流大學獲得終身教職，成為世界計量經濟學會（Econometric Society）院士，甚至贏得諾貝爾獎。

這兩位經濟學家的結論是：「事實上，我們兩人之中有一人現正考慮要把她的姓氏第一個字母去掉！」這位經濟學家的姓是：Yariv。

值得探討的「生日效應」

或者，看看以下情況：你在年初造訪一支世界級足球隊的更衣室時碰上球隊正在為球員慶生的機率，大於你在年尾造訪時碰上慶生會的機率。舉例而言，最近調查英國青年足球聯盟隊伍所獲得的統計資料顯示，有一半的球員出生於一到三月，另一半球員的出生月份分散於其他九個月。在一支德國的類似球隊裡，五二%的傑出球員出生於一到三月，只有四名球員出生於十到十二月。

為何有這麼明顯的「生日優勢」（birthdate bulge）現象？

大多數傑出運動員從年紀很輕時就開始參加他們後來專精的運動項目，由於青年運動係依照年齡來分級和組織，運動聯盟自然對運動員年齡資格訂定了生日截止日期。歐洲的青年足球隊也跟許多這類聯盟一樣，使用十二月三十一日作為資格年齡生日截止日期。

想像你在指導一支七歲男孩球隊，正在評選兩位球員，第一位（詹恩）出生於一月一日，第二位（湯瑪斯）出生於十二月三十一日，比詹恩足足晚了三百六十四天。所以，儘管他們名義上都是七歲，但其實詹恩比湯瑪斯大了一歲，在如此年幼之下，詹恩占有相當優勢，他的身材很可能比湯瑪斯高大，速度較快，比較成熟。

因此，雖然你注重的可能是成熟度而不是資質（天生能力），但你的目標是不是為球隊挑選最佳球員，似乎不是那麼重要。身為教練，大概不會挑選年紀較小、較瘦弱的小孩，儘管這個小孩若再多一年的發育，可能會成為一顆明星。

於是乎，這樣的週期循環便展開了，年復一年，像詹恩這種個兒較大的男孩被選中，受到鼓勵，給予指導和上場時間；反觀像湯瑪斯這種個兒較小的男孩，最終就被遺棄、忽視。在許多運動項目中，這種所謂的「相對年齡效果」（relative-age effect）實在太明顯了，以致其優勢一直延續至職業體壇。

在研究「相對年齡效果」的全球各地學者中，留著鬍子、體格魁梧、人很熱情的瑞典人安德斯・艾瑞克森（K. Anders Ericsson）堪稱領袖，他曾任教於佛羅里達州立大學心理系。艾瑞克森使用實證研究來了解，「天分」到底在人們的才能中占了多少比重，剩下比重的才能又是如何取得。他的結論是：我們經常稱之為「天賦」的特質，其實是被過度高估了。艾瑞克森表示：「很多人認為他們有一些與生俱來的限制，其實，鮮少有具體證據顯示任何人能夠在未花很多時間歷經千錘百鍊之下，展現任何一種傑出的表現。」或者，換個方式來說，不論是足球或鋼琴演奏，外科手術或電腦程式設計，熟練精湛的專家幾乎全都是打造出來的，並不是天生的❶。

沒錯，就如同你的祖母總是諄諄教誨你的：不斷地練習，便可熟能生巧。但可不是隨便、亂無章法地練習，而是要透過艾瑞克森所謂的「刻意練習」（deliberate practice），才能達到熟練精通。其中包含的不只是練彈C小調樂譜一百遍，或是練習網球發球，直到你的肩膀腫脹。「刻意練習」有三項要素：訂定目標；獲得即時回饋意見；不僅注重結果，也注重技巧（方法）。

在某件事上變得擅長、傑出，未必是那些在年紀輕輕時就看似具有這種天賦的人，這意味著，當我們在選擇人生途徑時，應該做我們喜愛的事（沒錯，你的祖母也這樣告訴你），因為若你不喜愛你做的事，你就不太可能會很努力去做，直到你變得很擅長。

只要開始留意，你就會發現到處都存在「生日優勢」現象。以美國職棒大聯盟球員為例，在美國，大多數青年棒球聯盟的年齡資格截止日是七月三十一日，結果，八月出生的美國男孩進入大聯盟的機率比七月出生者高出約五〇%。除非你深信占星術，否則，你不太可能會認為獅子座的人進入大聯盟的機率比巨蟹座的人高出五〇%。

不過，儘管「生日優勢」現象處處可見，卻不宜過度強調其影響力，出生時間可能把小孩推向邊緣，但其他力量有著遠遠更大的影響。若你想要你的小孩進入大聯盟，你可以做的最重要的一件事就是，確保這個寶寶不要有兩個X染色體，這絕對比算準日子在八月生產更為重要！等你獲得了一個兒子（不是女兒）後，你應該要知道，有一項因素將使他進入大聯盟的機會比任何一個男孩高出八百倍。

什麼因素有這麼大的影響力呢？

他有一個也在大聯盟打球的老爸！所以，若你的兒子沒能進入大聯盟，你不能怪別人，只能怪自己：在你還是小孩時，你應該要練習得更賣力才對！

誰家會養出恐怖分子？

傳統觀念認為，典型的恐怖分子出身貧窮家庭，而且本身的教育程度不高。這聽起來似乎有道理，出身低所得、低教育水準家庭的小孩比一般小孩更有可能變成罪犯，所以，同理適用恐怖分子，不是嗎？

為求證這點，經濟學家艾倫・克魯格（Alan Krueger）徹底檢視黎巴嫩真主黨的通訊刊物《誓約》（*Al-Ahd*），蒐集了一百二十九名已死烈士的傳記細節，再把它們拿來和黎巴嫩一般民眾中的同年齡層男性相較。克魯格發現，恐怖分子來自貧窮家庭的比例較低（二八％：三三％），他們至少擁有高中以上教育程度的比例也較高（四七％：三八％）。

克勞迪・貝瑞比（Claude Berrebi）對巴勒斯坦自殺炸彈客也做過類似分析，發現他們當中只有一六%來自貧窮家庭，相較之下，同年齡層的巴勒斯坦男性中有超過三〇%屬於貧窮階級。另一方面，超過六〇%的自殺炸彈客教育程度在高中以上，而同年齡層的巴勒斯坦男性僅一五%擁有高中以上教育程度。

克魯格發現，一般而言，恐怖分子往往來自教育程度不錯的中產階級或高所得家庭，儘管有一些例外情形，例如愛爾蘭共和軍，以及斯里蘭卡的塔米爾之虎（Tamil Tigers，並無足夠證據這麼說），但從拉丁美洲的恐怖分子集團，乃至在美國發動九一一攻擊的蓋達組織成員，世界各地的趨勢大致如此。

這種現象要如何解釋呢？

或許是因為當你貧窮飢餓時，你有比炸掉自己更重要的事要煩惱；或許是恐怖分子領袖很重視能力，因為比起一般犯罪，恐怖攻擊需要更多的籌畫。

此外，如同克魯格所言，一般犯罪的主要動機是個人利益，反觀恐怖行動，基本上是一種政治行動。在克魯格的分析中，最可能變成恐怖分子的人相似於最可能去投票的人，恐怖行動猶如注射了類固醇的公民熱情。

任何讀過一些歷史的人都可以看出，克魯格所描繪的恐怖分子聽起來挺像典型的革命分子，卡斯楚、切・格瓦拉、胡志明、甘地、托洛斯基、列寧、玻利瓦（Bolivar）、羅伯特斯比（Robespierre），這些人沒有一個是較低階級、教育程度不高的青年。

但是，革命分子跟恐怖分子的目標不同，革命分子想推翻並取代政府，恐怖分子想……，呃，他們想要什麼，並非總是很明確。誠如一位社會學家所言，恐怖分子也許想要把世界改造成他們想像中的「惡托邦」；宗教恐怖分子也許想癱瘓他們鄙視的世俗制度。克魯格指出，學者對於恐怖行動的定義不下一百多種，他寫道：「在二〇〇二年舉辦的一場研討會上，來自五十多個伊斯蘭教國家的部長同意譴責恐怖行動，但對於恐怖行動的定義，卻沒法達成共識。」

發動恐怖行動的成本非常低

恐怖行動特別令人惱怒的一點是，殺人並非其重點，而是它是用來驚嚇人們和裂解他們的正常生活的一種手段。因此，恐怖行動極有效率，所發揮的槓桿作用遠大於等量的非恐怖分子暴力事件。

二〇〇二年十月，華盛頓特區的都會區發生了五十起謀殺案，這是相當普通的數字，但其中十起謀殺案不同，它們不是典型的家庭糾紛或幫派殺人事件，而是隨機、莫名其妙的槍殺事件。料理自己生活、過自己日子的一般民眾在加油站加油時，或是離開商店時，或是在庭院除草時，遭到槍殺。在頭幾件謀殺案發生後，民眾開始恐慌起來，隨著謀殺案持續出現，整個地區幾乎陷入癱瘓，學校關閉，戶外活動取消，許多人甚至完全不敢踏出家門。

是何等內行、有充裕資金作後盾的組織幹下這些事，引發如此大的驚恐？只有兩人：四十一歲的男人和他的青少年共犯，他們把一輛老舊的雪佛蘭轎車寬敞後車廂，改造成狙擊者的巢穴，從這裡以二二三口徑的Bushmaster來福槍射殺。如此簡單，如此便宜，如此能夠發揮作用，這就是恐怖行動的槓桿效益。想像九一一攻擊的那十九名劫機者，若他們不是大費周章地劫飛機撞建築物，而是分布於全美各地，十九個人開著十九輛車，帶著十九枝來福槍，每個人每天開車到一個新地點，隨機射殺在加油站、學校、餐廳裡的人。若十九個人同步行動，就形同每天在全美引爆一顆定時炸彈，相關單位將很難抓到他們，就算他們當中有任何一個人被捕，其他十八個人仍然能繼續行動，整個國家都會陷入嚴重危急狀態。

恐怖行動很能起作用，因為它並非只是傷害直接受害人，而是對所有人加諸痛苦，其中最重大的間接成本就是形成人們對未來受到攻擊的恐懼。只不過，這種恐懼其實是一種錯置，平均來說，一個美國人在某一年遭恐怖攻擊而喪命的機率大約是五百萬分之一，反觀此人自殺的機率比這高出了五百七十五倍。

還有一些較不明顯的成本，例如時間和自由的損失，回想一下你上一次通過機場安檢時被迫脫掉鞋子，穿著襪子通過金屬探測門，接著忙亂地撿拾起你的行李物件的那種狼狽情形。

若你是恐怖分子，恐怖行動的妙處是，你甚至可以藉著行動失敗而成功！我們得經常做這種脫鞋子接受安檢的事，都是拜一個名叫理查・瑞德（Richard Reid）的英國人所賜，他當年雖然行動失敗，未能引爆藏在鞋內的炸彈，卻成功地導致了龐大代價，從此就有了這種脫鞋接受安檢的措施。假設在機場安檢線，平均每個人得花一分鐘脫掉和穿回鞋子，光是在美國，這種程序每年就發生約五億六千萬次，五億六千萬分鐘相當於超過一千零六十五年，除以美國人平均壽命七七・八年，等於將近十四個人的一生。所以，那英國傢伙瑞德雖行動失敗而沒能殺死任何一個人，但他導致的代價卻相當於每年十四個人一生的時間。

九一一的涓滴效應

九一一攻擊事件的直接成本非常龐大——近三千人的性命和高達三千億美元的經濟損失，而美國做出的回應——對阿富汗及伊拉克發動的戰爭，成本也非常龐大。不過，我們也別忘了附帶成本，在九一一攻擊發生後的接下來三個月，美國的交通意外死亡人數增加了一千人，為什麼？

原因之一是人們不敢搭飛機，改為開車，但以平均每哩來看，開車的危險性遠高於搭飛機。不過，值得注意的是，資料顯示，這些多出的交通意外死亡並非發生於州際公路上，而是發生在地方公路上，且集中於美國東北部，靠近九一一恐怖攻擊發生之地。

此外，這些死亡車禍涉及酒駕和危險駕駛情事的比例高於平常。這些事實，再加上許多有關恐怖攻擊餘波的心理研究，顯示九一一恐怖攻擊導致酒精濫用及創傷後壓力症候群升高，車禍死亡人數增加是諸多後果之一。

這種涓滴效應（tickle-down effects）近乎無窮無盡。九一一事件後，美國實施新的簽證核發限制，致使無數外國大學生和教授無法進入美國。至少有一百四十家美國企業利用九一一事件後的股市重挫，非法回溯股票選擇權❷（backdating stock options）。在紐約市，有太多的警方資源被轉移至對抗恐怖行動，導致其他領域的事務（例如懸案組、對抗黑手黨的單位與行動）被忽視。相似型態也出現於全國層級，原本可用於追查財金不法情事的人力和資金，被轉移去追捕恐怖分子，這或許是導致後來金融體系近乎崩解的原因之一，至少是導致問題惡化的原因之一。

不過，並非九一一事件的後續影響作用都有害。因為搭飛機的人減少了，後來容易透過搭機傳染的流行性感冒的傳染速度減緩，危險性也降低。在華盛頓特區，當政府把恐怖威脅警戒級別升高時，拜更多員警出動所賜，犯罪情事也減少。國境邊界安檢加強之下，一些加州的農民因而得利，因為從墨西哥和加拿大輸入的大麻銳減，這些加州農民種植及販售很多的大麻，使大麻變成該州最具價值的作物之一。

曝露醫院許多現存的問題❸

九月十一日那天，當四架被劫飛機中的一架撞上五角大廈後，所有重傷受害人（大多數是嚴重燒傷）被送往全市最大的醫療機構華盛頓醫院（Washington Hospital Center），傷患並不多（死者比較多），但該醫院的燒燙傷中心卻幾乎應付不過來。跟多數醫院一樣，華盛頓醫院經常處於已達九五％救治容量的狀態，因此，縱使是少量傷患的突然湧入，也會導致醫院救治作業的極大壓力。更糟的是，當時，華盛頓醫院的電話線路故障，當地的行動電話通訊也停擺了，任何人想打電話，都得開車到幾哩外。

在種種狀況下，華盛頓醫院的處置已堪稱相當得宜，不過，這場意外應驗了該院急診醫療專家克瑞格．費德（Craig Feied）長久以來存在心中的最大憂懼。只不過是突然間多增加了一些燒傷病人，醫院就已經近乎應付不來，要是有一天發生大規模災難，最迫切且大量需要急診室時，那會是什麼樣的局面呢？

在九一一恐怖攻擊事件發生前，這種可怕念頭早已盤桓費德腦際多時，他是聯邦政府出資的「ER One」試驗計畫的主持人，這項計畫的目的是要將急診室推進至現代化水準。

直到一九六〇年代以前，醫院的作業設計根本不是要處理緊急傷病患者，「若你在夜間送某人到一家醫院，」費德說，「醫院的門是鎖上的，你得按鈴，護理師會前來問你有什麼事。她可能會開門讓你進去，然後跟在家的醫生聯繫，醫生可能來到醫院，也可能不會出現。」救護車多半是由當地太平間負責運作調派，真難想像出其他比這種情形更好的「未校準誘因」（misaligned incentives）例子：殯儀館館長被派負責幫助未死的病患！

今天，在三十七種醫師專長中，急診科排名第七大，比起一九八〇年時的急診科醫師數量增加了五倍。這是一項必須樣樣通的工作，要以閃電般的速度處理，同時，急診室已經變成公共衛生的關鍵。在美國，一年當中約有一億一千五百萬件急診案件，剔除孕婦案件後，美國醫院的住院傷病患者中有五六%是經由急診室的處理，高於一九九三年時的四六%，但儘管如此，「我們的落差大到連卡車都能通過，」費德說。

九一一事件使醫院體認到，急診室的突湧救治容量（surge capacity）極度有限的問題，若華盛頓醫院突然湧入一千名傷患，他們能否進得了醫院，恐怕都還是個問題呢！

這種可能性令費德很憂心。大多數醫院的救護車停靠入口一次只能容納幾輛車，停靠口也建得太高了，「因為當初的設計者以前是設計與建蓋卸貨站的，」費德說。屋頂的直升機起落場同樣有問題，因為只有一部電梯，造成時間和空間的限制。費德解決這些瓶頸的構想是，設計出一個比較像是一座機場的急診室，有一處大型的入口區，可容納大量救護車、巴士，甚至直升機。

不過，費德最擔心的並不是這些入口問題。當一家醫院遇上嚴重、具傳染力的狀況——例如嚴重急性呼吸道症候群（SARS）、炭疽病、伊波拉病毒或新型的致命流感——時，本身很快就會陷入癱瘓。跟多數建築物一樣，醫院採用空氣再循環系統，因此，一名病患可以傳染數百人，「沒人想因為足踝受傷上醫院，結果感染了SARS。」費德說。

解決辦法是把醫院的房間（尤其是急診室）設計成隔離式，且零空氣再循環，但費德指出，大多數醫院不想花錢在這麼無趣、不賺錢的特色上。他說：「在二〇〇一年，有醫院興建了很不錯的急診部門，但如今它們已經完全過時了，這些急診室採取開放空間，以帷幔相隔，但若第四床是SARS病患，絕對不會有任何病患或醫生想去第五床。」

費德更憂心的是，許多病患死於非當初他們上醫院的原因：誤診（因為醫護人員的草率、傲慢或認知偏見）、用藥失誤（往往是因為醫生的手寫字跡潦草）、技術複雜性（例如延誤判讀X光片）、細菌感染（最致命、最常見的問題）。

「目前的醫療作業太糟糕了，因此，談什麼防護以前的做法，根本沒有多大意義。醫療界沒人承認這點，但這是事實。」費德說。

史上第一位「急診醫療資訊學家」

費德成長於加州柏克萊，那是非常喧囂的一九六〇年代，費德樂在其中。他經常滑著滑板到處晃，有時在當地一個名叫「死之華」（Grateful Dead）的樂團打鼓。他喜歡機械，凡是看起來有趣的東西，都把它拆開來後再組裝，他也頗具創業興趣，十八歲時就創立了一家小型科技公司。在上醫學院之前，費德讀的是生物物理學和數學，他說他之所以想當醫生，是受到奧祕知識的吸引，他想要了解人體，就像他對機械的了解程度那般。

不過，他發現，機械依舊是他的最愛。他是狂熱的早期採用者，傳真機剛問世，他就在急診室裡擺了一台，賽格威（Segway）電動車剛推出，他就開始騎這玩意兒。費德還興奮地回憶三十五年前聽過電腦科學家艾倫・凱伊（Alan Kay）講授有關「物件導向程式設計法」（object-oriented programming）的課程，凱伊的構想——把一批程式用可以和其他物件互動的邏輯封裝起來，成為一個物件，這是簡化並提升效率的神奇概念，使得程式設計師的工作變得更簡單，並使電腦變成更強大、更彈性化的工具。

費德在一九九五年進入華盛頓醫院，他的舊同事馬克・史密斯（Mark Smith）找他來幫忙整頓這家醫院的急診部門。（史密斯也是科技的真誠信徒，他在史丹佛大學取得電腦科學碩士學位，他的論文指導教授正是艾倫・凱伊。）華盛頓醫院的一些專門科別風評不錯，但急診室卻老是在華盛頓特區各家醫院的排名中墊底，這個急診室擁擠、作業速度緩慢、紊亂無序，平均一年換一個新主任，這家醫院本身的醫務部主任稱這個急診室為「相當不受歡迎的地方」。

在此之前，費德和史密斯兩人已經在多家醫院的急診室處理過十萬名以上的病患，他們發現，有項東西總是供給不足：資訊。一名病患送進急診室後（有意識或無意識、態度合作或不合作、冷靜或亢奮，有無限的可能問題），醫生必須快速決定如何處理，但他們面對的疑問通常比答案還要多：這名病患平時有接受任何藥物治療嗎？他有什麼病史？血壓低意味著此人有嚴重的內出血嗎？抑或只是慢性貧血？兩個小時前就該完成的電腦斷層掃描，結果在哪裡？

「多年來，我在手邊只有病患告訴我的資訊下診療他們，」費德說，「其他資訊的取得要花太久時間，你不能等待它們。我們通常知道我們需要什麼資訊，甚至知道它們在哪裡，但根本無法及時取得，重要資料可能得花兩小時或兩星期才能取得，但在繁忙、緊急的急診室裡，哪怕兩分鐘都可能太遲或太奢侈。當你有四十名病患，其中一半命在旦夕時，你不能等待。」

這個問題令費德太不安、太苦惱了，致使他變成世上第一位「急診醫療資訊學家」（他根據「電腦科學」的歐洲名稱，自創了這個名詞）。他相信，要改善急診室的診療水準，最佳之道是改善資訊的取得。

在尚未接管華盛頓醫院的急診室之前，費德和史密斯就已經雇用了一群醫學院學生去跟隨與觀察急診室醫生和護士，並詢問他們各種問題。就跟凡卡德希雇用追蹤者訪談芝加哥的流鶯一樣，他們想蒐集不易取得的可靠、即時資料。以下是這些受雇學生詢問醫生及護士的一些問題：

- 自我上次跟你談過話後到現在的這段時間內，你在處理病患時需要哪些資訊？
- 花多久時間取得？
- 從何處取得資訊？打電話嗎？使用參考書籍嗎？詢問醫療圖書館館員嗎❹？
- 你的查詢是否獲得滿意答案？
- 你是否根據此答案做出醫療決策？
- 這決策如何影響病患？
- 此決策對醫院產生什麼財務影響？

費德和史密斯從這些資料中得出明確診斷：華盛頓醫院的急診部門有嚴重的「資料減少症」（datapenia），或是「低資料量」。〔這個名詞也是費德自創的，抄襲自「白血球減少症」（leucopenia）。〕醫生花六〇％的時間於「資訊管理」上，實際處置病患的時間只有一五％，這是一種病態比率，「急診醫療這個科別，並不是以人體的某個器官或年齡群來定義的，而是以時間來定義的，」史密斯說，「急診醫療是在頭六十分鐘做的事。」

史密斯和費德發現，該醫院裡有超過三百個資料源頭彼此不相互交談，包括：主機電腦系統、手寫便條、掃描影像、實驗室結果、心血管造影、每個人電腦上以Excel表單呈現的感染控制追蹤系統。「若有一個資料源頭去休假了，而你試圖追查一個肺結核爆發個案，那你可得祈求老天幫忙。」費德說。

為提供急診室醫生及護士真正需要的資訊，電腦系統必須從頭建起：它必須知識廣博（遺漏了一筆重要資料，就可能壞事）；它必須肌肉發達（舉例而言，一份核磁共振造影就得吃掉龐大的資料容量）；它必須有靈活彈性（一套電腦系統若不能容納來自任何醫院中任何部門的過去、現在或未來的任何資料，那就沒什麼用處）。

這套電腦系統也必須非常、非常快速，速度緩慢不僅會毀了急診室，而且，費德從科學文獻中了解到，使用電腦的人在按下滑鼠和看到螢幕上出現新資料之間若相隔超過一秒，此人就會出現「認知飄移」（cognitive drift）現象，若是過了十秒鐘，螢幕上還未出現新資料的話，這個人的心思就完全飄到別處去了，很多醫療疏失就是這麼產生的。

資料贏了！

為打造這麼一個快速、靈活、肌肉發達、知識廣博的電腦系統，費德和史密斯訴諸他們的舊愛：物件導向程式設計法。他們決定使用他們稱為「以資料為中心」（data-centric）和「資料原子」（data-atomic）的新架構，這套電腦系統將先解構來自每個部門的每一筆資料，再以使它能夠和其他任何一筆資料或十億筆資料互動的方式儲存起來。

可是，並非華盛頓醫院裡的每一個人都對此構想懷抱期待與熱忱。機構生性就是巨大而不靈活的野獸，擁有不准外人入侵的領土和不准外人打破的規則；有些部門認為它們的資料是專屬的，不願意把資料繳出來。醫院的嚴格採購規定不讓費德和史密斯購買他們需要的電腦設備，費德回憶：「一名高級行政主管討厭我們，從不錯過任何阻礙我們的機會，並防止其他人員跟我們合作，他曾經在夜間進入醫院的服務申請系統，刪除我們的服務申請。」

這大概也跟費德像隻怪頭鴨般的個性與作風脫不了干係，他是反向操作派，他騎賽格威電動車，他的辦公室牆上掛了米羅（Miró）的原版畫，當遭到挑戰時，他絕對會不屈不撓地找到吸引或威脅（如有必要的話）的致勝方法。就連他給新電腦系統取的名字也很誇張：「阿奇克西」（Azyxxi）。他告訴人們，這個名字取自腓尼基語，意指「能夠看得遠的人」，但其實：「是我們自己編造的啦！」他笑著承認。

最終，費德贏了，或者應該說，是資料本身贏了。「阿奇克西」誕生於華盛頓醫院急診室裡的一台桌上型電腦上，費德在上頭貼了一張告示：「測試版，勿用！」就跟許多的亞當和夏娃一樣，醫生和護士開始嚐禁果，發現它超神奇，只消幾秒鐘，他們就能找到所需的幾乎任何資訊。不出一星期，就有一長串人排隊等著使用「阿奇克西」電腦，這些人並非都是急診室的醫生，他們來自醫院各部門，等著暢飲資料。乍看之下，它就像個天才產品，但費德說，不，它是「堅持不懈下的勝利。」

短短幾年，華盛頓醫院的急診部門在華盛頓特區的排名從最差變成第一。儘管「阿奇克西」內含的資訊量是實際上被瀏覽的資訊量的四倍，醫生花在「資訊管理」上的時間減少了二五%，實際處置病患的時間則增加至兩倍有餘。以往平均每位病患在華盛頓醫院急診室的等候時間是八小時，如今，六成病患從進來到出去，花不到兩小時。病患的診療成效更佳，醫生變得更快樂（失誤傾向也降低），每年的病患診療量從四萬人增加到八萬人，但醫護人員只增加了三〇%。效率顯著提升，這對醫院的財務績效也大有幫助。

隨著「阿奇克西」的效益變得益加明顯，許多其他醫院開始感興趣，最後，微軟也感興趣，買下了它，並聘用費德和其研發團隊成員。微軟將之重新命名為「愛邁佳❺」（Amalga），在推出的第一年，包括約翰霍普金斯醫院（John Hopkins Hospital）、紐約長老教會醫院（New York Presbyterian Hospital）、梅約醫學中心（Mayo Clinic）在內的十四家大型醫院，都安裝了這套醫療資訊系統。雖然這套系統是在急診室裡開發出來的，但目前，超過九成的使用者都是醫院的其他部門。截至本書撰寫之際，「愛邁佳」醫療資訊系統在三百五十個醫療站點涵蓋約一千萬名病患的資料，相當於以家用電腦儲存了超過一五〇兆位元的資料。

光是改善病患的診療成效和提升醫生的效率，這套醫療資訊系統就已經堪稱貢獻卓著，但功效還不僅於此，如此龐大的累積資料也創造了其他機會。它讓醫生可以找出尚未被診斷的病患的疾病檢測標記；它使醫院的帳務效率提升；它實現醫療紀錄電子化的夢想；同時，由於此系統以即時方式在全國各地蒐集資料，因此，它可以作為疾病爆發或生物性恐怖攻擊的遠距預警線（Distant Early Warning Line）。

這套系統也可以讓其他非醫療界人士（例如你、我）利用裡頭資料來回答其他問題，例如：這個急診室裡，誰是最好的醫生，誰是最差的醫生？

怎麼分辨好醫生和壞醫生？

基於種種原因，醫生的醫術評量是一件很難的工作。

第一個問題是選樣偏差（selection bias）：病患並非被隨機地派給醫生，兩位心臟病科醫師的患者群可能有許多層面上的差異。而且，較佳的醫生，其患者的死亡率可能較高，為什麼？因為病情愈嚴重的病患會找最好的心臟科醫師，因此，就算這名醫生醫術甚佳，他的患者的死亡可能性往往高於另一名醫生的患者。

因此，在評量醫生的醫術時，若只是檢視病患的醫療成效，恐怕有誤。這通常是醫生的「成績單」採取的做法，儘管看起來是具有吸引力的評量方法，卻可能引發不欲之後果。當醫生得知他的「成績」是以病患的醫療成效作為評分依據時，他可能會採取

「刮脂」（cream-skim）行動，拒絕接收最需要治療的高危險性病患，以免影響到他的成績。事實上，已有研究顯示，醫院的醫生「成績單」確實會因為對醫生產生這種負面誘因作用，進而傷害病患權益。

導致醫生醫術評量困難的另一個問題是，醫生的診療決策成效，可能必須在病患接受長期治療後才得以追蹤判斷。舉例而言，醫生在看病患的乳房X光片時，他未必能確定病患是否罹患乳癌，他可能是在數週後當切片檢查報告出來後才發現；或者，他可能沒有看到一顆腫瘤，而這顆腫瘤後來導致病患死亡，但他卻可能永遠不知道。就算醫生做出正確診斷，搶先發現了某個潛在嚴重問題，他也很難確保此病患會遵照他的指示，例如，病患有服用醫生開的藥嗎？他有遵照醫生指示地改變飲食和運動嗎？他有遵照醫生指示，不再吃進一整包的炸豬皮零食嗎？

費德及其團隊從華盛頓醫院急診室蒐集到的資料，只能用以回答有關醫生醫術的部分問題。對初用者而言，這資料群很龐大，記錄了近八年間約二十四萬名病患的六十二萬次就醫資料，診療他們的醫生超過三百人。

此資料庫裡包含你可能想知道的一名病患的所有資訊（當然，在我們的研究過程中，病患相關資訊全都是採匿名方式提供）：從他走進、被推送或被抱進急診室的那一刻，直到他離開醫院（不論是否活著離開）的所有資訊，其中包括此病患的人口統計資料（年齡、性別、收入、職業等）、此病患進入急診室時訴說的狀況、此病患等多久才看到醫生、此病患獲得的診斷與治療、此病患是否住院、住院多久、後來是否再度住院、總計治療費用、病患是否死亡（及何時死亡）等。就算病患在兩年後於院外死亡，也包含在我們的分析中，作為醫院資料和社會安全局死亡索引（Social Security Death Index）資料的交叉連結與比對。

資料庫也顯示每一位醫生治療了哪些病患，以及每位醫生的一些資料，包括其年齡、性別、上過哪一所醫學院、在哪一家醫院當住院醫師、有多少年的經驗等等。

在提到急診室時，大多數聯想到的是槍傷和意外事故受害人，其實，像這樣的戲劇性事件，只占了急診室傷病患者的一小比例。而且，由於華盛頓醫院有一個獨立的一級創傷中心，因此在其急診室（我們的研究資料）中，這種案例特別少。儘管如此，這個急診室有各式各樣的病患訴說狀況，從有生命危險的情節，到完全想像的情節皆有。

這個急診室平均每天有大約一百六十名病患就診，星期一最忙碌，週末最清閒（這倒是一個好跡象，顯示許多病痛並非嚴重到無法等到週末活動結束後才就醫）。尖峰時間是早上十一點左右，就診病患人數是最清閒的清晨五點左右就診人數的五倍。平均每十名病患中，有六名病患是女性；病患平均年齡為四十七歲。

病患抵達急診室後做的第一件事是向負責治療分類工作的護士訴說自己的狀況。部分敘述的狀況很常見：呼吸急促、胸痛、口乾舌燥，類似流感徵狀等。也有不是那麼常見的狀況：魚刺卡在喉嚨裡；被書本打到頭；以及各種咬傷，包括被狗咬傷（約三百人）、被蟲或蜘蛛咬傷（約兩百人）、被人咬傷（六十五人）、被鼠類或貓咬傷（三十人），還有一樁在工作中被顧客咬傷的案例（可惜，就診紀錄表格上沒有顯示此傷患的工作性質）。

死活要看你被派給哪位醫生？

絕大多數經由急診室就診的患者都活著離開醫院，平均每兩百五十名病患中，只有一人在一週內死亡；一個月內死亡者占一％，一年內死亡者占五％。不過，病患是否處於有生命危險的境況，並非總是明顯而可以當即研判（尤其是病患本身，更不易研判）。想像你是急診室醫生，有八名病患在候診室，他們敘述的狀況分別如表2-1所列，其中四人敘述的狀況有較高的死亡率，另四人敘述的狀況，死亡率較低，你能研判哪些病患是前者，哪些病患是後者嗎？

根據病患在十二個月內死亡的可能性❻，答案在表2-2。

呼吸急促是最常見的高危險狀況，醫護人員通常把這種狀況記錄為「SOB」（shortness of breath），因此，要是有一天，你在自己的醫療紀錄上看到這個縮寫字，千萬別誤以為醫生討厭你❼。許多病患以為呼吸急促的危險性沒有胸痛的危險性來得高，但看看表2-3的統計資料，你就會改觀了。

因此，有胸痛徵狀的病患，在一年內死亡的可能性，並沒有比急診室平均病患來得

表2-1　八名候診病患敘述的狀況

麻痺	精神狀況問題
胸痛	呼吸急促
發燒	感染
暈眩	血凝

高，但有呼吸急促徵狀的病患，其死亡風險就高出一倍。同理，有血凝、發燒或感染狀況的病患，平均每十名中有一名在一年內死亡；但若病患的徵狀是暈眩、麻痺或精神狀況有問題，死亡風險只有前者的三分之一。

了解這些數字後，我們再回頭看問題：在這些數據下，我們如何評量每位醫生的醫療成效？

最明顯的方法是檢視原始資料，比較諸位醫生的病患的醫療成效差異性。事實上，使用此方法，將會顯現每位醫生的顯著差異，若這些比較結果可靠的話。那麼，影響你人生的最重要因素之一將是當你到急診室就診時被派給的醫生。

不過，就如同先前分析你不能太信賴醫生成績單的理由，基於相同理由，你也不能太相信這種比較。同一個急診室裡的兩名醫生，處理的病患群可能非常不同，舉例而言，中午就診的病患，平均年齡約比晚間就診的病患大十歲。就算是在同一時段輪值的兩名醫生，由於技巧和興趣的不同，他們處理的病患可能非常不同。盡可能把病患和醫生配對得更好，是分類護士的工作。因此，一名醫生可能在當班時段

表2-2　八名候診病患敘述的狀況

高危險狀況	低危險狀況
血凝	胸痛
發燒	暈眩
感染	痲痺
呼吸急促	精神狀況問題

分配到的全是精神狀況有問題的病患，或是年長病患。由於有呼吸急促徵狀的老年人，其死亡可能性明顯高於有相同徵狀的三十五歲壯年人。因此，我們必須小心提防，不要對那些善於跟老年人相處的醫生做了不公平的評量。

其實，要進行公平評量，我們應該進行隨機抽樣的控制實驗（random controlled experiment）。在病患抵達時，隨機派給一名醫生，完全不考慮這名醫生是否已經為其他病患忙得不可開交，或是已經做好準備要去處理某位病患。

可是，我們面對的狀況是一群真實、活生生的人，試圖救治另一群真實、活生生的人，因此，我們不可能進行這樣的實驗，而且是有十足的正當理由不進行這樣的實驗。

既然我們不能做到真正的隨機化，光看病患醫療成效的原始資料又有誤導作用，那麼，什麼才是評量醫生醫術的最佳方法呢？

表2-3

	呼吸急促	胸痛
病患平均年齡	54.5	51.4
占急診室病患敘述狀況的比例	7.4%	12.1%
住院比例	51.3%	41.9%
一個月內死亡率	2.9%	1.2%
一年內死亡率	12.9%	5.3%

所幸，拜急診室性質所賜，實際上有另一種意外的隨機化可以讓我們找出真相。關鍵在於病患在抵達急診室時，通常不知道有哪些醫生值班，因此，平均來說，在十月份的某個星期四下午兩點到三點之間出現於急診室的病患，可能跟下週四或再下一個星期四出現於急診室的病患類似；但在這三個週四下午當班的醫生可能不同。所以，若第一個週四就診的病患，其醫療成效比第二及第三個週四就診病患的醫療成效差，那麼，一個可能的解釋理由是，第一個週四當班的醫生的醫術沒那麼好。（在華盛頓醫院急診室，每一輪班通常有兩或三名醫生當班。）

所謂的醫術很多是運氣的結果

關於這個評量方法，還有最後一點附注：當我們使用每一輪班由哪些醫生當班的資訊時，並未考慮實際上治療某病患的醫生是誰。為什麼？我們知道，分類護士的工作是對病患及醫生進行配對，因此，挑選哪一位醫生處理另一名病患，幾乎不是隨機性質。在我們的研究中忽略醫生和病患的配對，這聽起來似乎不合常理，但是，當我們分析的境況中存在挑選問題時，要獲得真正的答案，唯一方法是把那些乍看之下似乎有價值的資訊棄之不理。

所以，用這個方法來分析費德的龐大資料庫，我們對醫生的醫術獲得了什麼洞察？或者，換個方式說：當你因嚴重狀況而前往急診時，你的性命存活可能性有多少程度是取決於派給你的醫生？

簡短的答案是……不是那麼多。在原始資料中，大多數看起來像是取決於醫生醫術的東西，其實只是運氣的結果——例如，有些醫生被分配到的病患中，有較多是生命危險性較低的病患，這使得他們的病患醫療成效較好，表面上就顯得他們的醫術較佳。

這並不是說急診室裡最好的醫生和最差的醫生沒什麼差別（我們也不打算指出他們的姓名）。在一年當中，一位優秀的急診室醫生，其病患在二十四個月內死亡的比例，比平均比例低了近一〇%。這聽起來似乎相差不多，但在一個忙碌、有幾萬名病患的急診室，一位優秀的醫生，一年可能比最差的醫生多挽救了六或七人的性命。

值得注意的是，病患的健康成效大致上跟醫療花費並無關聯性；也就是說，最好的醫生並沒有比較差的醫生多花錢（檢驗、住院等等花費）。在這個人們普遍以為較高保健支出可以產生較好保健成效的時代，這一點值得我們深思。在美國，保健部門占國內生產毛額（GDP）的比重超過一六%，比一九六〇年時的五%高出許多，而且，預期到了二〇一五年，這個比重將達到二〇%。

急診室中最好能碰上女醫生

那麼，最好的醫生有什麼特性呢？

我們的研究所獲得的發現，大多不是很令人感到驚訝。優秀的醫生大多上過一流的醫學院，曾在有名望的醫院當住院醫師。更多的經驗也有助益：多十年的實際工作經驗，其效益等同於曾經在一流醫院當過住院醫師。

噢，還有，在急診室，最好能碰上女醫生。有這麼多聰穎的女性不去教書，選擇讀醫學院，這對美國的學童也許是壞消息，但值得一提的是，至少在我們的分析中，這類女性救治病患性命的本領稍稍優於男醫生。

關於醫生的醫術優劣，有一項因素似乎無關緊要，那就是這名醫生是否獲得其同儕的高評價。我們請費德和華盛頓醫院的其他科主任醫師點名急診室裡最優秀的醫生，結果，他們挑選的醫生在降低死亡率方面的表現，並沒有比所有醫生的平均表現來得好。不過，他們倒是在治療病患上花較少錢。

所以，你在急診室裡被派給哪一位醫生，確實是有差別，但在諸多因素中，這項因素的影響程度並不如其他因素：你的疾病、你的性別（到急診室就診而於一年內死亡的病患中，女性比男性少）、你的所得水準（貧窮病患死亡的可能性高於富有病患）。

最好的消息是，大多數趕往急診室、以為自己就快死掉的人，其實並沒有多大的生命危險，至少沒有立即的生命危險性。

事實上，這些人若待在家裡，沒去急診室，說不定反而較好。從發生於洛杉磯、以色列和柬埔寨的大規模醫生罷工事件中獲得的數據顯示，在醫生罷工期間，那些地方的死亡率明顯降低達一八％至五〇％左右！

這有部分或許是因為，在醫生罷工期間，病患把非急需施行的手術延後。費德在讀到相關文獻時，一開始也是這麼想的，可是，他有機會親身觀察到一個類似現象：當許多華盛頓的醫生在同時間出城去參加一場醫學會議時，死亡率全面降低。

「當醫生和病患之間存在太多互動時，振幅就到處發生，」費德說，「有更多沒什麼重大問題的人吃更多藥，接受更多療程，這其中有許多其實根本沒有助益，有些甚至有害。而那些真正有重大疾病的人卻鮮少治療，最終死亡。」

令人咋舌的「好死」與「賴活」

因此，若你有嚴重問題，上醫院也許能稍稍提高活命的機率；但若沒有嚴重問題，上醫院有可能提高你的死亡機率。這就是生命的難以預料！

另一方面，有一些方法可以延長壽命，但跟上醫院毫無關係。舉例而言，贏得諾貝爾獎似乎有助於延年益壽。有研究調查，五十年間的諾貝爾化學獎和物理獎，發現得獎者比僅獲提名而未得獎者長壽。（好萊塢名言：「能獲得提名，就已經很光榮。」原來也不過如此！）諾貝爾獎得主的長壽並不是因為獲頒的獎金，「地位似乎具有賜予健康的神奇功效」，進行這項研究的學者之一安德魯・奧斯華德（Andrew Oswald）說：「走過斯德哥爾摩的那座講臺，顯然為科學家增加了兩年的壽命。」

獲選進入棒球名人堂，也有延壽功效。一項類似研究發現，進入名人堂的棒球員比那些在嚴選下被拒門外者活得更久。

那我們這些在科學或運動方面不傑出的人呢？噢，你可以購買只要活著就可每年領取一筆金額的年金契約。研究發現，購買年金的人比未購買者活得更久，這並不是因為購買年金者一開始比較健康，而是因為年金的穩定給付讓人多了一點繼續殘喘下去的誘因。

宗教似乎也有幫助。一項研究調查兩千八百多位基督徒和猶太教徒後發現，他們在他們的重要宗教節慶日過後三十天去世者，多於在重要宗教節慶日前三十天去世者。（有一項因果關係證據：猶太教徒在基督教節慶日前三十天去世者並未明顯減少，基督教徒在猶太教節慶日前三十天去世者也未明顯減少。）同理，長期間亦友亦敵的湯瑪斯・傑弗遜（Thomas Jefferson）和約翰・亞當斯（John Adams），分別強韌掙扎地延後死期，直到一個重要的里程碑日子：一八二六年七月四日，也就是美國《獨立宣言》

簽署通過日五十週年那一天，兩人在數小時內相繼辭世。

有時候，哪怕只延後一天死亡，也值得數百萬美元。以房地產遺產稅為例，在美國，近年的稅率是四五％，有兩百萬美元的免稅額，但免稅額自二〇〇九年起調高為三百五十萬美元；也就是說，父母若在二〇〇九年的第一天去世，就可以比在二〇〇八年最後一天去世省下一百五十萬美元的稅賦。有了這一百五十萬美元的誘因，不難想像繼承財產的子女將會盡其所能地為父母買最好的醫療，至少在二〇〇八年以前是如此。事實上，兩位澳洲學者的研究發現，當澳洲於一九七九年廢除遺產稅時，在廢止生效後一週內的去世人數，明顯高於廢止生效日前一週的去世人數。

曾經有一陣子，情勢看起來，美國似乎可能在二〇一〇年暫停課徵房地產遺產稅一年，這是共和及民主兩黨在華府發飆下產生的。不過，在本書撰寫之際，這種可能性已經消除。若是真的在二〇一〇年暫停課徵房地產遺產稅一年，有一億美元房地產而於二〇一〇年去世的父母，其子女將可完全免稅獲得這一億美元，但在二〇一一年將恢復課徵房地產遺產稅之下，這些繼承人的父母若晚一天去世，他們將損失超過四千萬美元。或許，那些吵鬧的政治人物後來發現，要是真的暫停課徵房地產遺產稅一年，他們可能得為二〇一〇年最後幾星期的許多協助自殺案負責，因此決定擱置這項稅法提議。

化療成效差，為何仍常用？

大多數人不惜成本地想延後死亡，全球每年的癌症藥物花費超過四百億美元，在美國，癌症藥物排名藥品銷售額第二高的類別，僅次於心臟類別藥品，且銷售額成長速度是其他樣品市場成長速度的兩倍。在癌症藥物的總花費中，化學治療藥物占了一大部分，化療被證實對某些癌症有成效，包括血癌、淋巴癌、霍奇金氏淋巴瘤（癌）、睪丸癌，尤其是若這些癌症在早期被發現的話。

不過，在大多數情況下，化療明顯缺乏成效。在美國和澳洲，一項詳盡的研究顯示，所有癌症病患的五年存活率約為六三％，其中，化療的貢獻不到二％。化療對許多癌症的可辨識成效為零，包括多發性骨髓瘤、軟組織肉瘤、皮膚黑色素瘤、胰臟癌、子宮癌、前列腺癌、膀胱癌、腎臟癌。

以肺癌為例，這是截至目前為止美國死亡率排名第一的癌症，每年奪走超過十五萬人的性命，治療非小規模癌細胞的肺癌，傳統化療法的成本超過四萬美元，但平均只能延長患者壽命兩個月。知名腫瘤學家、維吉尼亞聯邦大學臨床醫師湯瑪斯・史密斯（Thomas J. Smith）調查一種用以治療轉移性乳癌的新化療法後發現，要使用這種新化療法延長壽命一年，得花三十六萬美元，而且還不確定是否真能做到。不幸的是，它做不到，調查顯示，這種新化療法通常只能使病患延長壽命不到兩個月。

如此高的成本，使得整個保健體系承受極大負擔，史密斯指出，癌症病患占總醫療件數的二〇％，但花費占了總醫療預算的四〇％。

部分腫瘤科醫生認為，死亡率未必能解釋化療的好處，雖說十名癌症病患中可能有九人是化療沒能幫上忙的，但它也許為第十名病患帶來益處。話雖如此，想想化療的花費，它的普遍缺乏成效，以及它的毒性（有將近三成的肺癌病患只進行了一個療程就因為承受不了強烈副作用而停止後續療程），為何化療還是經常被採用呢？

獲利動機絕對是原因之一，畢竟，醫生也是人，也會對誘因做出反應。腫瘤科醫生是薪水最高的醫生，他們的薪水調漲速度比其他科別醫生還要快，而且，他們的所得中有超過一半來自銷售及施用化療藥物。化療也可以幫助腫瘤科醫生膨脹他們的病患存活率數據，讓肺癌末期病患多活兩個月，或許不是那麼有價值，但也許原本就預期病患只剩四個月的生命，於是，呈現出來的數據就很好看：醫生使用化療，使病人的剩餘生命延長了五〇％！

史密斯沒有駁斥這些理由，但他提出了另外兩個理由。他指出，腫瘤科醫生往往誇述（或許是過度相信）化療的成效，「若你的標語是『我們正在戰勝癌症』，將幫助你贏得媒體注意，獲得慈善組織捐獻和來自國會的資金，」他說，「若你的標語是『我們仍然被癌症痛宰，但情況已不像從前那麼糟』，那你的推銷效果可就大不相同了。事實是，針對大多數癌症病患，不論是腦癌、乳癌、前列腺癌或肺癌，我們被癌症痛宰的情形已不像從前那麼糟，但也沒有獲得多大改善。」

另一個事實是，身為人類的腫瘤科醫生，必須告訴同為人類的病患他們快要死了，而且，很不幸地，醫生能提供的幫助並不多，對很多醫生而言，這樣的話很難啟齒。史密斯說：「像我就覺得極難開口告訴人們如此糟的消息，也不忍告訴他們，我們的藥物有時是多麼缺乏成效。」

若連醫生都覺得如此為難了，那些支持補助廣泛使用化療的政治人物和保險公司主管，必然也覺得為難。儘管有這麼多不利證據，化療似乎為癌症病患提供了能夠懷抱的最後、最佳希望，史密斯稱此為「不想死去的深切渴望」。不過，我們可以想像將來——或許是從現在算起的五十年後，當我們共同回顧二十一世紀初期的最先進癌症治療時，我們可能會問：我們當時為癌症患者提供了什麼？

在過去半世紀，經過年齡調整後的癌症死亡率基本上並沒有改變，大約是每十萬人中有兩百人死於癌症。儘管三十多年前，尼克森總統宣布「向癌症宣戰」，使得這方面的資金提供和大眾意識顯著提高，但徵諸死亡率數據，人類的抗癌作戰似乎尚未見到令人欣慰的成效。

信不信由你，癌症死亡率的未見明顯改變，背後其實隱藏了一些好消息。在過去半世紀，經過年齡調整後的心血管疾病死亡率明顯降低，從每十萬人中有近六百人，降低至少於三百人。這有什麼含義？

以往世代中很多原本可能死於心血管疾病的人，如今活得夠久而可以死於癌症。事實上，近年間被診斷出罹患肺癌的病患中，有將近九成年齡在五十五歲以上，而他們的年齡中位數是七十一歲。

癌症死亡率的未見明顯改變，背後還隱藏了另一項樂觀的趨勢。二十歲以下年齡層的癌症死亡率降低超過五〇%，二十歲至四十歲年齡層的癌症死亡率降低了二〇%，這些收穫令人感到振奮，尤其令人鼓舞的是，實際上，這些年齡層的罹癌率其實是提高了，但癌症致死率卻降低了。（為何這些年齡層的罹癌率會提高，原因尚不明確，可能原因包括飲食、行為和環境因素。）

演習比戰爭還要危險

四十歲以下被癌症奪走性命的人減少了，想必這幾年的兩場戰爭導致美國年輕人的死亡率提高了，對吧？

自二〇〇二年至二〇〇八年間，美國在阿富汗及伊拉克打仗，這段期間，美國現役軍人平均每年死亡一千六百四十三人。在一九八〇年代初期的相同期間，美國沒有打任何較大規模的戰役，但現役軍人平均每年死亡二千一百人。怎麼會這樣呢？

原因之一是，美國軍方以前的人員規模較大，一九八八年的現役軍人總數為二百一十萬人，二〇〇八年只有一百四十萬人。不過，和一些無戰爭的和平之年相較，二〇〇八年的現役軍人死亡率仍然較低，部分原因可能是醫療較佳。但一個令人驚訝的事實是，一九八〇年代初期的軍人意外事故死亡率，比美國在阿富汗及伊拉克打仗導致的軍人死亡率還要高。這麼看來，演習作戰的危險性不亞於實際打仗的危險性。

無孔不入的恐怖分子

若某人每天抽兩包菸，持續這習慣三十年，並且死於肺氣腫，至少你可以說這是他自願的，享受了抽菸的一生。

但是，恐怖攻擊的受害人可就沒有這種慰藉了，他們死於意外與暴力，他們是無辜的犧牲者，那些殺死他們的人既不知道、也絲毫不關心他們的生活、成就、心愛的人，他們的死被當成工具。

恐怖攻擊更加令人沮喪無措之處在於，它太難以防備。恐怖分子有無窮盡的方法與目標，在火車上放置炸彈，駕飛機衝撞摩天大樓，郵寄炭疽桿菌。在遭到類似美國九一一事件或倫敦七七事件這樣的恐怖攻擊後，政府必然布署龐大資源於保護最重要的目標，但這種工作無論怎麼做都做不完。你無法保護恐怖分子可能攻擊的每一個目標，因此，你真正希望做到的是，知道誰是恐怖分子，在他們發動攻擊之前，把他們抓起來關進牢裡。

好消息是，恐怖分子並不是很多，若你考慮到發動恐怖攻擊的容易程度，以及這類攻擊的相對稀少性，自然就能得出此結論。自九一一事件後，美國本土幾乎未再發生過恐怖攻擊；在英國，恐怖分子或許更廣布，但仍然非常少。

壞消息是，恐怖分子的稀少性，致使相關單位更難在他們造成傷害之前找到他們。反恐工作向來以三項活動為主：蒐集關於人的情報，這既困難又危險；監聽電子談話，這猶如試圖從消防水帶啜飲；追蹤可疑的國際資金流向，在每天有數以兆計美元繞著地球跑的情況下，這猶如試圖過篩整個海灘，以找出特定的幾粒砂子。發動九一一攻擊的十九個男人，動用的總資金是三〇三、六七一．六二美元，相當於每個人用不到一萬六千美元。

有沒有第四種方法可幫助找到恐怖分子呢？

如何追捕恐怖分子？

伊安．賀斯里❽（Ian Horsley）相信或許是有的。賀斯里並非任職於執法機構、政府單位或軍方，從他的背景或行為也看不出一丁點跟英勇事蹟的關聯性。他成長於英格蘭中部，父親是電氣工程師，現在接近中年的他，仍然快樂地住在遠離狂亂倫敦的地方。賀斯里是個友善可親的人，但並不外向，也不活潑，套用他自己的形容，他非常普通、平凡，很難令人留下印象。

長大後，賀斯里曾想過要成為會計師，不過畢業時，女友的父親幫他謀得一份銀行出納員的工作。在銀行裡，他擔任過幾種職務，沒有一個職務是特別有趣或酬勞優渥的，其中一項職務是電腦程式設計師，讓他覺得比較感興趣，因為可以讓他「對銀行賴以運作的資料庫有基本的了解，」他說。

賀斯里是個謹慎的人，對人們的行為有敏銳的觀察，也是個清楚明辨是非的人，因此銀行後來指派他，擔任偵察銀行內部員工是否有舞弊情事的工作，經過一段時日，改而負責偵察客戶的欺詐盜偽行為。客戶欺詐盜偽行為對銀行構成的威脅更大，英國銀行每年因為這類情事損失約十五億美元。近年來，網路銀行的興起，以及銀行之間激烈競爭新業務，這兩股力量使得這類情事更加增多。

曾經有一段期間，資金十分便宜，信用非常容易取得，任何人，只要是脈搏仍然跳動著，不論其工作性質，不論有沒有公民資格，不論信用程度如何，只要走進英國的銀行，幾乎都能取得一張簽帳卡。（事實上，連脈搏跳動這個條件都不需要，詐騙者也很樂意使用死人或虛構人物的身分。）賀斯里對於各種族群的慣用伎倆有相當程度的了解：西非移民是支票洗錢高手，東歐人最擅長身分盜用。這些詐騙者挖空心思，手法不斷翻新，他們會追蹤到銀行的電話客服中心，在外等候伺機，等到有員工離職時，就賄賂他提供銀行客戶的資訊。

賀斯里成立了一支由資料分析師和檔案管理員組成的小組，他們撰寫能夠搜尋銀行資料庫以偵察出詐欺活動的電腦程式。這些程式設計師很高明，詐騙分子也很高明、機靈，一旦舊計謀被識破，就立刻端出新手法。這些快速變更的手法磨礪增強了賀斯里的能力，使他能像個詐騙者般地思考，縱使在睡夢中，他的腦海也航行過無數筆銀行資料，尋找可能暴露出不法情事的型態。他的電腦偵察系統變得愈來愈精練、嚴密。

約莫此時，我們有幸認識賀斯里，並開始思忖：若他的電腦程式能夠過濾詳查銀行消費金融的龐大資料，偵察出詐騙者，那麼有沒有可能用相同的資料偵察出其他壞人，例如潛在的恐怖分子呢？

九一一恐怖攻擊的資料追蹤印證了我們的這個預感，那十九名恐怖分子的銀行交易紀錄顯示，他們有一些跟一般銀行客戶不同的行為：

- 他們用現金或約當現金在美國開設銀行戶頭，平均開戶金額約四千美元，通常是在大型知名銀行的分行開戶。
- 他們通常使用郵政信箱作為聯絡地址，且經常更換聯絡地址。
- 他們當中有一些人定期收到從其他國家以電匯方式匯入的款項，或是以電匯方式匯出款項到其他國家，但這些交易的金額總是在銀行必須呈報的限定額度以下。
- 他們多半一次存入一大筆錢，然後每次提領少量現金。
- 他們的銀行交易紀錄不會反映一般的生活開銷，例如房租、水電瓦斯費、汽車貸款、保險費等。

- 他們的存款和提款時間並沒有呈現典型的每月一致性型態。
- 他們不使用儲蓄存款帳戶或保險箱。
- 他們的（現金提領、開立支票）比率明顯高於一般客戶。

偵測準確度九九%也不夠

當然，事後追溯建立已證實的恐怖分子的銀行往來型態素描，比事前辨識出恐怖分子要容易得多了。再者，這十九個人（生活在美國的外國人，接受如何劫持民航機的訓練）的素描，未必跟其他恐怖分子（例如土生土長的倫敦自殺炸彈客）的素描相符。

此外，以往使用資料來辨識不法行為（例如《蘋果橘子經濟學》一書中提到的學校教師作弊和相撲選手共謀）時，在瞄準的族群中，欺騙舞弊行為的盛行程度相當高，但在這個例子中，瞄準的族群很龐大（光是賀斯里服務的銀行，就有幾百萬名客戶），但潛在的恐怖分子卻是非常少數。

不過，讓我們姑且說，你能夠發展出的銀行偵察系統有高達九九%的準確度，假設在英國潛伏了五百名恐怖分子，那麼，你的偵察系統將可正確辨識出其中四百九十五人。可是，在英國，有大約五千萬名和恐怖主義沒有任何關係的成年人，你那準確度九九%的偵察系統將錯誤辨識其中的一%，相當於五十萬人。最終，這套準確度九九%的偵察系統將濾出太多的偽陽性（false positive）——五十萬人被有關當局視為恐怖分子嫌疑犯而抓來偵訊，他們一定會暴跳如雷。

當然啦，有關當局也無法負荷這麼大的工作量。

在保健領域，這是常見的問題。檢討最近的一項癌症篩檢後發現，六萬八千名參加者中，有五〇%的人在十四項篩檢項目中至少出現一項偽陽性結果。因此，儘管醫療保健人士可能強力倡導民眾應普遍篩檢各種疾病，但事實是，保健體制將疲於應付太多的偽陽性，但真正有病的人卻因為排擠效應而無法得到良好照顧。贏得美國職棒大聯盟世界大賽最有價值球員（MVP）的麥克・羅威爾（Mike Lowell）在談到對大聯盟的每位球員進行是否施打生長激素的檢驗計畫時，就點出了類似的問題，他說：「若檢驗的準確度為九九%，那代表將出現七個偽陽性，若其中一個偽陽性是卡爾・瑞普肯❾（Cal Ripken）呢？這是否會對他的職棒生涯留下一個汙點？」

同理，若你想追捕恐怖分子，九九%的準確度根本連夠好都稱不上。

恐怖分子常跑銀行

二〇〇五年七月七日，四名穆斯林自殺炸彈客在倫敦發動攻擊，一人在擁擠的巴士上，另三人在地鐵，總計造成五十二人死亡。「我個人被這事件嚇壞了，」賀斯里回憶，「當時，我們才剛展開偵察辨識恐怖分子的工作，我想，或許，只是或許啦，若我們早幾年開始這項行動，是否能阻止這場悲劇的發生？」

倫敦七七事件的炸彈客留下了一些銀行交易資料，但不多，不過，在接下來幾個月，可疑特徵和我們的恐怖分子偵察計畫相符的一群人遭英國警方逮捕。雖然他們之中沒有任何人被確證是恐怖分子，多數人大概不會被判決有罪，但若他們的特徵跟恐怖分子相像到足以被逮捕，那麼，也許值得研究他們的銀行交易習慣，以建立一套有用的電腦偵察系統。很幸運地，這些嫌疑人中有超過一百人是賀斯里的銀行的客戶。

這項研究與辨識工作包含兩個步驟，首先是蒐集這一百多名嫌疑人的資料，並根據他們與一般人迥異的型態，建立一套偵察系統。在成功建立偵察系統後，便可用它來搜尋銀行的資料庫，找出其他潛在的壞傢伙。

由於英國現在瞄準對抗的是伊斯蘭基本教義派，不再是其他族群（例如愛爾蘭移民），因此，逮捕的可疑分子自然有穆斯林姓名，這一點成為這套偵察系統中最明顯的人口結構特徵之一。姓氏和名字都不是穆斯林姓名的人，只有五十萬分之一的機率成為恐怖分子嫌疑犯；姓氏或名字是穆斯林姓名的人，成為恐怖分子嫌疑犯的機率是三萬分之一；姓氏和名字都是穆斯林姓名的人，成為恐怖分子嫌疑犯的機率就提高到兩千分之一。

可能的恐怖分子絕大多數都是男性，多半介於二十六歲到三十五歲，此外，他們非常有可能：

- 有手機
- 是學生
- 租房子，而不是擁有自宅

光是這些特徵，絕對無法構成被逮捕的理由（本書兩名作者的每一位研究助理都有這些特徵，我們十分確信他們都不是恐怖分子），但是，若加上穆斯林的姓名，這些普通特徵在偵察系統中的明顯性就開始增強了。

在前述因素被納入考慮後，幾項其他特徵基本上就被視為中性，不再被當成辨識恐怖分子的特徵，包括：

- 就業狀態
- 婚姻狀態
- 居住地附近有清真寺

因此，不同於一般的認知，一名單身、沒有工作、居住地附近有清真寺的二十六歲男子，其恐怖分子嫌疑程度並不會比另一名已婚、有工作、居住地離清真寺有五哩遠的二十六歲男子來得高。

還有一些明顯的否定指標。資料顯示，可能的恐怖分子較不可能：

- 有儲蓄存款帳戶
- 在週五午後從自動櫃員機提款
- 購買人壽保險

週五是回教徒的禮拜日，所有教徒都盡可能在週五中午前往清真寺禱告，因此在週五午後從自動櫃員機提款的可能性顯著降低。不購買人壽保險這項特徵就更有趣了，若你是二十六歲男子，已婚，有兩個年幼小孩，購買人壽保險似乎是明智之舉，以備萬一你不幸英年早逝，你的家人可以生存下去。但是，若保險購買人自殺的話，保險公司不會理賠。因此，有家庭的二十六歲男子若猜想他有一天會炸掉自己，大概不會浪費錢去購買人壽保險。

這也意味著，若一名新進的恐怖分子想掩飾他的攻擊行動，他應該去銀行把他的戶頭姓名改為非常不像穆斯林的姓名（或許可以改名為伊安），並購買一點人壽保險。賀斯里的銀行就提供每月只須付幾英鎊的人壽保險單。

所有這些指標結合起來，就能建立一套不錯的偵察系統，可以將銀行的整個客戶資料庫過濾出相當小的潛在恐怖分子群。

這是個稱得上嚴密的偵察網，但還不夠嚴密，最終使這套偵察系統大大提高功效的是最後一項指標。為了國家安全，我們被要求不得揭露細節，因此，我們稱這項指標為「X變數」。

X變數有何特別之處呢？首先，它是一項行為指標，不是人口結構指標。各地反恐當局的夢想是能夠成為聚滿恐怖分子的房間裡牆上的一隻蒼蠅，X變數用小而重要的方法做到了這點。這套偵察系統中的大多數其他指標在過濾時，都會產生「是」與「否」的答案，但X變數不同，它衡量特定銀行交易活動的強度，一般人從事這項銀行交易活動的強度通常不高，而那些具有恐怖分子其他嫌疑特徵的人，在這項活動的強度多半相當高。

這使得這套偵察系統最終產生優異的預測能力，賀斯里可以從幾百名銀行客戶資料庫中得出約三十位有高度嫌疑的名單。根據他的保守估計，這三十人當中，至少有五人幾乎確定涉及恐怖活動。三十人當中有五人，這樣的成果雖稱不上完美（這套偵察系統遺漏了許多恐怖分子，也錯誤地辨識了一些無辜者），但絕對勝過從五〇〇、四九五人中找到四百九十五人。

截至本書撰寫之際，賀斯里已經把那份三十人名單繳給他的主管，主管也已經轉呈給有關當局，賀斯里已經完成了他的工作，現在該是有關當局盡其職責的時候了。基於問題性質，賀斯里可能永遠無法確知自己是否成功，而讀者諸君更加不可能看到他的成功的直接證據，因為倘若他成功，那就是未發生恐怖攻擊，因此，這項成功將是看不到的。

不過，也許在未來的某一天，你將會身處英國的某個酒吧，遠處站著一位毫不出風頭、有點冷漠的陌生人。你和他喝了一品脫的酒，再喝第二品脫，再來第三品脫，待他口風稍鬆時，他羞怯地提及自己最近獲得一項尊稱：他現在是伊安．賀斯里爵士了。他不能討論使他獲頒此爵位的功績，但這跟保護公民社會免於受到重大傷害有關。你熱烈地感謝他做出的重大貢獻，再請他喝上幾品脫。在酒吧打烊時，你們兩人搖搖晃晃地走出酒吧，就在他正要舉步走向一條暗巷時，你想到回報他的貢獻的一個小小舉動，你把他拉回人行道邊，叫了一輛計程車，把他塞進車裡。因為，切記，真正的朋友不會讓他的朋友酒醉後走路！

注解

齋戒月與其他出生效應：關於**父母白天禁食**的段落摘自道格拉斯．阿蒙（Douglas Almond）與布哈許卡．馬宗德（Bhashkar Mazumder）的〈齋月期間產婦禁食對出生和成年後的影響〉（The Effects of Maternal Fasting During Ramadan on Birth and Adult Outcomes），國家經濟研究局工作報告（National Bureau of Economic Research working paper），二〇〇八年十月。**生日輪盤也影響到馬匹**：見比爾．穆尼（Bill Mooney）的〈賽馬：馬駒損失研究〉（Horse Racing; A Study on the Loss of Foals），《紐約時報》，二〇〇二年五月二日；以及法蘭克．菲茲派翠克（Frank Fitzpatrick）的〈命運干預了自作聰明的人〉（Fate Stepped in for Smarty），《費城詢問報》，二〇〇四年五月二十六日。**「西班牙流感」效應**：參見道格拉斯．阿蒙的〈一九一八年的流感大流行結束了嗎？流感期在子宮內對一九四〇年後出生的美國人口的長期影響〉（Is the 1918 Influenza Pandemic Over? Long-Term Effects of In Utero Influenza Exposure in the Post-1940 U.S. Population），《政治經濟學期刊》114，no. 4（2006）；以及道格拉斯．阿蒙與布哈許卡．馬宗德的〈一九一八年流感大流行和之後的健康狀況：SIPP數據分析〉（The 1918 Influenza Pandemic and Subsequent Health Outcomes : An Analysis of SIPP Data），《衛生經濟學近期發展》（*Recent Developments in Health Economics*）95，no. 2（May 2005）。

Albert Aab對Albert Zyzmor案：見利蘭．安納夫（Liran Einav）與利特．亞里夫（Leeat Yariv）的〈什麼是姓氏？姓氏首字母對學業成功的影響〉（What's in a Surname? The Effects of Surname Initials on Academic Success），《經濟展望期刊》（*Journal of Economic*

Perspectives）20，no. 1（2006）；和摩亞姆（C. Mirjam van Praag）與伯納德（Bernard M.S. van Praag）的〈作為經濟學教授A（而不是Z）的好處〉（The Benefits of Being Economics Professor A（and not Z）），勞工研究所討論報告（Institute for the Study of Labor discussion paper），二〇〇七年三月。

生日優勢與相對年齡效應：見杜伯納與李維特的〈明星是打造出來的〉，《紐約時報雜誌》，二〇〇六年五月七日；安德森・艾瑞克森（K. Anders Ericsson）、尼爾・查尼斯（Neil Charness）、保羅・費爾托維奇（Paul J. Feltovich）與羅伯特・霍夫曼（Robert R. Hoffman）的《劍橋專業知識和專家工作手冊》（*The Cambridge Handbook of Expertise and Expert Performance*）（劍橋大學出版社，2006）；安德森・艾瑞克森、拉爾夫・克瑞普（Ralf Th. Krampe）與克萊門斯・特施羅默（Clemens Tesch-Romer）的〈謹慎工作在專業表現上的作用〉（*The Role of Deliberate Practice in the Acquisition of Expert Performance*），《心理學評論》（*Psychological Review*）100，no. 3（1993）；沃納・海爾森（Werner Helsen）、楊・溫克爾（Jan Van Winckel）與馬克・威廉斯（A. Mark Williams）的〈橫跨歐洲青年足球的相對年齡效應〉（The Relative Age Effect in Youth Soccer Across Europe），《運動科學期刊》（*Journal of Sports Sciences*）23，no. 6（June 2005）；還有葛雷格・斯皮拉（Greg Spira）的〈夏末的男孩們〉（The Boys of Late Summer），《*Slate*》，二〇〇八年四月十六日。

❶ 幾年前，我們在《紐約時報雜誌》專欄撰寫過一篇文章〈明星是打造出來的〉（A Star Is Made），裡頭提到「生日優勢」現象和艾瑞克森對於才能的研究，我們原本計畫擴大這個主題，寫成本書

的一個專章，探討人的才能究竟來自何處，亦即當一個人很擅長於某事時，究竟是什麼使得他（她）如此擅長此事。但是，寫到一半，我們就決定丟棄這一章，因為就在該專欄文章發表後到本書完成之前的期間，突然出現一堆引用及凸顯艾瑞克森研究的書籍，其中包括葛拉威爾（Malcolm Gladwell）撰寫的《異數》（*Outliers*）、柯文（Geoff Colvin）撰寫的《哪來的天才？》（*Talent Is Overrated*）、以及寇勒（Dan Coyle）撰寫的《才能解密》（*The Talent Code*）。對於我們捨棄的這一章，當初有許多人慷慨貢獻他們的時間與想法，我們仍然要在此對他們致謝，包括艾瑞克森、沃納・海爾森、寶拉・邦斯利（Paula Barnsley）、葛斯・湯普生（Gus Thompson），以及其他人。我們特別感謝來自日本、贏得熱狗大胃王比賽冠軍的小林尊（Takeru Kobayashi），他提供時間、洞見，並且同意在造訪紐約時試吃一份木瓜大王熱狗店（Papaya King）的熱狗和一份希伯來族（Hebrew National）熱狗店的熱狗，儘管他其實並不是特別喜歡熱狗，只有在參加比賽時，才會快速大啖，平均一分鐘內吃下八或十份熱狗。這試吃形同是要他在假日還照常工作，我們衷心感謝他的仁慈體貼。

誰家會養出恐怖分子？見艾倫・克魯格（Alan B. Krueger）的《什麼造就恐怖分子》（*What Makes a Terrorist*）（普林斯頓大學出版社，2007）；克勞迪・貝瑞比（Claude Berrebi）的〈巴勒斯坦人教育、貧窮和恐怖主義之間關係的證據〉（Evidence About the Link Between Education, Poverty and Terrorism Among Palestinians），普林斯頓大學勞資關係系工作報告（Princeton University Industrial Relations Section working paper），二〇〇三年；以及克魯格與Jita Maleckova的〈教育、貧窮和恐怖主義：是否有因果關係？〉（Education,

Poverty and Terrorism：Is There a Causal Connection?），《經濟展望評論》（*Journal of Economic Perspectives*）17，no. 4（Fall 2003）。關於**恐怖分子目標**的詳情，見馬克（Mark Juergensmeyer）的《上帝心中的恐懼》（*Terror in the Mind of God*）（加州大學出版社，2001）。**恐怖行動很難定義**：見〈穆斯林國家未能界定恐怖主義〉（Muslim Nations Fail to Define Terrorism），美聯社，二〇〇二年四月三日。

恐怖行動為何如此廉價又容易：**華府都會區的謀殺死亡數字**由聯邦調查局提供，他們是從地方警局收集犯罪統計資料。華府都會統計區包括特區本身和馬里蘭州、維吉尼亞州與西維吉尼亞州的周邊各郡。關於**華府狙擊手攻擊的影響**詳情，見傑佛瑞・舒爾登（Jeffrey Schulden）等人的〈狙擊手的心理反應：華盛頓特區，二〇〇二年十月〉（Psychological Responses to the Sniper Attacks：Washington D.C., Area, October 2002），《美國預防醫學期刊》（*American Journal of Preventative Medicine*）31，no. 4（October 2006）。

機場安檢的數據摘錄自聯邦運輸統計局（the Federal Bureau of Transportation Statistics）。

九一一事件的金融衝擊：見迪克・南都（Dick K. Nanto）的〈九一一恐怖主義：全球經濟成本〉（9/11 Terrorism：Global Economic Costs），國會研究服務處（Congressional Research Service），二〇〇四年。**九一一事件後的新增車禍死亡**：見加里克・布萊洛克（Garrick Blalock）、Vrinda Kadiyali與丹尼爾・賽門（Daniel Simon）的〈九一一後的車禍死亡人數：恐怖主義的隱藏成本〉（Driving Fatalities after 9/11：A Hidden Cost of Terrorism），康乃爾大學應用經濟與管理系工作報告（Cornell University Department of Applied Economics and

Management working paper），二〇〇五年；蓋德（Gerd Gigerenzer）的〈令人懼怕的風險，九一一和致命的交通意外〉（Dread Risk, September 11, and Fatal Traffic Accidents），《心理科學》（*Psychological Science*）15，no. 4（2004）；麥可・希沃克（Michael Sivak）與麥可・福拉納根（Michael J. Flannagan）的〈二〇〇一年九一一事件後因減少搭乘飛機而增加的道路交通事故〉（Consequences for Road Traffic Fatalities of the Reduction in Flying Following September 11, 2001），《運輸研究》（*Transportation Research*）7，nos. 4-5（July–September2004）；以及珍妮・蘇（Jenny C. Su）等人的〈在（壓力）影響下駕駛：九一一恐怖襲擊事件後，駕駛受傷和交通事故的區域增加的證據〉（Driving Under the Influence (of Stress)：Evidence of a Regional Increase in Impaired Driving and Traffic Fatalities After the September 11 Terrorist Attacks），《心理科學》20，no. 1（December 2008）。

❷ 九一一事件後股市重挫，這些公司非法地回溯股票選擇權發放日，讓主管及員工在行使選擇權時可用較低價格認購公司股票。見馬克・馬雷蒙特（Mark Maremont）、查理・佛瑞雷（Charles Forelle）和詹姆斯・班德勒（James Bandler）的〈九一一之後公司採用回溯股票選擇權〉（Companies Say Backdating Used in Days After 9/11），《華爾街日報》，二〇〇七年三月七日。

警方資源轉向恐怖行動：見塞爾溫・拉布（Selwyn Raab）的《五大家族：美國最具影響力黑手黨帝國的興起、衰落和復興》（*Five Families：The Rise, Decline and Resurgence of America's Most Powerful Mafia Empires*）（麥克米倫出版公司，2005）；珍奈爾・納諾斯（Janelle

Nano s）的〈堅硬剛強〉（Stiffed），《紐約雜誌》，二〇〇六年十一月六日；蘇西・賈格（Suzy Jagger）的〈聯邦調查局派遣反恐幹員調查馬多夫的五百億美元詐騙案〉（F.B.I. Diverts Anti-Terror Agents to Bernard Madoff $50 Billion Swindle），《泰晤士報》（倫敦），二〇〇八年十二月二十二日；以及艾瑞克・李克特布勞（Eric Lichtblau）的〈聯邦證券詐欺案件大幅下降〉（Federal Cases of Stock Fraud Drop Sharply），《紐約時報》，二〇〇八年十二月二十四日。**流感與航空旅行**：見約翰・布朗斯坦（John Brownstein）、賽西莉・沃爾夫（Cecily Wolfe）與肯尼斯・曼德爾（Kenneth Mandl）的〈搭機旅行對影響美國各區域間流感散播的實證研究〉（Empirical Evidence for the Effect of Airline Travel on Interregional Influenza Spread in the United States），《PloS醫學》（*PloS Medicine*），二〇〇六年十月。**華府的犯罪減少**：見強納生・克里克（Jonathan Klick）與亞歷山大・塔巴羅克（Alexander Tabarrok）的〈利用恐怖警戒級別估算警察對犯罪的影響〉（Using Terror Alert Levels to Estimate the Effect of Police on Crime），《法律與經濟學期刊》（*Journal of Law and Economics*）48，no. 1（April 2005）。**加州的大麻金礦**：見〈自產自銷〉（Home-Grown），《經濟學人》，二〇〇七年十月十八日；與傑佛瑞・米隆（Jeffrey Miron）的〈禁毒預算的可能影響〉（The Budgetary Implications of Drug Prohibition），哈佛大學，二〇〇八年十二月。

❸ 本節內容主要是根據本書作者訪談克瑞格・費德和他的團隊的其他成員，包括馬克・史密斯（Mark Smith），並參考許多相關文獻及統計資料。我們也從羅莎・貝絲康特（Rosabeth Moss Kanter）與米歇爾・赫斯克特（Michelle Heskett）的四篇系列文章〈華盛頓醫療中心〉

（Washington Hospital Center）獲益良多，哈佛商學院，二〇〇二年七月二十一日，N9–303–010到N9–303–022。**急診作為專科**：見德瑞克・斯馬特（Derek R. Smart）的〈美國醫師的特點與分布〉（Physician Characteristics and Distribution in the U.S）（美國醫學協會出版社，2007）。

❹ 此時是網際網路問世的早年，全球資訊網尚未問世。

急診室統計：見艾瑞克・納瓦爾（Eric W. Nawar）、理查・尼斯卡（Richard W. Niska）與許嘉敏（Jiamin Xu，音譯）的〈全國醫院門診醫療調查：二〇〇五年急診概要〉（National Hospital Ambulatory Medical Care Survey：2005 Emergency Department Summary），《來自人口動態和健康統計的進階資料》（*Advance Data from Vital and Health Statistics*），疾病管制中心，二〇〇七年六月二十九日；以及摘自聯邦衛生保健研究和質量管理局（AHRQ）的資訊，還有下列這些AHRQ報告：潘蜜拉・霍斯利斯（Pamela Horsleys）與安妮・伊利克斯豪瑟（Anne Elixhauser）的〈從急診處來的住院人數，2003〉（Hospital Admissions That Began in the Emergency Department, 2003），以及〈醫療成本和利用工程（H-CUP）統計簡要No. 1〉（Healthcare Cost and Utilization Project (H-CUP) Statistical Brief No. 1），二〇〇六年二月。**「重點在最初六十分鐘你做了什麼」**：摘自福雷德・鮑德溫（Fred D. Baldwin）的〈一切都和速度有關〉（It's All About Speed），《健康資訊學》（*Healthcare Informatics*），二〇〇〇年十一月。**「認知飄移」**：見米勒（R. Miller）的〈人—電腦間對話執行的反應時間〉（Response Time in Man-Computer Conversational Transactions），《AFIPS 秋季聯合電腦會議論文集》（*Proceedings of the AFIPS Fall Joint Computer Conference*），一九六八年；施奈德

曼（B. Shneiderman）的〈電腦的反應時間和顯示速率之於人類使用電腦的表現〉（Response Time and Display Rate in Human Performance with Computers），《計算概觀》（*Computing Surveys*），一九八四年。

❺ 阿奇克西（Azyxxi）資訊系統於一九九六年在華盛頓醫院急診室啟用，微軟在二〇〇六年收購它，愛邁佳（Amalga）於二〇〇八年正式問市。

怎麼分辨好醫生和壞醫生？：這個段落主要根據馬克・達根（Mark Duggan）與李維特的〈評估急診室醫生的技能差異〉（Assessing Differences in Skill Across Emergency Room Physicians），工作報告。**醫師成績單的負面效應**：見大衛・德拉諾夫（David Dranove）、丹尼爾・凱斯勒（Daniel Kessler）、馬克・麥克利蘭（Mark McClellan）與馬克・薩特斯韋特（Mark Satterthwaite）的〈訊息多些會比較好嗎？〉（Is More Information Better），《政治經濟學期刊》（*Journal of Political Economy*）111，no. 3（2003）。**醫師罷工能拯救人命嗎**？：見羅伯特・孟德爾松（Robert S. Mendelsohn）的《一個醫學叛逆者的自白》（*Confessions of a Medical Heretic*）（Contemporary Books，1979）；索爾維格・康寧漢（Solveig Argeseanu Cunningham）、克里絲蒂娜・米契爾（Kristina Mitchell）、納拉揚（K. M. Venkat Narayan）與沙利姆・尤瑟夫（Salim Yusuf）的〈醫生罷工和死亡率：回顧〉（Doctors' Strikes and Mortality：A Review），《社會科學和醫學》（*Social Science and Medicine*）67，no. 11（December 2008）。

❻ 這些及其他的死亡率係經過風險調整後的死亡率，控制變數包括年齡、其他徵狀等。

❼ 指誤把「SOB」當成「son of bitch」（混蛋）的縮寫。

延後死亡的辦法：贏得諾貝爾獎：見馬修・拉伯倫（Matthew D. Rablen）與安德魯・奧斯華德（Andrew J. Oswald）的〈死亡與不朽〉（Mortality and Immortality），華威大學（University of Warwick），二〇〇七年一月；以及唐納德・麥克里歐德（Donald MacLeod）的〈研究人員發現諾貝爾獎得主活得較久〉（Nobel Winners Live Longer, Say Researchers），英國《衛報》，二〇〇七年一月十七日。**進入名人堂**：見大衛・貝克（David J. Becker）、肯尼斯・蔡伊（Kenneth Y. Chay）與Shailender Swaminathan的〈死亡率和棒球名人堂：地位在預期壽命中扮演角色的調查〉（Mortality and the Baseball Hall of Fame：An Investigation into the Role of Status in Life Expectancy），iHEA二〇〇七年第六屆世界大會：衛生經濟學探索論文（iHEA 2007 6th World Congress：Explorations in Health Economics paper）。**買年金**：見湯瑪斯・菲利浦森（Thomas J. Phillipson）與蓋瑞・貝克（Gary S. Becker）的〈老年長壽和死亡未決債權〉（Old-Age Longevity and Mortality-Contingent Claims），《政治經濟學期刊》106，no. 3（1998）。

信教：見艾倫・艾德勒（Ellen L. Idler）與史坦尼斯拉夫・卡斯爾（Stanislav V. Kasl）的〈宗教、殘疾、抑鬱症和死亡時機〉（Religion, Disability, Depression, and the Timing of Death），《美國社會學期刊》（*American Journal of Sociology*）97，no. 4（January 1992）。

要愛國：見大衛・麥卡洛（David McCullough）的《約翰・亞當斯》（*John Adams*）（賽門舒斯特出版社，2001）。

打敗房產稅：見約書亞・甘斯（Joshua Gans）與安德魯・利（Andrew Leigh）的〈澳洲停徵繼承稅是否會影響死亡？〉（Did the Death of Australian Inheritance Taxes Affect Deaths?），《經

濟分析與政策主題》（*Topics in Economic Analysis and Policy*）（Berkeley Electronic Press，2006）。

化學療法的真相：這個段落有部分摘自執業腫瘤科醫師和研究人員的訪談，包括湯瑪斯・史密斯（Thomas J. Smith）、馬克斯・威奇塔（Max Wicha）、彼得・艾森伯格（Peter D. Eisenberg）、傑若米・葛魯普曼（Jerome Groopman），還有幾位由阿尼・格拉齊爾（Arny Glazier）與梵安德爾研究機構（the Van Andel Research Institute）在二〇〇七年主辦的非正式研討會「治療癌症的需求」（Requirements for the Cure for Cancer）的參與者。（感謝雷夫・福斯特〔Rafe Furst〕的邀請。）也請見：湯瑪斯・羅勃茲（Thomas G. Roberts Jr.）、湯瑪斯・林區（Thomas J. Lynch Jr.）、布魯斯・切伯納（Bruce A. Chabne）的〈基於成本的肺癌化療選擇：尚不明確〉（Choosing Chemotherapy for Lung Cancer Based on Cost：Not Yet），《腫瘤科》（*Oncologist*）期刊，二〇〇二年六月一日；史考特・拉姆齊（Scott Ramsey）等人的〈「溫諾平軟膠囊加阿樂癌注射液」與「汰癌勝注射液／紫杉醇加佳鉑帝靜脈注射液」用於末期非小細胞肺癌的經濟分析〉（Economic Analysis of Vinorelbine Plus Cisplatin Versus Paclitaxel Plus Carboplatin for Advanced Non-Small-Cell Lung Cancer），《國家癌症研究所期刊》（*Journal of the National Cancer Institute*）94，no. 4（February 20, 2002）；格拉・姆摩根（Graeme Morgan）、羅賓・沃迪（Robyn Wardy）與麥可・巴頓茲（Michael Bartonz）的〈細胞毒性化療對成人惡性腫瘤五年存活率的貢獻〉（The Contribution of Cytotoxic Chemotherapy to 5-year Survival in Adult Malignancies），《臨床腫瘤學》（*Clinical Oncology*）16（2004）；

蓋・法蓋（Guy Faguet）的《癌症戰爭：剖析失敗，未來藍圖》（*The War on Cancer : An Anatomy of Failure, a Blueprint for the Future*）（Springer Netherlands, 2005）；尼爾・梅洛普（Neal J. Meropol）與凱文・舒爾曼（Kevin A. Schulman）的〈癌症照顧的費用：問題和影響〉（Cost of Cancer Care : Issues and Implications），《臨床腫瘤學》25，no. 2（January 2007）；以及布魯斯・希爾納（Bruce Hillner）與湯瑪斯・史密斯的〈功效不必然轉化為成本效益：與二十一世紀抗癌藥物定價有關的難題之案例研究〉（Efficacy Does Not Necessarily Translate to Cost Effectiveness : A Case Study in the Challenges Associated with 21st Century Cancer Drug Pricing），《臨床腫瘤學》27，no. 13（May 2009）。

「不想死的深層恆久欲望」：湯瑪斯・史密斯憑記憶提供了這句引述，指稱是他同事湯瑪斯・菲紐肯（Thomas Finucane）寫在〈嚴重的疾病如何致死：臨終關懷的關鍵〉（How Gravely Ill Becomes Dying : A Key to End-of-Life Care）一文中，《美國醫學協會》（*Journal of the American Medical Association*）282（1999）。但是史密斯在記憶中稍微美化了菲紐肯的原話，其實是「不想死的普遍深藏欲望」。

活得夠久不會死於癌症：見波・奧諾爾（Bo E. Honore）和阿德里安娜（Adriana Lleras-Muney）的〈競爭風險模型與癌症戰爭的界限〉（Bounds in Competing Risks Models and the War on Cancer），《計量經濟學》（*Econometrica*）76，no. 6（November 2006）。

戰爭：沒你想的那麼危險？：摘自〈一九八〇年至二〇〇八年間美國現役軍人死亡人數（截至二〇〇九年四月二十二日）〉（U.S. Active Duty Military Deaths 1980 through 2008 (as of April

22, 2009)），是國防人力資料中心為國防部整理的資料；感謝一位名叫亞當・史密斯（不是開玩笑）的讀者提醒我們有這些資料。

如何追捕恐怖分子：這個段落摘自〈使用銀行資料識別恐怖分子〉（Identifying Terrorists Using Banking Data），李維特與丹格・包爾斯（A. Danger Powers）的工作報告。

❽ 假名，理由稍後就能明白，但下文有關於他的敘述，全都是事實。

英國的銀行詐騙：摘自支付清算服務協會（APACS）。

癌症篩檢的偽陽性反應：見珍妮佛・克羅斯威爾（Jennifer Miller Croswell）等人的〈重複多模式癌症篩查中累積的假陽性結果的發生率〉（Cumulative Incidence of False-Positive Results in Repeated, Multimodal Cancer Screening），《家庭醫學年鑑》（*Annals of Family Medicine*）7（2009）。

❾ 職棒生涯效力於巴爾的摩金鶯隊，在二〇〇七年以高票入選名人堂。

麥可・羅威爾（Mike Lowell）：見吉米（Jimmy Golen）的〈羅威爾：棒球達到了更高的標準〉（Lowell : Baseball Held to Higher Standard），美聯社，二〇〇八年一月十八日。

釋放恐怖分子嫌犯：見亞蘭・崔維斯（Alan Travis）的〈三分之二的英國恐怖事件嫌疑人未被起訴並獲釋〉（Two-Thirds of U.K. Terror Suspects Released Without Charge），英國《衛報》，二〇〇九年五月十二日。

Chapter 3

Unbelievable Stories about Apathy and Altruism

人是冷漠或利他的動物？

一九六四年三月，一個又濕又冷的週四深夜，紐約市發生了一樁可怕事件，該事件顯示，人類是這地球上最殘忍自私的動物。

一位名叫凱蒂・吉諾維斯（Kitty Genovese）的二十八歲女子下班開車回家，如往常般把車停在長島鐵路站旁的停車場。她住在皇后區基伍花園（Kew Gardens）社區的一棟公寓，從曼哈頓搭火車約二十分鐘路程，那裡是個不錯的街坊，有整潔的住家、幾棟公寓建築，以及一個小小的商業區。

吉諾維斯住在面向奧斯汀街（Austin Street）的一排商店樓上，她的公寓入口在後方。她下了車，把車鎖好，才開始步向回家的路，就有一名男子追上她，從背後用刀子刺殺她。吉諾維斯高聲尖叫，襲擊就發生在奧斯汀街商店前的人行道上，對街有一棟十層樓的公寓建築，名為「摩布瑞」（Mowbray）。

襲擊者溫斯頓・摩斯里（Winston Moseley）退回自己車上，那是一輛白色考威爾（Covair）車款，逆向停放在約六十碼外的人行道邊，他倒車開離那個街區。

在此同時，吉諾維斯蹣跚地拖著腳步，朝她居住的公寓後方走去，但摩斯里在很短的時間內返回，再度瘋狂地刺殺她至死，然後開車回家。摩斯里跟吉諾維斯一樣年輕，只有二十九歲，也住在皇后區，他的妻子是註冊護士，有兩個小孩。在開車回家的路上，摩斯里注意到另一輛車停在紅燈前，車上的駕駛俯在方向盤上睡著了，摩斯里走出車外，前去叫醒那男人，但並未傷害或搶劫他。第二天早上，摩斯里照常去上班。

三十八人眼睜睜看吉諾維斯小姐被殺❶

這起案件很快地變成轟動事件，但並非因為摩斯里是精神病患者，這位表面上看起來正常、有家室的男人，儘管沒有犯罪紀錄，但事後發現，他有怪異的性暴力史。案件的轟動也不是因為吉諾維斯本身的一些特性，她是酒吧經理，是個女同性戀者，曾經因為賭博被捕。吉諾維斯是白人，摩斯里是黑人，但這也不是使得此案演變成轟動事件的原因。

凱蒂．吉諾維斯被殺案之所以變成知名事件，係因為《紐約時報》在頭版刊登的一篇報導，這篇報導一開頭寫道：

在長達半個小時以上的時間內，皇后區三十八位正派、守法的市民眼睜睜地看著一名凶手在基伍花園社區三度攻擊追殺一名女子……。在整個攻擊過程中，沒有一個人打電話報警，一名目擊者在該名女子死後才報警。

從開始到結束，凶殺過程持續了三十五分鐘，「當她第一次遭到攻擊時，若有人報警，她現在或許還活著，」一名警員說。

凶殺案次日早上，警方訪談吉諾維斯的鄰居，《紐約時報》記者再度訪談其中一些人，在被問到為何他們沒有伸出援手或至少報警時，他們提出種種藉口：

「我們以為是情侶吵架。」

「我們走到窗邊探頭看看發生什麼事，但從我們的臥室望出去，燈光太暗了，看不清楚街上的情況。」

「我很累了，便上床睡了。」

《紐約時報》的那篇報導並不長，只有一千四百字，卻產生立即、爆炸性的影響。社會似乎普遍認為，基伍花園社區的那三十八名目擊者，代表了人類文明的新卑劣；政治人物、神學家、報紙社論主筆嚴厲譴責這些鄰居的冷漠，甚至有人要求公布這些鄰居的住址，讓社會對他們施以公義制裁。

在接下來二十年，這事件深切震撼美國，引發更多學者捨棄研究納粹大屠殺，改而研究旁觀者的冷漠。

事件發生的三十週年，柯林頓總統造訪紐約市時談到這樁凶殺案：「它讓我們寒心地認知到當時社會的情況，顯示我們每一個人不僅身處危險之中，而且根本是孤伶伶地。」

三十五年後，麥爾坎・葛拉威爾（Malcolm Gladwell）探討社會行為的暢銷著作《引爆趨勢》（*The Tipping Point*）中引用這樁令人髮指的事件作為「旁觀者效應」（bystander effect）的例子，說明悲劇事件中若有多名目擊者，可能反而沒有人干預伸援。

事件發生四十多年後的今天，最暢銷的十大社會心理學大學教科書中全都探討吉諾維斯事件，其中一本書寫道：「那些目擊者在他們的窗邊，津津有味地看著攻擊者三度瘋狂凶殘地刺殺她。」

那三十八人怎麼會袖手旁觀地看著他們的鄰居被如此凶殘地刺殺呢？沒錯，經濟學家總是談到人們是多麼自私自利，但是，這個自私案例不是太違反常理了嗎？我們的冷漠真的如此強烈深沉嗎？

是這樣的鄰居才讓犯罪率飆高？

吉諾維斯凶殺案發生於甘迺迪總統被刺案的幾個月後，似乎是某種社會啟示錄的訊號，全美各地城市的犯罪事件激增，似乎無人能夠阻止這種趨勢。

在此之前的數十年，美國的暴力和財產犯罪率一直相當低且穩定，但自一九五〇年代起，犯罪率開始上升；到了一九六〇年，犯罪率已經比一九五〇年高出五〇％；到了一九七〇年，犯罪率已經提高到四倍。

為什麼？

很難論斷原因。一九六〇年代的美國社會，同時出現了許多變化，人口爆炸性成長，反權威意識高漲，民權擴張，大眾文化大規模地改變。因此，很難獨立出導致犯罪率升高的因素。

舉例而言，設若你想知道把更多人關進牢裡，是否有助於降低犯罪率，這個問題可不是表面上看起來那般簡單明顯。也許，投入捕捉罪犯入獄的那些資源，原可以更有建設性地運用；也許，每抓一個壞蛋入獄，就有另一名罪犯取而代之。

想要以某種科學確定程度地回答這個問題，你必須進行實驗：假裝你可以隨機挑選幾個州，下令每州釋放一萬名囚犯；在此同時，你可以隨機挑選不同的幾州，要求他們分別把一萬名罪行較輕、原本無須入獄的罪犯關進牢裡。接著，等上幾年，衡量這兩組州的犯罪率。瞧！你所做的是隨機抽樣的控制實驗，可以讓你研判變數之間的關係。

不幸的是，被隨機抽樣的這些州，州長恐怕不會同意進行你的實驗，那些本不致入獄而被你送進牢裡的人，以及那些被你釋放的囚犯的鄰居，大概也不會同意這樣的實驗。所以，你能進行這種實驗的機會是零。

正因此，研究人員才會經常仰賴所謂的「自然實驗」（natural experiment），模擬你想要進行、但因某個（些）原因而無法進行的實驗的一組情況。在這個例子中，你想做到的是，在各州明顯改變囚犯人數，但理由跟那些州的犯罪件數完全無關。

恰好，美國公民自由聯盟（American Civil Liberties Union，簡稱ACLU）做了這樣的實驗。在過去數十年，美國公民自由聯盟打官司控告十幾個州，抗議那些州的監獄太擁擠。當然，那些州絕對不是隨機挑選的，該聯盟挑選的是監獄最擁擠、最有可能告贏的那些州，不過，被該聯盟控告的那些州，其犯罪趨勢看起來跟其他州非常相似。

在這些官司中，美國公民自由聯盟幾乎全都勝訴，敗訴的州被下令釋放一些囚犯，以減輕監獄的擁擠程度。在法院做出判決的三年後，這些州的囚犯人數比其他州減少了一五%。

那些被釋放的囚犯接下來做些什麼呢？犯更多的罪！在美國公民自由聯盟勝訴的三年後，那些州的暴力犯罪率升高一〇%，財產犯罪率提高五%。

所以，使用「自然實驗」這類間接方法，雖得花些工夫，但可以幫助我們分析一九六〇年代犯罪率的急劇上升，找出一些可能原因。

其中一項重要因素是刑事司法體制本身。一九六〇年代，平均每樁犯罪的拘捕率明顯降低，不論暴力犯罪或財產犯罪皆然。不僅警方逮捕的罪犯數量減少，法院判決被拘捕者入獄的數量也減少。在一九七〇年，一名罪犯吃牢飯的時間，比十年前犯相同罪的罪犯所吃的牢飯時間少了六〇%。總的來說，一九六〇年代犯罪率的升高中，有大約三成得歸因於罪犯受罰率的降低。

二戰後嬰兒潮是另一個原因。在一九六〇年至一九八〇年期間，美國介於十五歲和二十四歲的人口比例提高了近四〇％，這是空前的升高比例，而這個年齡層是犯罪風險性最高的年齡層。不過，犯罪率的升高中，只有大約一成可歸因於這種人口結構的明顯變化。

所以，嬰兒潮和罪犯受罰率的降低，合計只解釋了犯罪率升高因素的不到五成。儘管還有許多其他推測被提出——包括非裔美國人從南部鄉村地區大量遷居東北部城市、越戰受創退伍軍人返鄉等，這些因素加總起來，仍然無法解釋犯罪率的升高，數十年後，多數犯罪學家依然對此感到困惑。

〈天才小麻煩〉不如你想像的純真❷

答案或許就在我們的眼前：電視。〈天才小麻煩〉（Leave It to Beaver）裡的畢佛・克萊佛（Beaver Cleaver），和他那電視螢幕上的模範家庭，也許並非只是時代改變下的受害者（該劇在甘迺迪總統遇刺的一九六三年下檔），也許他們其實是導致問題的原因。

長久以來，人們斷定暴力電視節目導致暴力行為，但並沒有資料支持這種看法。我們要在此提出全然不同的論點，我們認為，看很多電視節目長大的小孩，縱使是最無害、適合闔家觀看的電視節目，長大後犯罪的可能性將增高。

要檢驗這項推測並不容易，你不能只是隨機抽樣地比較一群看很多電視節目，以及一群沒有看很多電視節目的小孩，看很多電視節目的小孩跟其他小孩的差異性非常多，並非只有收視習慣的差異而已。

也許比較可信的方法是，比較那些較早收看到電視的城市，和較後來才收看得到電視的城市。本書稍早談到，有線電視在不同時間點進入印度各地區，延遲效果可讓我們衡量電視對印度農村婦女的影響。在美國，電視早期推出的過程更曲折，主要是因為聯邦通訊委員會（Federal Communications Commission）宣布，在一九四八年到一九五二年這四年間暫停開放新電視台的設立，以便重新架構廣播頻譜。

在美國，有些地方自一九四〇年代中期開始收看得到電視訊號，其他地方則是在十年後才收看得到電視。結果，較早收看到電視的城市，和較晚才收看得到電視的城市的犯罪趨勢，出現了顯著差別。在電視問世之前，這兩群城市的暴力犯罪率相似，但到了一九七〇年，那些較早收看到電視的城市，其暴力犯罪率是較晚才收看得到電視的城市的兩倍。至於財產犯罪率方面，較早收看到電視的城市，在一九四〇年代的財產犯罪率，遠低於較晚才收看得到電視的城市，後來卻是遠遠超前。

當然，這兩群城市也許還有其他的差異性，為過濾掉這些差異性造成的影響，我們可以比較，在相同城市出生於不同年分的小孩，例如一九五〇年和一九五五年出生的小孩。舉例來說，在一九五四年開始收看到電視的某個城市，我們比較兩個年齡群，第一個年齡群在一到四歲時尚未能收看到電視，第二個年齡群從一出生就能收看到電視。由於各地可開始收看到電視的年分不同，因此各城市的這兩個年齡群（早年可收看到電視和未能收看到電視）的區分年分也不同，這使得我們可以明確預測，哪些城市將比其他城市更早出現犯罪率升高的情形，也可以預測罪犯做違法之事的年齡。

電視的問世，究竟有沒有對一座城市的犯罪率造成足夠明顯且可辨識的影響呢？答案似乎是有的。年輕人在十五歲之前，每多收看一年電視，未來因財產犯罪而被捕的可能性提高四％，因暴力犯罪而被捕的可能性提高二％。根據我們的分析，電視對一九六〇年代的犯罪率造成的影響是：使財產犯罪率提高了五〇％，使暴力犯罪率提高了二五％。

為何電視有如此大的影響？

我們的資料並未提供明確答案。電視對於從出生後到四歲之間，看很多電視的兒童所造成的影響性最大，由於絕大多數四歲兒童不會觀看暴力節目，因此，很難說問題出在節目內容。

也許是看很多電視節目的小孩，從未獲得適當的社交，或是從未自我娛樂；也許是電視使得窮人想要獲得富人擁有的東西，甚至不惜靠偷竊而得；也許，這跟小孩完全無關，可能是爸爸媽媽覺得看電視比照顧小孩有趣多了，因此怠忽了他們的職責。

又或者，可能是早年的電視節目，以某種方式鼓勵了犯罪。舉例而言，一九六〇年播出、收視率極高的〈安迪葛里菲斯影集〉（The Andy Griffith Show）中，友善的警長不帶槍，他的副警長巴尼・菲費（Barney Fife）笨拙無能到不行。有沒有可能那些想犯罪的人觀看了電視裡的這對寶後，結果認為警察根本不值得害怕呢？

利他主義背後的動機

我們的社會已經接受一個事實，那就是免不了有一些壞蘋果會犯罪，但這仍然無法解釋，為何凱蒂・吉諾維斯的鄰居（正常、正派的人）中沒有一個人伸出援手。我們全都目睹過大大小小的利他行為，幾乎是天天都可見到，甚至我們本身也可能展現一些利他行為。所以，為何那天深夜的皇后區，沒有一個人展現利他行為？

這樣的問題看起來似乎超出了經濟學領域。流動性短缺、油價、擔保債權憑證，這些都是經濟學領域的東西，但利他主義的社會行為是經濟學的內容嗎？經濟學家會探討這個主題嗎？

嗯，有長達數百年的時間，經濟學家不談這個東西，不過約莫在吉諾維斯凶殺案發生的那個時候，有一些被視為離經叛道的經濟學家，已經開始深入關切這類主題。其中為首的是本書前言中提到的蓋瑞・貝克，他不滿足於只是探討人們所做的經濟抉擇，而是試圖納入他們在做這類抉擇時的情感、心境。

貝克最令人信服的研究中，有一些跟利他行為有關，例如他認為，在商場上純然自私的人，私底下可能對他認識的人展現非常利他的行為；儘管他也預期，就算是在家庭中的利他行為，也含有策略性成分。（畢竟，貝克仍是個經濟學家！）多年後，道格拉斯・伯恩罕（Douglas Bernheim）、安德瑞・舒雷佛（Andrei Shleifer）和賴利・桑默斯（Larry Summers）等三位經濟學家的實證研究證明了貝克的論點，他們使用美國政府的一項長期調查資料證明，成年子女若預期能繼承一筆不小遺產的話，比較可能常去探望住在退休之家的年邁父母。

且慢，你可能會說：也許富有家庭的後代就是比較關心他們的年邁父母啊？

你可能合理地推測，富有父母的獨子或獨女會特別孝順。但是資料顯示，若富有父母只有一個兒子或女兒，他（她）探望住在退休之家的年邁父母的次數並沒有較多；富有父母得至少有兩個小孩，住在退休之家的他們才會獲得子女較多的探視。這意味著，探視次數增加，是因為手足彼此競爭父母的財產。唉！表面上看起來像是優良傳統的家庭內利他行為，其實可能只是類似於預付遺產稅。

有些深諳世道的政府甚至立法要求，成年子女必須探視或奉養年邁的老爸老媽，在新加坡，這種法律叫做〈贍養父母法令〉（Maintenance of Parents Act）。

儘管如此，話說回來，人類看來似乎是非常利他的生物，而且不只是在自己的家庭內展現利他行為。美國人尤其以慷慨聞名，每年約捐獻三千億美元給慈善事業，占美國國民生產毛額的比重超過二%❸。我們只消回想上一場造成眾多死亡的颶風或地震，有多少樂善好施的人趕忙奉獻他們的金錢與時間。

但為什麼呢？

經濟學家向來認為，一般人會以符合本身利益的方式做出理性決策，那麼，為何這理性之人——所謂的「經濟人」（homo economicus），會從他辛苦賺來的錢中拿出一部分，送給他無法正確唸出名字的某地的陌生人，最後頂多只是換得一抹暖熱、模糊的光輝呢？

新一代的經濟學家以貝克的研究論述為基礎，決心廣泛探究以了解這世上的利他行為。但是，要如何做呢？我們要如何知道，某項行為是利他行為，抑或自私行為？你幫助一位鄰居重建穀倉，這是因為你是個善良的人，還是因為你知道你的穀倉有一天也可能燒毀？某人捐獻幾百萬元給他的母校，這是因為他關心探索追尋知識的活動，還是因為此舉可以讓他的姓名被刻在母校的足球場呢？

欲探究真實世界裡的這類事，極為困難，行動（或是不行動，例如在吉諾維斯一案中的鄰居）很容易觀察，但要了解行動背後的意圖，卻是困難得多。

有沒有可能像前述美國公民自由聯盟與監獄的例子那樣，使用「自然實驗」來衡量利他行為呢？比方說，你可能會考慮檢視許多大災難，看看這些災難引起了多少慈善捐獻。可是，在這麼多變數下，你很難把「利他」過濾區隔出來。發生在中國的大地震，不同於發生在非洲的大乾旱，後者也不同於重創紐奧良的颶風災害，每一場災難有它的「求助」，而且，捐助內容與情形也會明顯受到媒體報導的影響。最近一項學術研究發現，一場災難每獲得七百字的報紙報導，慈善援助就會增加一八%；每獲得六十秒鐘的電視報導，慈善援助就會增加一三%。（任何人若想為第三次世界大戰募款，最好期望它發生在沒有太多其他重大新聞的日子。）再者，這類災難本質上是異常事件（尤其是那些被過分渲染的情事，例如前文提到的鯊魚攻擊事件），恐怕跟人類的根本利他行為不能混為一談。

最終，那些被視為離經叛道的經濟學家採用另一種不同的方法：既然真實世界的利他行為這麼難以衡量，何不剔除真實世界固有的複雜性，在實驗室裡研究這個主題？

經濟學家像伽利略般地進行實驗

不消說，實驗室實驗是物理科學的支柱，而且這可以遠溯至，伽利略把一顆銅球沿著一條長木板往下推，以測試他的加速度理論的那時起。伽利略相信（這是正確觀點），運用類似這樣的一個小小創作，就能更加了解人類所知道的最偉大創作：地球的力量、天穹的秩序、人類生活本身的運作。

三個多世紀以後，物理學家理查．費曼（Richard Feynman）重申這個理念的權威地位，他說：「所有知識都必須通過實驗的檢驗，實驗是科學『真理』的唯一裁判。」你使用的電力，你吞下的降低膽固醇藥丸，你在紙張、螢幕或麥克風看到與聽到的這些字，全都是大量實驗下得出的產物。

但是，經濟學家向來不是那麼倚賴實驗室，經濟學家傳統上關切的大多數問題——例如加稅的影響性、通貨膨脹的肇因，難以在實驗室裡探究了解。不過，若實驗室能夠解開宇宙的科學之謎，想必也能幫助了解像「利他」這樣溫和有益的東西。

這類新實驗通常採取遊戲的形式，由大學教授主持，由他們的學生下場演出。這條途徑係由約翰・納許（John Nash）的美麗心靈❹，和其他多位經濟學家開闢鋪設出來的，他們在一九五〇年代針對「囚犯的兩難」（Prisoner's Dilemma）進行廣泛實驗，這是賽局理論中的一個問題，被視為策略性合作的一個典型試驗。（賽局理論的提出，是為了洞察當年美國與蘇聯之間的核武軍備競賽僵局。）

到了一九八〇年代初期，「囚犯的兩難」啟發出一種名為「最後通牒」（Ultimatum）的實驗室賽局，其運作方式如下：兩位互相不知對方姓名的參賽者，有一次的機會可以分配一筆錢，第一位參賽者（姑且稱她為愛妮卡）拿到二十元，並且被指示從中分一筆錢（從零元到二十元皆可）給第二位參賽者（姑且稱她為莎達）。莎達必須決定要不要接受愛妮卡分給她的錢，若接受，那麼這筆錢就依照愛妮卡的分配方式；若不接受，她們兩人就空手而回，一毛錢也得不到。在賽局開始前，兩位參賽者都知道這些規則。

在經濟學家看來，這場賽局應採取的策略很顯然：就算只獲得一文錢，也勝過空手而回，因此就算愛妮卡只分給莎達一文錢，莎達也應該會接受，所以愛妮卡只提供一文錢，把剩下的一九・九九元留給自己，這是很合乎邏輯的事。

可是，經濟學家錯了，一般人在玩這個賽局時，並不會採取這樣的策略。莎達通常會拒絕低於三元的分配，他們顯然非常鄙夷偏低的提價，鄙夷到令他們不惜付出代價（得不到半毛錢）也要表達他們的不滿。不過偏低的提價也不常見，平均而言，愛妮卡提供給莎達超過六元。在此賽局的規則下，提供如此高額顯然是想避免莎達拒絕，不過話說回來，平均六元——幾乎是總金額的三分之一，似乎仍稱得上是相當慷慨了。

「獨裁者」賽局獲得相同結論

這是否代表「利他」呢？

也許是，也許不是。在「最後通牒」賽局中，提議的那個參賽者（愛妮卡）做出較慷慨的提議，她本身是有利可圖的——可避免對方拒絕。真實世界裡，這種情形很常見：在「最後通牒」賽局中看似仁慈的行為者，幾乎都有潛在的自私動機。

於是，後來出現了「最後通牒」賽局的新變異版本，這個巧妙的新賽局名為「獨裁者」（Dictator）。在「獨裁者」賽局中，同樣是由兩個參賽者分一筆錢，但只有其中一人有決定權，所以這賽局才會取名為「獨裁者」，指的就是那個做決定的人，只有一個人能影響此賽局。

原版的「獨裁者」賽局實驗運作如下：給愛妮卡二十元，告訴她，她可以選擇以下兩種方式之一分錢給莎達（兩人互相不知道對方姓名）：(1)兩人均分，每人各得十元；(2)愛妮卡自己留下十八元，只分給莎達兩元。

「獨裁者」賽局的高明之處就在於它的單純性：在兩位匿名參賽者只有一次機會的賽局中，這種安排似乎去除了真實世界中利他行為的所有其他複雜因素，慷慨不會獲得報償，自私也不會遭到懲罰，因為若獨裁者做出自私選擇，第二位參賽者（莎達，非獨裁者）沒有任何資源可以懲罰獨裁者。另一方面，匿名的安排，也免除了捐獻者可能對受贈者抱持的任何個人情感或感覺。舉例而言，一般美國人對於卡崔納（Katrina）颶風受害人的情感，不同於他們對中國地震或非洲旱災受害人的情感；他們對於颶風受害人的情感，也不同於他們對愛滋病受害人的情感。

「獨裁者」賽局似乎直接切入我們的「利他」衝動核心，那麼你會如何玩這賽局呢？想像你是獨裁者，面臨兩種選擇：把手上的二十元分出一半；或是只分出兩元。

你很可能會選擇均分這筆錢。在最初的「獨裁者」賽局實驗中，每四名參賽者就有三人做此選擇，真是驚人！

人們是如此慷慨！

「最後通牒」和「獨裁者」賽局得出如此引人注目的結果，使得這些賽局很快地在學術圈延燒起來，他們以無數版本和背景進行無數這類賽局實驗，不只是經濟學家，心理學家、社會學家、人類學家也加入行列。《人的社群性基礎》(*Foundations of Human Sociality*)一書中敘述了一項重大研究，一群知名學者遠赴世界各地，在十五個小規模社會中檢驗人類的利他行為，其中包括坦尚尼亞的打獵採集者、巴拉圭的阿帕契印第安人、西蒙古的蒙古人及哈薩克人。

結果，不論是在西蒙古進行的實驗，或是在芝加哥南邊區進行的實驗，都得出相同的結論：人們施捨助人。現在的實驗賽局安排方式，通常是讓獨裁者不限於兩種選擇(給十元或兩元)，可以給任何金額(從零元至二十元)。在這種安排下，獨裁者平均提供約四元，相當於總金額的二〇%。

訊息再明顯不過了：人類似乎天生傾向利他。這個結論不僅令人振奮(至少，在此結論下，吉諾維斯小姐的那些鄰居的行為只不過是令人難過的異常現象)，也撼動了傳統經濟學的基石。《人的社群性基礎》一書寫道：「過去十年，實驗經濟學(experimental economics)的研究明顯證明，教科書裡的『經濟人』描繪並不正確。」

非經濟學家若因此覺得滿足得意、幸災樂禍，倒是情有可原。「經濟人」——沮喪的經濟學家們長久以來擁抱的那個超級理性、自私自利的生物，已經死啦(若他曾經存在過的話)，哈利路亞！

若說這個或可稱之為「利他人」(homo altruisticus)的新典型，對傳統經濟學家而言是壞消息的話，那麼它對所有其他人而言，似乎應該是個好消息，尤其是慈善組織和救災部門，更有理由感到高興。不過，這其中還有更深廣的含義：上自政府高級官員，下至想要養育出熱心公益的小孩的父母，任何人都必須從「獨裁者」賽局的結論中得到啟示，因為若人類天生傾向利他，社會就應該能夠仰賴利他行為來解決問題，哪怕是最傷腦筋的問題。

謝天謝地，有「捐官騎士」

以器官移植為例，第一起成功移植腎臟的案例出現在一九五四年❺，在外行人看來，這像個奇蹟：原本將因腎臟失去功能而死亡的人，如今可以靠著換腎而活下去。

這顆新的腎臟來自何處？最便利的來源是新鮮的屍體——也許是車禍喪命者，或是因其他原因死亡、但留下健康器官者。一個人的死亡救了另一個人的性命，這個事實更加凸顯了「奇蹟」的意味。

但是，歷經時日，器官移植反倒變成了這項成功醫療行動的受害人；屍體的正常供給趕不上器官需求。在美國，交通事故死亡率降低，這對駕駛人而言是好消息，但對那些等待救命腎臟的病患而言卻是壞消息。〔至少，摩托車騎士車禍死亡率沒有降低，這有部分得感謝許多州的法律容許摩托車騎士——在器官移植手術中，他們被稱為「捐官騎士」（donorcyclists）——不必戴安全帽。〕在歐洲，部分國家通過「推定同意」（presumed consent）的法律，一個人死亡時，除非他生前或他的家人聲明不同意捐贈器官，否則政府有權取得他的器官。儘管如此，腎臟的供給始終短缺。

所幸屍體並不是器官的唯一來源。我們與生俱有兩顆腎臟，但靠一顆就能活下去，第二顆腎臟是快樂的進化加工物：活的捐官人可以捐出一顆腎臟，以拯救另一個人的生命，而捐官者本身仍然能過正常生活。這談的可是利他行為啊！

先生捐一顆腎臟給太太，太太捐一顆腎臟給先生，哥哥捐一顆給妹妹，成年婦人捐一顆給年邁的父親或母親，甚至多年老友捐贈，這類故事多得是。可是，如果你在垂死邊緣，沒有朋友或家屬願意給你一顆腎臟，那怎麼辦？

伊朗的偉大實驗：合法賣腎臟

有個國家——伊朗，太擔心腎臟供給短缺的問題了，於是推出一項許多其他國家恐怕會視之為「野蠻」的立法。這項立法聽起來像是部分經濟學家在被「經濟人」觀點迷醉後可能會夢想到的做法：若有人願意提供一顆腎臟，伊朗政府將支付約一千兩百美元，再加上腎臟接收者支付的一筆金額。

在美國，一位名叫巴利．雅各斯（Barry Jacobs）的創業醫生，在一九八三年舉行的一場國會聽證會上，敘述他的「付錢取得器官」計畫。他創立的國際腎臟交易公司（International Kidney Exchange, Ltd.），將把第三世界的公民帶到美國來，摘下他們的一顆腎臟，給他們一些錢，再把他們送回國。光是提出這樣的構想，雅各斯就已經遭到猛烈抨擊，最強悍的抨擊者是田納西州的年輕眾議員艾爾・高爾（Al Gore），他懷疑那些腎臟供給者「有可能只為了有機會親眼看看自由女神像或美國國會大廈或什麼的，就願意以較低廉的價格把腎臟賣給你！」

美國國會火速通過〈國家器官移植法〉（National Organ Transplant Act），明訂：「任何人如在知情的情況下以有值代價獲取、接受或以其他方式轉移任何人體器官，以作為人體移植之用途，屬非法行為。」

固然，像伊朗這樣的國家，或許會讓其人民把人體器官當成像市場上的活雞般地買賣，但美國既沒有想望、也沒有需要去採行如此絕望、涉險之舉，畢竟這個國家的一些最聰明的學術研究者，已經用科學方法證明人類天生有利他傾向嘛。或許，這種利他主義只不過是自古以來進化之下殘剩的東西，就像人類的第二顆腎臟，但誰在乎它為何仍然存在呢？美國國會當領路先鋒，當各國的明燈，驕傲地仰賴人類天生的利他傾向來捐出足夠的腎臟，每年挽救無數人的性命。

藍領階級經濟學家的影響❻

「最後通牒」和「獨裁者」賽局引發實驗經濟學熱潮，實驗經濟學又引發一個新的副領域，名為「行為經濟學」（behavioral economics）。行為經濟學結合了傳統經濟學和心理學，尋求探究蓋瑞．貝克思索了數十年的難以捉摸、令人困惑不解的人類動機。

行為經濟學家的實驗結果繼續令「經濟人」的聲譽掃地，「經濟人」一天天地變得更不自私了，要是你不贊同此結論，不妨看看有關利他、合作、公正等主題的最新實驗結果。

在新一代的實驗經濟學家中，最多產的經濟學家之一，是來自威斯康辛州陽光草原鎮（Sun Prairie）的約翰．李斯特（John List）。李斯特成為經濟學家，純屬偶然，他的學術出身也遠不及同儕與前輩們那般亮麗。他來自一個卡車司機的家庭，「我的祖父從德國移民到這裡，他是個農夫，」李斯特說，「後來，他看到卡車司機賺的錢比他賣穀物賺的錢還多，便決定賣掉一切，買了一輛卡車。」

李斯特這家人聰明、勤奮、體格健壯，但學問這東西在他們看來不是頂重要，約翰的父親十二歲就開始開卡車，家人也期望約翰將來加入這家庭事業。可是，約翰沒去開卡車，他上了大學，因為他獲得了威斯康辛大學史蒂芬點分校（University of Wisconsin at Stevens Point）的高爾夫球與學術獎學金。在學校放假期間，他幫父親把牛吃的牧草或紙類產品，載運到三個半小時路程外的芝加哥。

在史蒂芬點分校練習高爾夫球時，李斯特注意到，一群教授幾乎每個下午都有時間打高爾夫球，他們教經濟學，這使得李斯特下決心也要成為經濟學教授（當然啦，他也喜歡經濟學）。

李斯特選擇去懷俄明大學讀研究所，那裡的經濟學研究所絕對稱不上一流，但即便如此，他仍然感覺這已經是高攀了。開學第一天，學生在教室裡自我介紹，李斯特覺得當他說到自己畢業於威斯康辛大學史蒂芬點分校時，大家都盯著他看，他們全都來自哥倫比亞大學、維吉尼亞大學之類的學校。李斯特研判，他的唯一機會是比他們更用功。在接下來幾年，他寫的論文和參加的資格考試比其他同學都來得多，而且，跟許多年輕經濟學家一樣，他也開始涉足實驗室實驗。

在申請教師職時，李斯特寄出一百五十封申請函，獲得的回應……，容我們這麼說吧，「聲息微弱」。他最終在奧蘭多的中佛羅里達大學（University of Central Florida）謀得教職，負荷沉重的授課量，也指導該校的男子和女子滑水隊。若有「藍領階級經濟學家」這個名稱的話，李斯特就是這種典型，他仍然撰寫一篇又一篇的論文，也進行很多實驗，他指導的滑水隊甚至贏得全國冠軍。

幾年後，李斯特受邀加入有「實驗經濟學之父」封號的佛農・史密斯（Vernon Smith）所任教的亞利桑那大學，六萬三千美元的年薪，比他在中佛羅里達大學的薪水高出不少。出於忠誠度，李斯特把亞利桑那大學提供的工作邀請函，拿給中佛羅里達大學經濟系系主任看，期望學校至少提供可以相比的薪資。

「六萬三千美元，我們認為可以換掉你。」這是李斯特獲得的答覆。

李斯特並沒有在亞利桑那大學待多久，因為馬里蘭大學很快就向他招手。在馬里蘭大學任教期間，李斯特也擔任美國總統的經濟委員會顧問，在被派往印度協助談判「京都議定書」（Kyoto Protocol）的四十二人美國代表團中，李斯特是唯一的經濟學家。

到了此時，李斯特已經在實驗經濟學領域穩固地占有一席之地，而且這個領域正熱門，二〇〇二年的諾貝爾經濟學獎由佛農．史密斯和心理學家丹尼爾．康納曼（Daniel Kahnman）共同獲得，康納曼的決策研究為行為經濟學奠定基礎。這些人和他們那一代的其他學者所建立的研究準則，從根本上挑戰古典經濟學的現狀，李斯特堅定地依循他們的腳印，進行「獨裁者」賽局和其他行為經濟學派實驗室賽局的變異版本實驗。

真實世界的行為與實驗室裡的大不同

不過，打從就讀於威斯康辛大學史蒂芬點分校期間開始，李斯特也進行一些古怪的實地實驗（參與者並不知道正在進行實驗），並從中發現，實驗室裡的發現在真實世界裡不一定會成立。（經濟學家向來重視理論論證，所以有一句流傳已久的諷刺話：當然，這在實務上是行得通，但它是否吻合理論呢？）

李斯特所做過最有趣的實驗當中，有一些是在維吉尼亞州的棒球卡展覽會上進行的。他參加這類展覽已有多年，讀大學時，他靠販售運動卡賺些錢，開車遠至第蒙市（Des Moines）、芝加哥或明尼亞波利斯（Minneapolis）等，凡是有好市場的地方。

在維吉尼亞州，李斯特在展覽會場四處遊走，隨機招募顧客和商販，請他們進入交易攤後面房間內進行一項經濟實驗。實驗方式如下：由顧客從李斯特訂定的五種價格（從四元到五十元不等）中挑選一種，作為他願意支付購買一張棒球卡的價格，接著，商販根據此價格，給顧客一張棒球卡。每一位顧客和商販做五筆這樣的交易，但每一回合的交易夥伴不同。

由於顧客必須先向商販出價（就像白人向芝加哥的流鶯出價一樣），因此商販實際上處於可以欺騙顧客的立場，他可以給一張價值低於顧客出價的棒球卡。此外，商販還有另一項優勢，那就是他知道每一張卡的實際價值。不過，購買者也可運用一些手段，若他們認為商販會欺騙他們，他們可以在每一回合交易中選擇出低價。

實驗結果如何呢？平均而言，顧客的出價相當高，商販也給予相當價值的棒球卡。這意味著買方信任賣方，而他們的信任也獲得賣方的公平回報。

李斯特對此結果並不感到驚訝，他只是證明了：在實驗室裡以大學生為實驗對象所得出的結果，也可以在以運動卡交易者為實驗對象的實驗中獲得印證。至少，當實驗參加者知道有研究員在仔細記錄他們的行動時，實驗室裡得出的結果和外面實驗得出的結果一致。

接著，李斯特又進行了另一項不同的實驗，這一回的實驗在真實的交易會場進行。他隨機招募顧客，讓他們前往商販的攤位，但商販並不知道這些顧客是被招募的實驗參與者，也不知道有人在觀察他們。

李斯特和實驗顧客的約定很簡單：顧客可以就以下兩種方式選擇其一，向商販提出交易：(1)告訴商販：「我出二十元，請給我你認為值這個價錢的最好的一張法蘭克・湯瑪斯（Frank Thomas）棒球卡」；(2)告訴商販：「我出六十五元，請給我你認為值這個價錢的最好的一張法蘭克・湯瑪斯棒球卡」。

實驗結果如何？

商販不像他們在後面房間裡那樣展現正直行為，在真實的交易攤位上，他們一再欺騙顧客，給了他們不值出價的較差卡片，不論顧客的出價是二十元或六十五元，情況都是如此。李斯特從資料中發現一項有趣的差異：來自外地的商販比本地商販更常欺騙顧客。這其實是有道理的，本地商販大概較關心保護自己的商譽，他們甚至可能擔心遭到報復，搞不好，顧客回了家，上網一查，發現自己被騙，拿球棒敲他們的頭！

真實交易會場的欺騙行為使李斯特不禁懷疑：說不定，他在後面房間目睹的那些「信任」與「公正」行為，根本就不是真確的信任與公正。搞不好，它們只是有實驗者在旁仔細觀察下才產生的結果？「利他」這個主題的實驗與真實情況，會不會也是如此呢？

儘管有他的同儕和前輩從實驗室裡蒐集到的種種利他證據，李斯特仍然心生懷疑，他自己進行的實地實驗指向了不同方向，他的親身經驗也指向不同方向。李斯特十九歲時運送一卡車的紙類產品到芝加哥，他的女朋友珍妮佛跟他同行（他們後來結了婚，現在有五個小孩），當他們抵達倉庫時，卸貨區有四個男人坐在沙發上，當時是酷熱的盛夏，其中一個男人說他們正在休息時間。

李斯特問他，休息時間有多久，那男人說：「我們不知道喔，所以，你自己開始卸貨吧。」

依慣例，貨品送到時，應該由倉庫工作人員從卡車上卸貨，或至少他們得幫忙。但當天的情形看來，這些傢伙顯然是不會動手了。

「你們要是不想幫忙，那就算了，」李斯特說，「把堆高機的鑰匙給我。」那些傢伙鬨笑起來，告訴他：「鑰匙不見了。」

於是，李斯特只好和珍妮佛兩人把貨一箱箱地搬下卡車，那四個大男人就這樣閒在一旁，以嘲弄的目光看著他們汗水溼透地辛苦搬貨。等到卡車上只剩下幾箱貨時，其中一個男人突然「找到」了堆高機的鑰匙，把它開到李斯特的卡車邊。

類似這樣的遭遇使李斯特認真質疑：人類真如「獨裁者」賽局和其他實驗室實驗得出的結論那樣，血液裡充滿利他傾向嗎？

沒錯，那些研究已經贏得非常多的支持與喝采，其中還包括諾貝爾獎，但是李斯特愈是思索，就愈加懷疑那些實驗發現會不會根本就錯了呢？

試試不同版本的「獨裁者」賽局

李斯特在二〇〇五年獲得芝加哥大學終身教授職位，這主要得歸功於他所做的實地實驗。芝加哥大學經濟系大概是全世界最有名的經濟系了，李斯特在這裡獲得終身教職，這原本應該是不可能發生的事。學術界有一條幾乎不變的定律：一位教授不可能在聲望比他初任教職的那所大學，和他獲得博士學位的那所大學還要高的大學中，獲得終身教職。李斯特就像一條和同儕反其道而行、游到下游去產卵的鮭魚，進入了一片寬廣的水域。在威斯康辛州，他的家人並未對他進入芝加哥大學一事感到開心，「他們不明白我為何搞得這麼慘，」李斯特說，「為何我沒能繼續留在氣候宜人的佛羅里達州奧蘭多，反而淪落到犯罪率很高的芝加哥。」

跟其他人一樣，此時的李斯特已經知道有關「利他」實驗的文獻報告，他也對真實世界的情形有一些了解，「令人感到疑惑的是，」他在一篇論文中寫道，「我、我的家人或朋友（或朋友的家人、朋友），從來沒有收過裡頭裝了錢的匿名信封，可是，全世界各地無數的學生在實驗室裡的實驗中，明顯展現了他們的施予傾向，以匿名方式送錢給不知名的靈魂。怎麼會這樣呢？」

於是，李斯特決定要確切地弄清楚，人類到底是否天生有利他傾向。他挑選的武器是「獨裁者」賽局，和創造出傳統「利他」見解相同的工具，但李斯特用自己的錦囊妙計做了部分修正，他招募了一大群自願參與的學生，進行一些不同版本的實驗。

李斯特從典型的「獨裁者」賽局開始，第一位參賽者（我們再度稱她為愛妮卡）獲得一些錢，她必須決定要給另一位匿名的參賽者（莎達）一些錢、或甚至全部錢，或不給半毛錢。李斯特發現，七成的愛妮卡給莎達一些錢，平均的「捐贈」是總金額的二五%左右。此結果吻合典型的「獨裁者」賽局實驗獲得的發現，十足展現人類有天生利他傾向。

在第二種版本中，李斯特讓愛妮卡有另一項選擇：她仍然可以選擇給莎達任何金額，但如果她喜歡的話，她也可以拿走莎達的一元。若這賽局裡的獨裁者（愛妮卡）有利他傾向的話，賽局的這一項改變應該不會造成什麼影響；這項改變只會影響不給另一個參賽者任何錢的獨裁者（亦即無利他傾向的獨裁者）。李斯特只不過是增加了獨裁者的選項，增加的選項只會影響到最吝嗇的參賽者。

結果，在修改的第二種版本中，只有三五%的愛妮卡給莎達部分錢，這個比例只有原始版本賽局中的一半。另一方面，有將近四五%的愛妮卡不給莎達半毛錢，有二〇%的愛妮卡拿走莎達的一元。

嘿，利他傾向哪裡去了？

李斯特並沒有就此罷休，他又進行了第三種版本的賽局：告訴愛妮卡，莎達也獲得跟她同額的錢，愛妮卡可以偷走莎達的所有錢；不過，若愛妮卡喜歡的話，她也可以從自己的錢中抽出任何一部分給莎達。

結果呢？只有一成的愛妮卡給莎達錢，有超過六成的愛妮卡向莎達拿錢，其中有四成拿走莎達的所有錢。啊，在李斯特的指導與觀察下，一群利他主義者突然且輕易地變成了一群賊。

李斯特的第四種、也是最後一種版本實驗跟第三種版本一樣，獨裁者可以偷走另一位參賽者的所有錢，但在此版本的實驗中有一項簡單改變：不再如同這類實驗的標準版本那樣，直接給參賽者一筆錢，愛妮卡和莎達必須先工作，才能獲得錢。（李斯特需要一些錢進行另一項實驗，在研究經費有限下，他這麼做是一石二鳥。）

在參賽者工作並獲得錢後，實驗賽局展開。愛妮卡仍然可以選擇拿走莎達的所有錢，就如同超過六成的愛妮卡在第三版本賽局中所做的那樣。不過，在這一回合，兩位參賽者都是靠自己工作賺錢，只有二八％的愛妮卡拿走莎達的錢，有三分之二的愛妮卡既沒有拿走莎達的錢，也沒有給莎達半毛錢。

所以，李斯特做了什麼？這有什麼含義？

他在實驗室實驗中增加了一些新元素，使實驗變得更像真實世界，而實驗結果推翻了傳統的「利他」見解。在實驗裡，若你的唯一選擇是給另一個人一些錢，你大概會這麼做；但在真實世界裡，這鮮少是你的唯一選擇。在李斯特的最後一個版本實驗中，以工作獲取酬勞，這大概是最具說服力的一點，這顯示，當一個人靠著實實在在地工作獲得一筆錢，並且相信另一個人也是這麼做時，她既不會把賺來的錢給出，也不會拿走不屬於她的錢。

可是，那些獲獎的行為經濟學家所辨識的明顯利他傾向，又怎麼說呢？

「我認為，大多數人顯然錯誤詮釋他們的資料，」李斯特說，「在我看來，這些實驗揭露了這個真相，我們所觀察到的絕對不是利他行為。」

李斯特辛苦地從卡車司機的兒子，一路奮鬥、躋身改寫經濟行為法則的一群精英學者行列之中，現在為了忠於他的科學理念，他必須背叛這群學者。隨著他的實驗發現逐漸傳開，他突然間變成「在這個領域中最被痛恨的傢伙，」李斯特自己這樣說。

實驗室裡無知覺的機器人

李斯特最起碼可以欣慰地知道，他的發現幾乎肯定正確，讓我們來看看使得這類實驗室洞察不可信的一些因素。

第一項因素是選樣偏差（selection bias）。回顧本書前面章節提到的醫生「成績單」的詭譎、不可靠性質，一個城市或一家醫院裡最優秀的心臟科醫生，大概會吸引病情最嚴重、最危急的病患，因此若只以病患死亡率來評量醫生的表現，這名優秀的醫生恐怕得分很低。

同理，那些自願參與「獨裁者」賽局實驗的人，其合作意願和傾向是否高於一般人呢？很可能是的。早在李斯特之前，就已有學者指出，在大學實驗室裡的行為實驗「只不過是那些自願參與實驗研究、且依約現身實驗室的大二學生的科學罷了，」而且，這些大二學生「往往是那種願意為科學而做好事者，相較於未自願參加實驗的學生，他們多半有較高的配合度，較不會我行我素。」

也許，若你不是行善者，就根本不會參與這類實驗，李斯特在進行棒球卡實驗時，就觀察到這種現象。他在為第一回合的實驗招募自願參與者時，很明確地指出這是一項經濟學實驗，他也註記哪些商販拒絕參與實驗。到了第二回合的實驗（也就是他派顧客前往攤位交易，看看不知情的商販會不會在交易中欺騙顧客），李斯特發現，平均而言，在第一回合拒絕參與實驗的那些商販，是最嚴重的欺騙者。

可能汙染實驗室實驗的第二項因素是，有人在一旁監視觀察。當科學家把一批鈾、或粉蝨、或菌體帶到實驗室裡時，這些東西不太可能因為有一位穿著實驗室白袍的人在一旁觀看，就改變它們的行為。

可是，若實驗對象是人類時，監視觀察的影響程度就很顯著了。在交叉路口若有警車駐守或裝設了監視器，你會闖紅燈嗎？絕大多數人應該不會吧。在工作場所的洗手間裡，若你的上司上完廁所後洗手，你是不是較可能也跟著洗手呢？想必是吧。

即便在更細微難察的監視觀看下，人類的行為也可能因此改變。在英格蘭泰因河畔的新堡大學（University of Newcastle），心理學教授梅莉莎・貝森（Melissa Bateson）暗中在她系上的休息室裡進行一項實驗。慣例上，學校教職員在休息室取用咖啡及其他飲料時，會在一個「誠實盒」裡放進一些錢。貝森如此進行她的實驗：每個星期，她在休息室張貼一張新的價目表，價格從未改變，但價目表上的小相片會更動，奇數週是花朵的相片，偶數週的相片是人的一雙眼睛。貝森發現，當價目表上的相片是一雙眼睛時，在這雙眼睛的注視下，系上同事們在「誠實盒」裡放入近三倍的錢。所以下一次，當你看到一隻鳥被稻草人嚇跑而哈哈大笑時，別忘了，稻草人對人類也有威嚇作用。

監視觀察如何影響「獨裁者」賽局實驗呢？想像你是一名自願參與實驗的學生（也許是大二生），進行這項實驗的教授可能站在一旁，但他只是在記錄參與者在賽局中所做的選擇。別忘了，賽局的賭注很小，只有二十元；也別忘了，你是白白取得那二十元，並不是你靠工作賺得的。

現在，你自問是否願意把其中一部分錢，分給另一位沒有免費獲得二十元的匿名學生。你其實並不想把二十元全都留給自己，不是嗎？你也許不喜歡這位教授，甚至相當討厭他，但沒有人想在別人面前表現出貪婪吝嗇，於是，你決定：管它的，我就把一些錢分出去吧。但是，就算是離譜的樂觀者，也不會把這稱為「利他」。

除了選樣偏差和監視觀察影響性，還有另一個因素要考慮。人類行為受到很多誘因的影響，包括社會規範、參照準則、以往經驗的啟示等，一言以蔽之，就是「環境背景」（context）。我們之所以做出我們決定表現的行為，係因為在特定境況提供的選擇項和誘因之下，這樣的行為似乎最有益。這就是所謂的「理性行為」，經濟學談的就是理性行為。

倒不是說「獨裁者」賽局實驗的參與者不是在特定「環境背景」下行為，他們的確是在特定「環境背景」下行為，只不過，實驗室的環境背景是人為的。誠如學者皮爾斯

（A. H. Pierce）在一個多世紀以前所寫的研究心得：「實驗室的實驗能夠把一個人變成『無知覺的機器人』，展現願意以任何可能方式幫助實驗研究者的十足意願，讓他看到他最想看到的結果。」精神病學家馬丁・歐爾尼（Martin Orne）也提出警告，實驗室鼓勵所謂的「被迫合作」（forced cooperation）：「一位受敬重的研究實驗者，可以用『這是實驗』這句有如具魔力的話，理直氣壯地對實驗對象提出近乎任何的要求。」

歐爾尼的這個觀點，係源自至少兩項相當引人注目的實驗室實驗。在一九六一年至一九六二年間，耶魯大學心理學家史丹利・米爾格蘭（Stanley Milgram）想了解，為何納粹軍官會服從他們的長官指示，執行殘酷的行動。米爾格蘭進行一項實驗，要求自願參與者依照他的指示，對另一群實驗對象執行一連串愈來愈痛苦的電擊（至少，那些執行電擊的實驗參與者以為那些電擊很痛苦，但事實上，那群被電擊者是配合演出的實驗研究夥伴，電擊過程並未真的通上電流）。一九七一年，史丹佛大學的心理學家菲利普・辛巴杜（Philip Zimbardo）進行一項「監獄實驗」，他讓一些自願參與實驗者扮演獄卒，其他自願參與者扮演囚犯，但由於扮演獄卒的實驗對象展現愈來愈殘酷的行為，使得辛巴杜被迫中止這項實驗。

試想，連米爾格蘭和辛巴杜所做的那些實驗，都能使自願者順從地執行殘酷與受苦的行為，更何況在「把幾元從一名大學生手上轉給另一名學生」這種無害的「獨裁者」賽局實驗主題下，那些進行此實驗的知名學者當然能如同李斯特所言的：「誘發實驗對象展現出他們想要看到的施予行為。」

只要有效誘因，人的善惡都能被操縱

當你像經濟學家李斯特這樣檢視真實世界時，你會發現，許多看似利他的行為，似乎不是真的那麼利他。

當你捐獻一百元給本地的公共電台時，表面上看來，這似乎是利他行為，但你可以因此獲得一年的免費收聽（幸運的話，你還可能獲得一只帆布購物袋）。論平均每國民慈善捐獻額，美國人居世界之冠，但美國的稅法也對那些捐獻提供了最慷慨的扣減。

大多數的施予，其實是經濟學家所謂的「非純粹利他」（impure altruism），或「榮耀性利他」（warm-glow altruism）；你施予他人，並非只是因為你想幫助他們，也因為這樣的行為使你看起來有善心，或使你有好的感覺，或減少你的不安感覺。

以乞丐為例，蓋瑞．貝克曾在一篇論文中指出，大多數施捨錢給乞丐的人之所以這麼做，是因為「乞丐的可憐外貌或動人懇求，使他們覺得不安或內疚。」這也是為何人們經常過街以避開乞丐，但鮮少為了碰上乞丐而過街的原因。

至於美國基於堅信，人類利他傾向將可以滿足器官需求而訂定的器官捐贈政策呢？該政策運作得如何？

唉，這政策不是很有成效。美國目前有八萬人在等候一顆新的腎臟，但今年只進行了約一萬六千件腎臟移植手術，這樣的供需落差逐年擴大，在過去二十年，已有超過五萬名等候者死亡，至少一萬三千人因為病情惡化到已不能接受移植手術，而從等候名單上剔除。

若真能仰賴利他行為的話，就應該有穩定的捐贈者供給可以滿足腎臟需求，但事實顯然不是如此。這使得部分人士（不意外地，包括蓋瑞．貝克在內）出面呼籲，建立一個健全管理的人類器官市場，對願意捐出器官的人提供現金、大學獎學金、稅賦寬減，或其他形式的報償。截至目前為止，此提議引起廣泛的抵制，似乎無法獲得政治上的支持。

另一方面，讓我們回顧伊朗在近三十年前建立的一個類似市場。雖然這個市場有其缺陷，但在伊朗，任何需要腎臟的人不需要再排隊等候，可移植的腎臟需求已經獲得充分滿足。一般美國人可能不認為伊朗是世上思想最進步的國家，但它是唯一認知到利他行為能成就什麼及不能成就什麼的國家，這一點絕對使它有資格贏得一些稱讚。

若要說李斯特的研究證明了什麼，那應該是我們錯問了一個問題：「人類天生有利他傾向嗎？」人無善惡之別，人就是人，他們對誘因做出反應，若你能找到正確的手段，幾乎都能操縱他們，不論是善良或邪惡的操縱。

所以，人類既能展現慷慨行為，也能展現自私行為，甚至展現英勇行為嗎？沒錯。人類也能展現冷漠無情的行為嗎？沒錯。

想想那目睹吉諾維斯被殘忍殺害的三十八個人，此事件令人極感困惑的是，從安全無虞的住家打電話報警，這是多麼不費力的利他行為啊！正因如此，「那些人怎麼能夠展現這麼可怕的行為」這個問題，才會徘徊這麼多年。

但或許我們該問一個更好的問題：他們的行為真的這麼可怕嗎？

吉諾維斯小姐故事的真相❼？

幾乎所有關於吉諾維斯凶殺案的文章或論述，其基礎都是《紐約時報》那篇引發憤慨的報導，這篇報導在凶殺案發生兩週後才刊登，其構思發生於兩位男士共進午餐之時，一位是該報的都會版編輯羅森塔爾（A.M. Rosenthal），另一位是該市的警察局長麥克・莫菲（Michael Joseph Murphy）。

殺害吉諾維斯的凶手摩斯里已經被捕，並且坦承犯罪，這事件並不是大新聞，尤其在《紐約時報》上，它只是發生於皇后區的一樁凶殺案，並不是報紙會給予太多報導篇幅的事件。

不過，奇怪的是，摩斯里也坦承，另一樁警方已經逮捕一名嫌犯的謀殺案，凶手其實是他。

在午餐中，羅森塔爾詢問莫菲：「那他承認的另一樁皇后區凶殺案呢？那樁凶殺案到底是什麼情形？」

莫菲並沒有回答這個問題，而是轉移了話題，他說：「那是另一件案子。」然後，他告訴羅森塔爾，有三十八個人目睹凱蒂．吉諾維斯被殺，但沒有人報警。

「三十八個人？」羅森塔爾問。

「對，三十八個人，」莫菲說，「我幹這一行很久了，從沒見過這樣的事。」

羅森塔爾後來寫道：「我當時認定，是這位警察局長誇大了數字。」若果如此，莫菲這麼做或許有其充分動機。同一樁凶殺案，卻有兩個不是共犯的男人被捕，這對警方而言是件難堪的事。此外，吉諾維斯凶殺案既殘忍，整個殺害過程又長，警方可能對目擊者感到憤怒，為何他們不伸援阻止呢？

羅森塔爾儘管心存懷疑，仍然指派馬丁．甘斯柏格（Martin Gansberg）去基伍花園社區進行訪查。甘斯柏格擔任文字編輯很長一段時間，最近剛轉任記者。四天後，《紐約時報》頭版出現報史中最令人難忘的起頭文字之一：

在長達半個小時以上的時間內，皇后區三十八位正派、守法的市民，眼睜睜地看著一名凶手在基伍花園社區三度攻擊追殺一名女子。

對於甘斯柏格這樣一位新上任的記者，以及羅森塔爾這樣一位有抱負的編輯而言，這絕對是轟動之作。〔羅森塔爾後來撰寫《三十八位目擊者》（*Thirty-Eight Witnesses*）一書談論此案，並成為《紐約時報》的總編輯。〕兩位沒什麼名氣的普通新聞工作者，以「公民冷漠」這麼強烈的主題，報導了一件從此影響公共議程達數十年的故事，這可不是常有的事。所以，他們當然有強烈誘因去述說這則故事。

但事實真是如此嗎？

找出六個與事實不符的錯誤

居住於基伍花園社區的六十歲海事律師約瑟夫・迪梅二世（Joseph De May Jr.），也許是回答此問題的最佳人選。迪梅先生有一張寬寬大大的臉，漸漸稀疏的黑髮，淡褐色眼睛，性格親切熱誠。不久前，在一個寒冷清新的週日早上，他帶我們逛了一下基伍花園社區。

行走間，迪梅停在奧斯汀街一間小商店前的人行道上，說：「瞧，第一次的攻擊大約發生在這裡，」接著指向約三十五碼外的一個區域又說，「凱蒂把她的車停放在那邊的火車站停車場。」

自那件凶殺案發生以後，這附近的景象改變不多，建築物、街道、人行道、停車場，都維持在原地，磚砌、維修得很好的摩布瑞公寓，仍然屹立在吉諾維斯遭到第一次攻擊的對街。

迪梅在一九七四年遷居這裡，距離吉諾維斯凶殺案已過十年，他並沒有花太多心思在這事件上。幾年前，身為當地歷史學會會員的他，為基伍花園社區建立了一個專門網站。過了一段時日，他覺得應該在網站上增加一個區塊談吉諾維斯凶殺案，因為這是外界知道基伍花園社區的唯一原因。

在蒐集老相片及新聞剪報的過程中，迪梅開始發現和官方的吉諾維斯凶殺案歷史紀錄不符之處，他愈加投入地試圖重建此案，追查法律檔案和訪談老居民，就愈加相信那「三十八位冷漠的目擊者」傳奇故事是……嗯，有點太過傳奇了。迪梅展現律師作風，仔細剖析《紐約時報》的報導，光是在第一段，就找出了六個與事實不符的錯誤。

在傳說的故事中，三十八個人「在他們的窗邊津津有味地看著攻擊者三度瘋狂凶殘地刺殺一個女人，」但「在整個攻擊過程中，沒有一個人打電話報警。」

根據迪梅的訪查，實際情節比較像以下的描述：

第一次攻擊約發生在凌晨三點二十分，大多數人已經入眠，當摩斯里從背後刺殺時，吉諾維斯大聲呼救，吵醒了摩布瑞公寓的一些住戶，他們衝到窗邊。

人行道很昏暗，那些人大概難以看清楚到底發生了什麼事，摩斯里後來也在法庭上陳述：「那時是深夜，我很確定沒有人能從窗戶看清楚。」當時，在窗邊的人能看到的，大概是地上站著一個男人和一個女人。

至少有一名摩布瑞公寓男性住戶從窗戶向外喊叫：「放了那女孩！」這使得摩斯里跑回他停放在一個街區外的車上。摩斯里後來在法庭上陳述：「我看到她爬了起來，沒有死。」他說他以倒車方式開走，以便遮掩他的車牌。

吉諾維斯蹣跚地拖著腳步，慢慢地朝她居住的公寓後方入口走去，但還未走到，就倒在旁邊一棟公寓的門廳裡。

大約離第一次攻擊的十分鐘後，摩斯里返回，他如何在黑暗中找到吉諾維斯，這一點並不清楚，可能是循著她一路留下的血跡。在門廳裡，他再次攻擊她，然後逃逸，未再返回。

跟大多數犯罪報導一樣（尤其是在那個年代），《紐約時報》的那篇報導也高度仰賴警方提供的資訊，一開始，警方說摩斯里總共攻擊吉諾維斯三次，因此那篇報導便這麼寫。但實際上，只有兩次攻擊。（警方後來更正了，但是跟後文陳述的「電話」情節一樣，這個錯誤一直流傳著。）

所以，第一次攻擊很短暫，發生在深夜昏暗的人行道上；十多分鐘後出現第二次攻擊，發生在門廳裡，任何可能看到第一次攻擊的人，無法看到門廳裡的第二次攻擊。

那麼，誰是那「三十八位目擊者」呢？

這個數字也是由警方提供的，顯然非常誇大。「我們只找到六、七名可用的目擊者，」

一名檢察官事後回憶。根據迪梅的訪查，這其中包括一名可能目擊第二次攻擊部分情節的鄰居，但這名鄰居當時喝得太醉了，不願意打電話報警。

儘管如此，我們仍要疑惑：就算這件凶殺案不是在數十名鄰居清楚目睹下發生的血腥、冗長景象，為何就是沒人打電話報警求救？

就連這部分的傳說也可能有誤。當迪梅的網站開張後，出現一位名叫麥克・霍夫曼（Mike Hoffman）的讀者，在吉諾維斯凶殺案發生當時，他只有十五歲，住在摩布瑞公寓的二樓。

霍夫曼回憶，他被街上的騷動吵醒，打開臥房窗戶，仍然聽不清楚街上的人說什麼，他想可能是情侶爭吵。當時，在生氣多過擔心不安之下，他向那兩人喊道：「閉上你們的臭嘴！」

霍夫曼說，他聽到其他人的喊叫，當他從窗戶向外望時，看到一個男人跑走，為了繼續看那男人，他移到房間的另一扇窗戶邊，但那傢伙消失在黑暗中。霍夫曼回到第一扇窗戶邊，看到一個女人搖搖晃晃地走在人行道上，「就在此時，我爹進來我房間，罵我為何大聲喊叫，把他吵醒。」

霍夫曼把經過告訴他父親：「那傢伙剛剛痛打一位女士，然後跑走了！」霍夫曼和他父親一起在窗邊看著那名女子在街角極困難地拖著腳步行走，接著，四下靜悄悄，「我爸擔心她受傷嚴重，需要送醫，於是打電話給警方，」霍夫曼說，「在當年，沒有『九一一』

報案專線，我們必須撥打給電信公司總機，等候轉接警方總機。過了好幾分鐘，電話才轉到警察手上，我父親敘述我們聽到和看到的情形，並說那名女子雖走開了，但看起來搖搖晃晃。那時，我們未再聽到或看到任何什麼，便回床睡了。」

等到第二天早上，霍夫曼才得知發生什麼事。「探員訪談我們，我們才得知，她走到對街建築的後方，那傢伙再回來結束了她的生命，」霍夫曼說，「我記得我父親告訴那些警探，若我們打電話通報時，他們前來查看的話，她現在大概還活著。」

霍夫曼認為，警方當時沒有迅速反應，是因為他父親在電話上把情形描述成看起來已經結束的家庭糾紛，而不是正在發生中的一樁凶殺案。攻擊者當時已經逃走，受害人又靠著自己的力量搖搖晃晃地走開了，這麼一通迫切性不高的電話，「警察不會放下手上的甜甜圈，像接到凶殺報案電話般地快速出動，」霍夫曼說。

警方承認，在發生於門廳的第二次攻擊後，確實有人打電話報警，他們很快就抵達現場。但霍夫曼認為，警方的出動可能是因為他父親打的那通電話；又或者，打給警方的電話並非只有一通，迪梅聽到摩布瑞公寓的其他住戶聲稱，他們在第一次攻擊發生後就有打電話報警。

霍夫曼對當年事件的記憶是否可靠，這很難說（但他確實對他的回憶敘述寫了一份宣誓保證，並在上頭簽名）；迪梅所修正的歷史版本是否完全正確，這也很難說。（不過，迪梅倒是指出：不確定數目的『耳擊者』在那晚做出了糟糕反應；還有，他們或許原本可以提供更多幫助的。不過，迪梅也拒絕把自己視為吉諾維斯事件所有情形的絕對正確資訊源頭。）

迪梅和霍夫曼兩人都有誘因去替他們的社區開脫，免於吉諾維斯凶殺案帶來的究責。不過話雖如此，迪梅盡力不當個辯護者，霍夫曼似乎也是個相當正派的目擊者，現年五十多歲的他目前居住於佛羅里達，曾經在紐約市當過二十年警察，當到副中隊長後退休。

你選擇相信哪個版本？

現在，考慮其中牽涉到的各種誘因，以下哪一種版本較令人難以置信：迪梅與霍夫曼的事件版本，抑或傳統版本——當一個男人在殺害一個女人時，整個街坊的人站在周圍觀看，拒絕伸出援手？

在你回答之前，也請你考慮到凶手摩斯里最後被逮捕的情況。那是在吉諾維斯凶殺案的幾天後，大約下午三點，在皇后區的科羅納（Corona）社區，有人目睹摩斯里從班尼斯特（Bannister）的住家搬出一台電視機，放進他自己的車裡。

一名鄰居上前問他在做什麼，摩斯里說他在幫班尼斯特搬家。這名鄰居回到自己家裡，打電話給另一名鄰居，詢問班尼斯特一家人是否真的在搬家。

「絕對沒有，」第二名鄰居說。這人立刻打電話報警，而同一時間，第一名鄰居返回房子外頭，拆解摩斯里汽車上的分電盤蓋。

當摩斯里重返他的汽車，發現車子無法發動時，立刻拔腿就跑，但很快就被一名警察追上逮捕。在偵訊過程中，他直率地承認幾天前的晚上殺害了吉諾維斯。

也就是說，這個因為鄰居未干預伸援而得以成功殺害一名女子、並於日後變得惡名昭彰的男子，最終被捕是因為……鄰居的出面干預！

注解

凱蒂・吉諾維斯和「三十八位目擊者」：

❶這一節和本章最後一節有關吉諾維斯凶殺案的內容，得大大感謝約瑟夫・迪梅二世（Joseph De May Jr.）投入的時間與心力，他在 www.kewgardensstory.com 網站上為這件凶殺案的紀錄證據設立了資料庫。同時感謝在訪談或通訊中提供相關知識的許多人，包括布勞納（Andrew Blauner）、霍夫曼（Mike Hoffman）、吉姆・拉森伯格（Jim Rasenberger）、斯科勒（Charles Skoller）、所羅門（Jim Solomon）、哈洛德（Harold Takooshian）。我們參考了大量書籍與文章對此案的敘述與分析。包括：馬丁・甘斯伯格（Martin Gansberg）的〈三十七人目睹凶殺卻未報警：對皇后區女性遇刺的冷漠衝擊了巡官〉（37 Who Saw Murder Didn't Call the Police : Apathy at Stabbing of Queens Woman Shocks Inspector），《紐約時報》，一九六四年三月二十七日；羅森塔爾（A. M. Rosenthal），《三十八位目擊者：凱蒂・吉諾維斯案例》（*Thirty-Eight Witnesses : The Kitty Genovese Case*）（Melville House，二〇〇八年；最初在一九四六年由McGraw-Hill出版社出版）；艾略特・亞隆森（Elliot Aronson）《社會性動物》（*The Social Animal*，第五版）ed. W.H. Freeman and Co., 1988）；喬・塞克斯頓（Joe Sexton）的〈凱蒂・吉諾維斯案的再評估和其激情〉（Reviving Kitty Genovese Case, and Its Passions），《紐約時報》，一九九五年七月二十五日；葛拉威爾的《引爆趨勢》（Little, Brown，2000）；吉姆・拉森伯格的〈奧斯汀街上的噩夢〉（Nightmare on Austin Street），《美國遺產》（*American Heritage*），二〇〇六年十月；查爾斯・斯科勒的《扭曲的告白》（*Twisted Confessions*）

（Bridgeway Books，2008）；瑞秋・曼寧（Rachel Manning）、馬克・列文（Mark Levine）與艾倫・柯林斯（Alan Collins）的〈凱蒂・吉諾維斯凶殺案和幫忙的社會心理學：三十八名目擊者的寓言〉（The Kitty Genovese Murder and the Social Psychology of Helping：The Parable of the 38 Witnesses），《美國心理學家》（*American Psychologist*）62，no. 6（2007）。

皇后區的天氣狀況由國家氣象局提供。吉諾維斯與猶太人大屠殺：見莫琳・道（Maureen Dowd）的〈凱蒂・吉諾維斯凶殺案發生二十年後，問題依舊存在，為什麼？〉（20 Years After the Murder of Kitty Genovese, the Question Remains：Why?），《紐約時報》，一九八四年三月十二日。道（Dowd）引述賓州州立大學心理系教授夏藍（R. Lance Shotland）的話，他指出「吉諾維斯凶殺案引發社會心理學家對社會行為層面的關注研究程度，大概沒有任何一樁事件可與之相比。」**柯林頓總統針對吉諾維斯案的聲明**出自他在紐約市美國志願隊公共安全論壇（AmeriCorps Public Safety Forum）所做的評論，一九九四年三月十日。

美國的犯罪與電視：

❷ 本節內容主要取材自李維特與根茲科（Matthew Gentzkow）的〈衡量電視對犯罪做報導介紹的影響〉（Measuring the Impact of TV's Introduction on Crime）工作報告。亦可參見根茲科的〈電視與選民投票率〉（Television and Voter Turnout），《經濟學季刊》（*Quarterly Journal of Economics*）121，no. 3（August 2006）；根茲科與夏皮洛（Jesse M. Shapiro）的〈學齡前觀看電視和青少年考試成績：來自科爾曼研究的歷史證據〉（Preschool Television Viewing and Adolescent Test Scores：Historical Evidence from the Coleman Study），《經濟學季刊》

123，no. 1（February 2008）。**監獄擁擠與美國公民自由聯盟ACLU的「實驗」**：見李維特的〈監獄人口規模對犯罪率的影響－來自監獄過度擁擠訴訟的證據〉（The Effect of Prison Population Size on Crime Rates: Evidence from Prison Overcrowding Litigation），《經濟學季刊》11，no. 2（May 1996）。

家族利他主義？：見蓋瑞・貝克的〈家庭中的利他主義和市場中的自私〉（Altruism in the Family and Selfishness in the Marketplace），《經濟》（*Economica*）48，no. 189，新系列（February 1981）；道格拉斯・伯恩罕、安德瑞・舒雷佛與羅倫斯・桑默斯（Lawrence H. Summers）的〈策略性的遺贈動機〉（The Strategic Bequest Motive），《政治經濟學期刊》93, no. 6（December 1985）。

❸ **美國人以慷慨利他聞名**：這些數據取自印第安納大學慈善中心的研究，自一九九六年至二〇〇六年間，美國人的每年慈善捐獻總額從一千三百九十億美元提高到兩千九百五十億美元（皆為經過通膨率調整後的金額），代表占GDP比重從一・七%提高到二・六%。亦請見大衛・萊昂哈特（David Leonhardt）的〈什麼致使人們慷慨給予〉（What Makes People Give），《紐約時報》，二〇〇八年三月九日。更多關於**災難捐款與電視報導**，見菲力普・布朗（Philip H. Brown）與傑西卡・明蒂（Jessica H. Minty）的〈二〇〇四年海嘯後的媒體報導和慈善捐贈〉（Media Coverage and Charitable Giving After the 2004 Tsunami），《南方經濟期刊》（*Southern Economic Journal*）75，no. 1（2008）。

實驗室實驗的價值：**伽利略的加速實驗**記述在他的《關於兩門新科學的對話》（*Dialogue*

Concerning Two New Sciences）翻譯版。亨利・克魯（Henry Crew）與阿方索・德・薩爾維奧（Alfonso de Salvio），一九一四年。**理察・費曼**關於實驗優先性**的觀點**出自他的《費曼物理學講義》（*Lectures on Physics*），馬修・桑茲（Matthew Linzee Sands）編注（Addison-Wesley，1963）。

❹ 電影《A Beautiful Mind》描述的就是納許的故事，這部片在台灣的譯名為《美麗境界》。

最後通牒與獨裁者：第一篇關於最後通牒的論文一般公認是沃納・古斯（Werner Guth）、羅爾夫・斯密特伯格（Rolf Schmittberger）與伯納德・斯沃利（Bernd Schwarze）的〈最後通牒討價還價的實驗分析〉（An Experimental Analysis of Ultimatum Bargaining），《經濟行為與組織期刊》（*Journal of Economic Behavior and Organization*）3，no. 4（1982）。關於這類賽局演變的詳細背景，見李維特與約翰・李斯特（John A. List）的〈測量社會偏好的實驗室實驗所告訴我們現實世界的樣貌〉（What Do Laboratory Experiments Measuring Social Preferences Tell Us About the Real World，Journal of Economic Perspectives），《經濟展望期刊》（*Journal of Economic Perspectives*）21，no. 2（2007）。亦請見：丹尼爾・康納曼（Daniel Kahneman）、傑克・克尼區（Jack L. Knetsch）與理查・塞勒（Richard Thaler）的〈公平作為利潤尋求的約束：市場中的權利〉（Fairness as a Constraint on Profit Seeking：Entitlements in the Market），《美國經濟評論》（*American Economic Review*）76，no. 4（September 1986）；羅伯特・福賽斯（Robert Forsythe）、約耳・霍洛維茲（Joel L. Horowitz）、沙文（N. E. Savin）與馬丁・塞夫頓（Martin Sefton）的〈簡單討價還價實驗中的公平性〉（Fairness in Simple

Bargaining Experiments），《遊戲和經濟行為》（*Games and Economic Behavior*）6，no. 3（May 1994）；柯林・坎麥爾（Colin F. Camere）的《行為博弈論》（*Behavioral Game Theory*）（普林斯頓大學出版社，2003）；還有約翰，李斯特的〈獨裁者遊戲是一個實驗性的加工品〉（Dictator Game Giving Is an Experimental Artifact），工作報告，二〇〇五年。

器官移植：

❺ **第一起成功移植腎臟的案例**是由約瑟夫・莫瑞（Joseph Murray）於一九五四年十二月在波士頓的彼得班布萊罕醫院（Peter Bent Brigham）進行的。記載於尼可拉斯・惕爾尼（Nicholas Tilney）的《移植：從神話到現實》（*Transplant：From Myth to Reality*）（耶魯大學出版社，2003）。**「捐獻騎士」**：見斯泰西・迪克特柯林（Stacy Dickert-Conlin）、托德・埃爾德（Todd Elde）與布萊恩・摩爾（Brian Moore）的〈捐官騎士：摩托車安全帽法減少了器官捐贈？〉（Donorcycles：Do Motorcycle Helmet Laws Reduce Organ Donations?），密西根州立大學工作報告，二〇〇九年。歐洲的**「推定同意」法律**：見阿爾貝托・阿巴迪（Alberto Abadie）與塞巴斯蒂安・蓋伊（Sebastien Gay）的〈推定同意立法對屍體器官捐贈的影響：跨國研究〉（The Impact of Presumed Consent Legislation on Cadaveric Organ Donation：A Cross Country Study），《衛生經濟學期刊》（*Journal of Health Economics*）25，no. 4（July 2006）。**伊朗賣腎計畫**記載於Ahad J. Ghods與Shekoufeh Savaj的〈伊朗有償和受監管的與生命無關的腎捐贈模式〉（Iranian Model of Paid and Regulated Living-Unrelated Kidney Donation），《美國腎臟病學會臨床雜誌》（*Clinical Journal of the American Society of Nephrology*）1（October 2006）；

還有班傑明・希噴（Benjamin E. Hippen）的〈器官銷售與道德煎熬：來自伊朗活腎賣方計畫的經驗〉（Organ Sales and Moral Travails：Lessons from the Living Kidney Vendor Program in Iran），卡托研究機構（Cato Institute），《政策分析》（*Policy Analysis*），no. 614，二〇〇八年三月二十日。**雅各斯醫師與高爾眾議員之間的交談**發生在衛生與環境小組委員會（Subcommittee on Health and the Environment）評估H.R. 4080的聽證會之前，一九八三年十月十七日。

改變大局的約翰・李斯特：

❻ 這一節及接下來幾節的內容，主要取材自本書作者對李斯特進行的訪談，以及他所撰寫的許多論文，其中有一些是和本書作者李維特合撰。這些論文包括：李斯特的〈市場經驗能消除市場異常嗎？〉（Does Market Experience Eliminate Market Anomalies?），《經濟學季刊》（*Quarterly Journal of Economics*）118，no. 1（2003）；格林・哈里森（Glenn Harrison s）與李斯特的〈田野實驗〉（Field Experiments），《經濟文獻期刊》（*Journal of Economic Literature*）42（December 2004）；李斯特的〈獨裁者遊戲是一個實驗性的加工品〉，工作報告，二〇〇五年；李斯特的〈行為主義者接觸市場：衡量實際交易中的社會偏好和聲譽效應〉（The Behavioralist Meets the Market：Measuring Social Preferences and Reputation Effects in Actual Transactions），《政治經濟學期刊》14，no. 1（2006）；李維特與李斯特的〈觀點：實驗室行為在現場的可概化性〉（Viewpoint：On the Generalizability of Lab Behaviour to the Field），《加拿大經濟學期刊》（*Canadian Journal of Economics*）40，no. 2（May 2007）；李維特與李斯特的〈測量社會偏好的實驗室實驗告訴我們現實世界的樣貌〉，《經濟展望期刊》21，no. 2

（2007）；李斯特的〈論解讀獨裁運動〉（On the Interpretation of Giving in Dictator Games），《政治經濟學期刊》115，no. 3（2007）；李斯特與托德・切里（Todd L. Cherry）的〈審視公平在高額分配決策中的作用〉（Examining the Role of Fairness in High Stakes Allocation Decisions），《經濟行為與組織期刊》65，no. 1（2008）；李維特與李斯特的〈經濟人的演變〉（Homo Economicus Evolves），《科學》（*Science*），二〇〇八年二月十五日；李維特、李斯特與大衛・賴利（David Reiley）的〈現場發生的事情保留在現場：專業人員不要在實驗室中使用極小化極大演算法〉（What Happens in the Field Stays in the Field：Professionals Do Not Play Minimax in Laboratory Experiments），《計量經濟學》（*Econometrica*）（2009）；李維特與李斯特的〈經濟學的現場實驗：過去、現在和未來〉（Field Experiments in Economics：The Past, the Present, and the Future），《歐洲經濟評論》，（*European Economic Review*）（2009）。請注意其他研究人員已開始質疑在實驗室看到的利他行為是否屬實驗本身的人為現象；最主要的，參閱尼可拉斯・巴德斯利（Nicholas Bardsley）的〈實驗經濟學與變動的人為性〉（Experimental Economics and the Artificiality of Alteration），《經濟學方法期刊》（*Journal of Economic Methodology*）12，no. 2（2005）。

「只有那些大二生」和「科學行善者」：見羅森塔爾的《行為研究中的加工》（*Artifact in Behavioral Research*）（Academic Press，1969）。**「對贊同的更大需求」**：見理查・多蒂（Richard L. Doty）與柯林・西爾佛索恩（Colin Silverthorne）的〈月經週期對志工行為的影響〉（Influence of Menstrual Cycle on Volunteering Behavior），《自然》（*Nature*），一九七五年。**老闆在洗**

手：見克里斯汀・芒格（Kristen Munger）與謝爾比・哈里斯（Shelby J. Harris）的〈旁觀者對公廁洗手行為的影響〉（Effects of an Observer on Hand Washing in a Public Restroom），《感知和運動技能》（*Perceptual and Motor Skills*）69（1989）。**「誠實箱」**實驗：見梅麗莎・貝特森（Melissa Bateson）、丹尼爾・奈特（Daniel Nettle）與吉伯特・羅伯特（Gilbert Roberts）的〈被觀看的暗示加強了在真實環境中的合作〉（Cues of Being Watched Enhance Cooperation in a Real-World Setting），《生物學報》（*Biology Letters*），二〇〇六年。

此外，必須一提的是，也有不少其他研究者已經開始質疑，在實驗室裡觀察到的利他行為，可能是實驗本身的人為結果。舉例而言，一位年輕的經濟學家阿德里安・索第溫（Adriaan R. Soetevent）在三十間荷蘭教堂進行一項實地實驗。在這些教堂，教徒把他們的捐獻放進一只一排排逐人傳遞的密封袋子裡，索第溫徵得教堂人員同意，對此做了一些改變，他在為期幾個月的一段期間，隨機地以開放式籃子取代密封袋子。索第溫想知道，加入了觀看這項因素，會不會改變捐獻的型態。（在使用開放式籃子時，你可以看到前面的教徒已經捐了多少錢，也可以看到旁邊的信徒捐多少錢。）實驗結果發現，這項因素的確會導致捐獻型態的改變：在使用開放式籃子時，教徒捐獻的錢較多，這其中包括使用硬幣的小額捐獻減少了。不過，有趣的是，當使用開放式籃子一段時間後，這種效果漸漸消退。見索第溫的〈自然情境下給予的匿名性——在三十間教堂的現場實驗〉（Anonymity in Giving in a Natural Context—a Field Experiment in 30 Churches），《公共經濟學期刊》（*Journal of Public Economics*）89（2005）。

「愚蠢的自動機」：見皮爾斯（A. H. Pierce）的〈潛意識再臨〉（The Subconscious Again），

《哲學、心理學和科學方法期刊》（*Journal of Philosophy, Psychology, & Scientific Methods*）5（1908）。**「被迫合作」**：見馬丁・歐爾尼（Martin T. Orne）的〈論社會心理學實驗：特別是需求特徵及其暗示〉（On the Social Psychological Experiment：With Particular Reference to Demand Characteristics and Their Implications），《美國心理學家》（*American Psychologist*）17，no. 10（1962）。**「納粹軍官為何服從」**：見史丹利・米爾格蘭（Stanley Milgram）的〈服從的行為研究〉（Behavioral Study of Obedience），《異常和社會心理學期刊》（*Journal of Abnormal and Social Psychology*）67，no. 4（1963）。**史丹佛監獄實驗**：見克雷格・哈尼（Craig Haney）、柯蒂斯・班克斯（Curtis Banks）與菲利浦・辛巴杜（Philip Zimbardo）的〈模擬監獄中的人際動態〉（Interpersonal Dynamics in a Simulated Prison），《犯罪學和監獄管理學國際學報》（*International Journal of Criminology and Penology*）1（1973）。

「不單純的利他」：美國人是最慷慨的：見〈慈善捐贈的國際比較〉（International Comparisons of Charitable Giving），慈善援助基金會（Charities Aid Foundation）簡報資料，二〇〇六年十一月。至於相對比較強烈的稅務誘因，見大衛・魯德曼（David Roodman）與史考特・史丹德利（Scott Standley）的〈促進發展中國家私人慈善捐贈的稅收政策〉（Tax Policies to Promote Private Charitable Giving in DAC Countries），全球發展中心（Center for Global Development）工作報告，二〇〇六年一月。**「不單純」和「榮耀性」利他**：見詹姆斯・安卓奧尼（James Andreoni）的〈不純利他主義：慈善與李嘉圖等值的應用〉（Giving with Impure Altruism：Applications to Charity and Ricardian Equivalence），《政治經濟學期刊》97

（December 1989）；以及安卓奧尼的〈不純利他主義和捐贈公共物品〉（Impure Altruism and Donations to Public Goods：A Theory of Warm-Glow Giving），《經濟期刊》（*Economic Journal*）100（June 1990）。

乞討的經濟學：見蓋瑞．貝克（Gary S. Becker）的〈配偶與乞丐：愛與同情〉（Spouses and Beggars：Love and Sympathy），收錄於《各有所好》（*Accounting for Tastes*）（哈佛大學出版社，1998）。**器官移植排隊名單**：這個資訊摘錄自美國衛生和公眾服務部（U.S. Department of Health and Human Services）的器官獲取和移植網站（Organ Procurement and Transplant Network）網站，www.optn.org。詳情資料由紐約州立大學水牛城分校的經濟學家朱利歐．埃利亞斯（Julio Jorge Elias）提出。亦請見貝克與埃利亞斯的〈在人體和屍體器官捐贈市場引入激勵措施〉（Introducing Incentives in the Market for Live and Cadaveric Organ Donations），《經濟展望期刊》21，no. 3（Summer 2007）；杜柏納和李維特的〈肉體貿易〉（Flesh Trade），《紐約時報雜誌》，二〇〇六年七月九日。**在伊朗沒有排隊名單**：見班傑明．希噴的〈器官銷售與道德煎熬：來自伊朗活腎賣方計畫的經驗〉，卡托研究機構，《政策分析》，no. 614，二〇〇八年三月二十日。杜柏納的〈在……哪個國家，人體器官合法地買賣？〉（Human Organs for Sale, Legally, in...Which Country?），蘋果橘子經濟學部落格，《紐約時報》，二〇〇八年四月二十九日。

❼ 有關此案的再評估資料來源，參見❶。這一節內容，有很多是取材自本書作者對迪梅及霍夫曼的訪談，並參考羅森塔爾的著作《三十八位目擊者》（*Thirty-Eight Witnesses*）。羅森塔爾離開《紐約

時報》後，本書作者杜伯納曾有機會與他共事。縱使在生命接近尾聲時，羅森塔爾（他在二〇〇六年去世）仍然是強悍的新聞工作者，非常有主見，不容藐視欺弄，或是如某些人所說的，他總是對持相反意見者據理力辯。羅森塔爾在二〇〇四年參加於紐約福特漢姆大學（Fordham University）舉行的一場吉諾維斯凶殺案四十週年座談會，他在會中針對他對此案的投入提出唯一的解釋：「為何吉諾維斯事件引起我如此深的關注？告訴諸位，我有五個姊姊，我是家中最年幼的孩子，我的那些姊姊們是多麼親愛可敬啊，可是，她們當中有一人被謀殺了。在新年前兩天的晚上，年輕的貝絲走范科特蘭公園（Van Cortlandt Park）裡的一條小路回家，一個性變態者從路旁的灌木叢裡竄出，向她暴露性器官。貝絲嚇壞了，立刻拔腿狂跑，在寒冷的冬天裡全身溼透地回到一哩外的家。兩天後，貝絲病倒而去世。我至今仍然思念我們心愛的貝絲，覺得她是被這名罪犯謀殺的，他跟殺害凱蒂‧吉諾維斯的凶手沒有兩樣。」吉諾維斯凶殺案使許多評論者拿出愛德蒙‧柏克（Edmund Burke，譯注：十八世紀愛爾蘭政論家）在兩世紀以前說過的一句名言：「邪惡者獲勝的唯一要件是好人任其橫行。」這句話似乎為吉諾維斯被殺那晚的情形做了最佳總結。不過，《耶魯名言錄》（*The Yale Book of Quotations*）一書的編輯弗瑞德‧夏皮洛（Fred Shapiro）無法從柏克的著作中找到類似這樣的一句話。也就是說，這句名言，以及多數聲稱出自馬克‧吐溫（Mark Twain）和王爾德（Oscar Wilde）的名言，顯然是虛構的，就跟「三十八位目擊者」的故事一樣。

Chapter 4

The Fix Is In — And It's Cheap And Simple

令人驚奇便宜又簡單的解方

人們愛抱怨，尤其是拿現代世界跟以往相較時，總是怨嘆今不如昔。

這類抱怨幾乎都是不實的，不論你能想到的任何層面——福利、犯罪、所得、教育、交通、工作者安全、健康，二十一世紀遠比以往任何時代更善待一般人。

生小孩得賭上性命

以分娩為例，在工業化國家，母親在分娩過程中的死亡率，如今是平均十萬次分娩只有九位母親死亡；在一百年前，母親分娩死亡率比現在高出五十倍。

產褥熱是分娩時面臨的最大威脅之一，往往導致母親和小孩死亡。在一八四〇年代，歐洲一些最好的醫院——例如倫敦綜合產科醫院（London General Lying-in Hospital）、巴黎產科醫院（Paris Maternité）、德勒斯登產科醫院（Dresden Maternity Hospital），全都為產褥熱苦惱，婦女往往健健康康地抵達醫院生產，但產後不久就感染高燒而死亡。

當時，情況最糟糕的醫院應該是維也納的綜合醫院（Allgemeine Krankenhaus），在一八四一年至一八四六年間，這家醫院的醫生總計接生兩萬多名嬰兒，有近兩千名母親死亡，相當於平均每十位母親中就有一人死亡。到了一八四七年，情況更加惡化，平均每六位母親就有一人死於產褥熱。

給醫生接生要比給產婆接生危險

出生於匈牙利的年輕醫生艾格納茲・西梅爾魏斯❶（Ignatz Semmelweis），在這一年成為維也納綜合醫院產科主任的助理，他是個善感的人，非常能同情理解他人的痛苦。這麼多母親死於產褥熱，令他非常難過，決心遏阻這種情形。

跟其他善感的不同在於，西梅爾魏斯能夠把情緒擱置一邊，專注於事實、已知及未知。他的第一件聰明事是認知到，醫生們完全搞不清楚是什麼原因導致產褥熱，他們可能嘴巴上說他們知道原因，但如此高的死亡率顯示，他們根本不知道原因。他們檢視產婦發燒的可疑原因，得出了幾項胡亂荒唐的猜測：

■ 懷孕初期的錯誤行為，例如穿著太緊的襯裙束縛，再加上子宮的重量，致使糞便停留在腸內，腐敗的細微部分流到血液裡；

■空氣、瘴氣……，或是因母奶新陳代謝、惡露未排出、宇宙—地球運行影響、個人體質等所引起；
■產房裡的空氣汙濁；
■男性醫生的現身，或許傷及臨盆母親的矜持，導致病理變化；
■受到風寒、飲食錯誤、母親產後太早下產台走回病房。

值得一提的是，被究責的往往是婦女，這可能跟那個年代的所有醫生都是男性有關。雖然在今天看來，十九世紀的醫術可能嫌粗糙，但在那個年代，醫生的智慧與權威被當成神一般地崇敬，然而產褥熱對此提出了惱人的否定：在自家中由產婆接生的婦女（這在當時仍是很常見的事），她們得產褥熱的機率，比在醫院分娩而得產褥熱的機率低了至少六十倍！

在現代化醫院裡由受過最佳訓練的醫生接生，其危險性怎麼會高於在家中凹凸不平的床墊上由村莊產婆接生呢？

為解開這個謎，西梅爾魏斯變成一名資料偵探，他蒐集自家醫院的產婦死亡率統計資料，發現了一個怪異型態。這家醫院有兩間區分開來的產房，一間由男醫生和練習生負責接生，另一間由女性助產士和練習生負責接生，這兩間產房的產婦死亡率有極大差距，如表4-1所示。

表4-1　給男性醫生接生死亡率高

	醫生的產房			助產士的產房		
年分	生育	死亡	死亡率	生育	死亡	死亡率
1841	3,036	237	7.8%	2,442	86	3.5%
1842	3,287	518	15.8%	2,659	202	7.6%
1843	3,060	274	9.0%	2,739	164	6.0%
1844	3,157	260	8.2%	2,956	68	2.3%
1845	3,492	241	6.9%	3,241	66	2.0%
1846	4,010	459	11.4%	3,754	105	2.8%
總計	20,042	1989		17,791	691	
	平均死亡率		9.9%			3.9%

為什麼醫生產房的產婦死亡率，是助產士產房的兩倍有餘呢？

西梅爾魏斯懷疑，是不是在醫生產房分娩的產婦身體比較差，或是有其他特別安排？

不，不可能，醫院以二十四小時循環方式輪流指派產房給產婦，視她們在一週的哪一天抵達醫院而定。產婦都是在生孩子的時間來臨時才來到醫院，不是挑選她們方便那一天來分娩。這種指派方式並不像隨機抽樣的控制實驗那般嚴謹，但就西梅爾魏斯的研究目的而言，這已足以顯示，死亡率的差異性並不是產婦差異性所導致。

那麼，也許前述胡亂猜測中的一項是正確原因：在女性這麼拘泥的生產過程中，男性醫生的現身奧祕地導致產婦死亡？

西梅爾魏斯認為，不太可能是這個原因。在檢視了兩間產房的新生兒死亡率後，他又發現了醫生產房的新生兒死亡率，遠高於助產士產房：七．六％比三．七％。此外，男嬰和女嬰的死亡率並無差異。西梅爾魏斯指出，新生兒不太可能被接生的男性醫生冒犯，因此沒有理由懷疑，由男性醫生接生會冒犯產婦而導致她們死亡。

還有一種理論指出，進入醫生產房的產婦先前已經聽說了高死亡率，故而太害怕，以致感染疾病。西梅爾魏斯也不相信這種解釋，他表示：「我們可以推測，許多參與過傷亡慘重戰役的士兵，必然也害怕死亡，但這些士兵並沒有感染產褥熱啊。」

不，必然有其他特殊原因導致醫生產房的產褥熱感染率特別高。

至此，西梅爾魏斯已經確立了部分事實：

- 就連在街上生下小孩後被送到醫院的最窮苦婦女，也沒有得到產褥熱。
- 分娩歷時超過二十四小時的產婦，幾乎全都感染產褥熱。
- 醫生並未被產婦或新生兒感染到產褥熱，因此幾乎可以確定產褥熱不具傳染性。

但是，他仍然困惑不解。「所有因素都考慮過了，所有因素都無法解釋，」他寫道，「唯有大量死亡是無疑的事實。」

手洗不乾淨害了一條命

在一樁悲劇的餘波中——西梅爾魏斯景仰的一位年長教授，在一樁不幸意外事故後突然去世，讓他終於找到答案。這位教授帶領一名學生進行解剖，這名學生的解剖刀不小心滑開，割傷了教授的手指。西梅爾魏斯觀察到，這位教授死前承受的病痛——雙邊肋膜炎、心包炎、腹膜炎和腦膜炎，跟許多死亡的產婦所罹患的疾病相同。

這位教授的死因很清楚，西梅爾魏斯寫道：「他死於『屍屑』進入他的血管系統裡。」那麼，那些垂死的產婦，她們的血液裡是不是也有這樣的微屑粒子呢？

當然是！

那些年，維也納綜合醫院和其他一流教學醫院致力於了解解剖學，最基本的教學工具是屍體解剖。一名醫學院學生要學習描繪疾病的結構，有什麼比讓他的手拿著失敗的器官和讓他對血液、尿液，以及膽汁詳查細究線索還要好的方法呢？在維也納綜合醫院，每一位死亡的病患（包括因產褥熱喪命的婦女）都會直接送往解剖室。

可是，醫生和學生往往從解剖台直接前往產房，充其量只是匆忙草率地清洗他們的雙手。雖然醫界直到一、二十年後才接受細菌論（germ theory，指許多疾病係由活的微生物所導致，而非動物靈氣或汙濁空氣或太緊的束縛所導致），但西梅爾魏斯當時已經了解問題所在：產褥熱的問題出在醫生，他們把「屍屑」從解剖台上的屍體轉移給分娩的產婦。

這解釋了為何醫生產房的死亡率比助產士產房高出這麼多，也解釋了何以在醫生產房分娩的婦女死亡率，高於在家裡或甚至街上生產的婦女死亡率，以及為何分娩時間較長的產婦更容易感染產褥熱：分娩過程愈久，產婦的子宮被一群嘰嘰喳喳的醫生和醫學院學生碰觸的次數更多，而他們的手上仍然沾滿了剛剛在解剖屍體時的殘留物。

西梅爾魏斯後來痛惜悲嘆：「我們當中沒有人知道，我們導致了無數人的死亡。」幸有西梅爾魏斯，這災禍才得終止。他下令醫生和學生在解剖屍體之後，必須以氯化消毒液徹底洗手除菌。這使得醫生產房的死亡率降低至不到一％，在接下來十二個月，因為西梅爾魏斯的干預，挽救了三百位產婦和兩百五十位嬰兒的性命，而這還只是一家醫院的一間產房的數字而已。

產鉗助產法被藏私了多年

在分娩領域，還有一個明顯、但苦樂參半的例子：產鉗。分娩時，若先出現的不是胎兒的頭部，而是腳或臀部時，胎兒卡在子宮裡的機率很高，會危及母親和小孩的生命。醫生或助產士使用一把簡單的金屬工具——產鉗，就能在子宮裡轉置胎兒，靈巧地把胎兒以頭部先出來的方式拉出，就像從烤箱裡取出烤乳豬一樣。

產鉗雖這麼有用，但並沒有及早挽救更多性命。一般認為，產鉗助產法是在十七世紀由倫敦的產科醫生彼得．錢伯倫（Peter Chamberlen）發明的，這種方法太有效了，錢伯倫把它藏私，只傳授給繼續經營家族醫療事業的兒子和孫子們。直到十八世紀中期，產鉗助產法才推廣開來。

這種技術藏私導致多少代價呢？根據外科醫生暨作家歐徒爾．蓋汪第（Atul Gawade）的說法：「數百萬性命因此喪失。」

高尚的意圖往往適得其反

我們在前文中曾經提到，「始料不及後果定律」是宇宙中最強力的定律之一。舉例而言，政府經常立法意圖保護最脆弱而需要被照顧者，但這些立法卻適得其反地傷害到他們。

以〈美國身心障礙者法案〉（Americans with Disabilities Act）為例，這項立法的目的是要保護殘障工作者免於受到歧視，這是很高尚的意圖，不是嗎？當然。但資料卻清楚顯示，此法案的淨效果是美國殘障者的工作機會減少了。為什麼？在此法案通過後，很多雇主非常擔心他們將無法糾正懲處或開除拙劣的殘障員工，因此他們乾脆一開始就不雇用殘障者。

〈瀕危物種法案〉（Endangered Species Act）也同樣創造了反誘因，很多地主擔心他們的土地變成吸引瀕臨絕種動物，或被考慮納入此類別動物的棲息地，於是趕忙砍掉樹木，以減少其吸引力。近年來，這種做法下的受害者包括赤褐侏鵂鶹（Cactus Ferruginous Pygmy Owl）和紅頂啄木鳥。有些環境經濟學家指出：「〈瀕危物種法案〉不僅未能保護物種，反而危及物種。」

有時候，政治人物嘗試像經濟學家般地思考，使用價格來鼓勵良好行為。舉例而言，近年來，許多政府開始對垃圾收運採取以量計費方式，認為若多收運一袋垃圾，人們得多付費的話，他們就會有減少製造垃圾的誘因。

但是，這種新收費制使得人們有誘因把垃圾袋裝得更滿——這種伎倆如今被全世界各地的垃圾處理公務員稱為「西雅圖重踩」（Seattle Stomp），也有人乾脆把垃圾傾倒在森林裡，例如維吉尼亞州的夏洛特維爾（Charlottesville）就出現這種情形。在德國，垃圾稅規避者把太多廚餘倒入馬桶沖掉，導致大批老鼠入侵汙水道。在愛爾蘭，新的垃圾稅導致在後院燒垃圾的住家激增，不僅對環境有害，也對公共衛生與健康有害：都柏林的聖詹姆斯醫院（St. James's Hospital）的燒傷患者激增到近三倍，因為很多人在燒垃圾時不慎燒傷自己。

意圖良善的立法引發反效果的情形，已經存在了數千年。《聖經》裡有一條猶太教教規要求，債主在安息年或第七年赦免所有債務。對借款人而言，這種單邊免除債務的教規真是再好不過了，因為不履行償債義務的懲罰很嚴重，債主甚至可以把債務人的小孩帶去當奴隸。

但是，若你是債權人，你對赦免債務的教規可就有不同看法了。若某位草鞋編製者可以在第七年撕掉借據，你幹麼要借錢給他呢？

所以，債權人便拐彎抹角地規避此制度，他們在安息年過後才提供貸款，在第五及第六年則是把錢袋口的繩索綁緊。這導致循環性信用緊縮，遭殃的是這條教規原本意圖幫助的那些人。

不過，細數始料不及後果史，恐怕鮮有例子比得過西梅爾魏斯醫生的發現：醫生為尋找救命知識，解剖數以千計的屍體，進而導致數以千計的人喪命。

當然，令人振奮的是，西梅爾魏斯的資料推論找到了終結禍源的方法。但我們的更大重點（也是本章的重點）是：西梅爾魏斯的解方極簡單、極便宜——醫生在洗手時，灑一點漂白粉。在繁榮富足的世界，簡單便宜的解方有時遭到不合理的批評責難，我們想為它們提出辯護。

這個世界靠硝酸氨在養

簡單便宜解方最令人驚奇之處是，它們往往解決了任何其他解方似乎都行不通的問題。在束手無策之下，總是有一位西梅爾魏斯或一隊的西梅爾魏斯出現，成功救援。歷史中充滿這種例子。

在紀元開始之初，只不過兩千年前，地球上的人口大約是兩億，到了西元一〇〇〇年，人口只增加到約三億，即使到了一七五〇年，也只有八億人口。饑荒是恆常存在的憂慮，搞經濟的專家說，地球無法負荷更多的人口成長了，一名歷史學家在著作中指出，在那個年代，英格蘭的人口不斷減少：「基本上是因為農業無法應付餵飽更多人的壓力。」

後來出現了農業革命，出現了許多創新，沒有任何一項創新是特別複雜的東西，這其中包括產量更高的農作物、更好的工具、更有效使用資本等，這些創新改變了農業，進而改變了地球的面貌。在十八世紀後期的美國，「平均每二十位工作者中必須有十九人務農，才能使這個國家的居民獲得糧食，並有餘糧可供出口，」經濟學家米爾頓・傅利曼（Milton Friedman）在其一九七九年出版的著作《選擇的自由》（*Free to Choose*）中如此寫道：「兩百年後，平均每二十位工作者中只須一人務農，就能夠供應更多人口的糧食，並使美國成為『世界上最大的食物出口國』。」

農業革命騰出了數千萬人的雙手，這些人轉而提供了工業革命的動力。到了一八五〇年，世界人口已經增加到十三億，一九〇〇年增加到十七億，一九五〇年增加到二十六億。接下來五十年，情況可以用「起飛」來形容，世界人口成長超過一倍，達到六十多億人。若要挑選出促成世界人口如此激增的唯一一顆銀質子彈的話，那鐵定是「硝酸氨」這種超便宜、超有效的農作物肥料；說「硝酸氨」餵飽這個世界，那可是一點也不誇張。農業經濟學家威爾·馬斯特斯（Will Masters）說❷，若硝酸氨在一夜之間消失的話，「世界上大多數人的食物將變成成堆的穀物和塊根類植物，只有富人在特殊日子才吃得到動物類產品和水果。」

石油拯救了鯨魚

或者，來看看鯨魚。人類自古以來就捕殺鯨魚，到了十九世紀，鯨魚成為幫助美國變強壯的經濟引擎。鯨魚的每一平方吋都有用處，因此，牠為快速成長國家提供了「一次購足」的好處：製造油漆和亮光漆、紡織品和皮革、蠟燭與肥皂、衣服等所需的材料，當然還提供了食物（鯨魚的舌頭特別好吃）。講究性感的人尤其喜愛鯨魚，因為牠身體的各部分可用以製造女性束衣褲、項圈、陽傘、香水、髮刷、織品紅色染料（用鯨魚的糞便製成的）。最有價值的是鯨油，為各式各樣的機械提供潤滑劑，但最重要的用途是作為油燈的燃料，作家艾力克·朵林（Eric Jay Dolin）在著作《海中巨獸：美國的鯨魚史》（*Leviathan*）中如此形容：「美國的鯨油照亮整個世界。」

十九世紀，全世界有九百艘捕鯨船，其中七百三十五艘是美國人的，它們在四大洋捕鯨。在一八三五年到一八七二年間，這些捕鯨船總計捕獲近三十萬頭鯨魚，平均一年捕獲七千七百頭。在豐收的一年當中，總計可取得的鯨油和鯨鬚（鯨魚那像骨一般的「牙齒」）價值超過一千萬美元，相當於今天幣值約兩億美元。捕鯨是危險艱辛的工作，卻是美國排名第五大的產業，雇員達七萬人。

後來，原本看似無窮盡的這項資源突然趨於耗盡，但其實事後回顧，這是相當顯然之事。太多的捕鯨船追捕太少的鯨魚，曾幾何時一艘船一年只須出海一次，就能滿載鯨油而歸，如今卻得一年出海四趟。隨之而來的是鯨油價格飆漲，美國經濟為之動搖，在今天，這樣的產業大概會被視為「太大而不能倒」，但在當時，捕鯨業搖搖欲墜，連帶使得整個美國的經濟受到嚴重衝擊。

就在這個時候，一位名叫愛德溫．德瑞克（Edwin L. Drake）的退休鐵路從業員，在賓州提特斯維爾鎮（Titusville）使用蒸汽引擎鑽穿七十米深的頁岩和岩床，發現了石油，未來就這麼浮出了地表。有這麼多的能源埋在國內地底下等著被抽上來，幹麼還要冒著生命和被截肢的危險，繞著地球去追捕海中的巨獸呢？

石油並不是便宜簡單的解方，但跟鯨魚一樣，用途極為廣泛，可以用來當燈油、潤滑劑、汽車與家庭暖氣的燃料，也可以提煉製成塑膠，甚至尼龍襪。新興的石油產業也為失業的捕鯨者提供大量的就業機會，還有一項附帶好處，那就是作為〈瀕危物種法案〉的起源，拯救鯨魚免於近乎滅絕。

疫苗征服了小兒麻痺症

到了二十世紀初期，絕大多數傳染病——天花、肺結核、白喉等，都已經被有效克制，但小兒麻痺症拒絕投降。

在當時，很難找到比小兒麻痺症更嚇人的疾病，歷史學家大衛．奧辛斯基（David M. Oshinsky）在其贏得普立茲獎的著作《小兒麻痺症：一個美國的故事》（*Polio: An American Story*）中寫道：「這是一種小孩罹患的疾病，（當時）沒有預防方法，沒有治療方法，任何地方的每一個小孩都有罹患的危險，這意味著做父母的陷入極度恐慌。」

小兒麻痺症也是一個難解之謎，夏季是高峰期，原因不詳。（在一個典型的錯誤關聯性和因果關係例子中，部分研究人員懷疑，夏季食用量大增的冰淇淋是引發小兒麻痺症的原因。）一開始，醫界與人們以為只有貧民窟的移民孩童才會罹患這種疾病，尤其是男孩，但女孩也感染，市郊有錢人的小孩也感染，就連出身富有家庭、三十九歲的富蘭克林．羅斯福（Franklin Delano Roosevelt），也感染了這種疾病。

每一回爆發小兒麻痺症流行時，總會引發新一波的隔離與恐慌，父母不讓小孩跟朋友接觸，不讓他們靠近游泳池、公園和圖書館。一九一六年，空前嚴重的小兒麻痺症流行侵襲紐約市，在八千九百件通報病例中，有兩千四百人死亡，絕大多數是五歲以下的小孩。這種疾病繼續肆虐，一九五二年又爆發更嚴重的流行，全美有五萬七千件通報病例，其中三千人死亡，兩萬一千人得到永久性麻痺。

小兒麻痺症的倖存者境況只比喪命者稍好一點，部分受害者的腿失去功能，且終身承受苦痛；那些呼吸麻痺者日後實際上是活在一具「鐵肺」裡，由一個巨大的箱子代替他們失去功能的胸部肌肉。隨著存活下來的小兒麻痺症受害者人數增加，他們的醫療照護成本也龐大驚人，「在全美有健康保險的家庭不到一〇%的那個年代，家裡有一個小兒麻痺症患者的醫療照護費用（一年約九百美元）實際上超過了美國家庭的平均年薪（八百七十五美元），」奧辛斯基寫道。

此時的美國已經是世上最強大的國家，打贏了兩次世界大戰，有著耀眼光明的前景，但可以合理地憂心這種疾病將會耗用未來醫療照護經費的一大比例，嚴重削弱這個國家的國力。

後來，一種疫苗被研發出來（其實是多種疫苗），小兒麻痺症被有效鎮壓。將這種疫苗稱為「簡單」的解方，似乎貶低了幫助遏阻這種疾病的所有人堅持不懈的努力，包括：醫療研究人員，為首的是喬納斯・沙克（Jonas Salk）和艾伯特・沙賓（Albert Sabin）；募集資金的志工「一角行動」（March of Dimes，奧辛斯基指出，這是當時美國有史以來最大的慈善組織）；還有非人類的犧牲殉難者（數以千計的猴子被進口到美國，用於疫苗實驗）。

另一方面，沒有比疫苗更簡單的醫療解方了。我們不妨看看我們用以征服疾病的兩種主要途徑，第一種途徑是發明一種療法或技術（例如開心手術），在問題出現時，幫助解決，但這類療法多半很昂貴。第二種途徑是研發出可以阻止問題發生的藥物，長期而言，這類藥物多半非常便宜。醫療研究人員曾經估計，若當年未研發出小兒麻痺症疫苗的話，美國現在將照料至少二十五萬名小兒麻痺症長期病患，每年成本至少三百億美元，這還不包括痛苦與死亡，以及轉移害怕的無形成本。

小兒麻痺症是個突出的例子，但醫界還有無數既便宜又簡單的醫療解方。新的潰瘍藥品使手術率降低約六〇％，後來研發出的更便宜潰瘍藥，替潰瘍病患一年省下約八億美元。在醫界開始使用鋰鹽治療躁鬱症後的頭二十五年，節省了近一千五百億美元的住院治療成本。就連在供水中添加氟化物，這麼簡單的解方也促成每年節省約一百億美元的牙科費用。

如前所述，在過去數十年，心臟病致死人數顯著減少，這一定是歸功於心臟移植、血管修復術、冠狀動脈支架之類的昂貴治療，對吧？

不對。這類治療其實對心臟病致死人數顯著減少的貢獻度不高。死於心臟病人數的減少中，有一半歸功於風險因素的減少，例如高膽固醇和高血壓，這兩者都是以較不昂貴的藥物來治療。剩下一半的心臟病死亡人數減少，有大部分得歸功於非常廉價的治療，例如阿斯匹靈、肝磷脂、ACE抑制劑、β受體阻滯藥。

安全座椅的錯誤安全感

到了一九五〇年代初期，汽車代步在美國的盛行程度已經極為普遍，大約有四千萬輛汽車在路上跑。但是，在一九五二年一月舉行的全美汽車經銷商公會第三十五屆年會上，固力奇輪胎公司（BF Goodrich）的一位副總提出汽車業榮景期可能結束的警告，他說：「若車禍死亡率繼續攀升，將有許多人不再開車，進而嚴重衝擊汽車業。」

在一九五〇年，有近四萬人死於交通事故。這數字跟現在差不多，但只看死亡人數，是嚴重的誤導，因為在當年，人們的駕駛哩數遠比現在少得多。一九五〇年的平均每哩死亡率比今天高出五倍。

為何當時的車禍死亡率這麼高呢？質疑的原因很多，包括汽車有缺陷、道路設計不良、駕駛人不小心等，但有關汽車衝撞的技術性部分，所知不多，汽車業本身也沒有花太多工夫去追查。

後來，出現了羅伯特．麥納瑪拉（Robert Strange McNamara）。今天，多數人記得他是越戰期間受到甚多責難的美國國防部長，他之所以受到這麼多抨擊，原因之一是他往往根據統計分析做決策，而不帶情感或政治考量。換言之，他表現得像個經濟學家。

這也難怪，事實上，麥納瑪拉在加州大學柏克萊分校讀的是經濟系，後來又取得哈佛大學企管碩士學位，在會計師事務所工作一年後，返回哈佛商學院任教，成為最年輕的會計學教授。二次大戰爆發，麥納瑪拉自願從軍，他的分析技巧使他進入美國陸軍航空隊的統計控管局。

他的團隊使用資料作為打仗的武器。例如，美國轟炸機從英格蘭起飛前往德國，進行白天突襲任務中途折返率異常高，約為二〇%，飛行員提出種種未能飛到目標區的解釋：電子系統功能失常、無線電斷斷續續、身體不適。但更詳細分析資料後，麥納瑪拉總結認為，這些理由是瞎掰，他說，真正的原因是害怕：「他們知道，他們當中有極多人將陣亡，所以他們找藉口不飛到目標區。」

麥納瑪拉把此結論呈報給一向以強硬作風聞名的指揮官科提斯・李梅（Curtis LeMay），李梅的反應是親自駕駛轟炸機領頭執行轟炸任務，並誓言把任何未完成任務就掉轉回頭的飛行員送交軍法審判。麥納瑪拉說，中途折返率於一夕之間降低。

戰後，福特汽車公司邀請麥納瑪拉和其單位的其他人，把他們的分析技巧帶到汽車業。麥納瑪拉想重返哈佛，但他和太太有龐大的醫療費用要支付，其中包括他和太太兩人都在戰後不久感染小兒麻痺症病毒而住院治療。因此，他決定接受福特汽車公司的工作。在該公司，麥納瑪拉快速升遷，儘管他並不是傳統「懂汽車的傢伙」，一位歷史學家後來寫道：「他吸收了安全性、省油、基本效用之類的新觀念。」

麥納瑪拉特別關切車禍高傷亡率，他詢問懂汽車的傢伙，是什麼原因導致此問題，他們告訴他，可用的統計資料並不多。

當時，康乃爾大學的部分航空研究人員試圖預防飛機事故死亡，於是麥納瑪拉委託他們研究汽車衝撞。這些研究人員進行實驗，用各種不同的材料包覆人的頭蓋骨，在康乃爾大學宿舍，把它們丟下樓梯間。他們發現，人類禁不起撞擊汽車內部使用的堅硬材質。「在衝撞時，汽車駕駛人往往撞上方向盤，」麥納瑪拉說，「乘客受傷往往是因為撞上擋風玻璃、車前側桿或儀表板。」他下令福特的新車款設計出更安全的方向盤，和有裝填墊料的儀表板。

不過他知道，最好的解方也是最簡單的解方。與其擔心車禍時身體猛烈衝撞的乘客的頭部撞上什麼東西，倒不如使他的身體完全不要猛烈衝撞，這不是較好嗎？麥納瑪拉知道，飛機座椅有安全帶，為何汽車不加裝座椅安全帶呢？

「我計算了我們每年可以預防的死亡人數，數字很高，」麥納瑪拉說，「而這基本上不需要花什麼成本，繫安全帶也不會造成多大的痛苦。」

麥納瑪拉要求福特公司使用的所有汽車都加裝座椅安全帶，「我飛去德州視察一間組裝廠，經理開車來機場接我，坐上車後，我繫上安全帶，他說：『怎麼，你不放心我的開車技術嗎？』」麥納瑪拉回憶。

其實，那位經理反映的是公司裡的人對於安全帶的普遍感覺，麥納瑪拉的上司認為安全帶「不方便、花錢、根本是愚蠢無用的東西。」儘管如此，他們還是遵照他的指示，在所有福特新車上加裝安全帶。

麥納瑪拉當然是對的，安全帶最終救了很多人的命，不過，這裡的關鍵字是「最終」。

安全帶讓開車不比坐在家中沙發上危險

聰穎的理性主義者遇上了人性中一個令人沮喪的核心教條：人的行為極難改變。最聰明的工程師、經濟學家、政治家或父母，可能提出一個簡單便宜的問題解方，但若這個解方需要人們改變行為，便可能不會奏效。全世界每天有數十億人做他們知道對自己不好的行為，抽菸、過度賭博、騎摩托車不戴安全帽，明知不好，他們仍然照做。

為什麼？因為他們想做！他們從中獲得樂趣、刺激，或只是為了排解每天的單調無聊。要使他們改變行為，縱使有極理性的論據，也不容易做到。

繫上汽車座椅安全帶也是如此。美國國會在一九六〇年代中期開始制定聯邦安全標準，但即使過了十五年，使用安全帶的人仍然少得可笑：只有一一%。歷經時日，此數字漸漸升高，這得歸功於各種推動力：吃交通罰單的威脅、花費不貲的大眾意識宣導、未繫安全帶時響起煩人的嗶嗶聲和儀表板燈光閃個不停，以及社會終於接受「繫安全帶並非侮辱任何人的駕駛能力」。到了一九八〇年代中期，安全帶使用率提高至二一%，一九九〇年提高到四九%，一九九〇年代中期提高到六一%，如今已超過八〇%。

這是促使美國的平均每哩汽車交通死亡率顯著降低的一大原因，座椅安全帶使車禍死亡風險降低達七〇%，自一九七五年至今，它們已經救了大約二十五萬人的性命。現在，一年之中，車禍仍然奪走四萬多人的性命，但相對而言，開車的危險性已經明顯降低，死亡人數仍如此多，是因為許多美國人花大量時間在他們的車上。美國人每年總計開車約三兆哩，相當於每七千五百萬哩有一人死亡；或者，換個方式說，若你以時速三十哩，每天開車二十四小時，得連續開上兩百八十五年後，才可能在一場車禍中喪命。相較於使用汽車座椅安全帶較不普遍的非洲、亞洲和中東地區許多國家的車禍死亡率，在美國開車的危險性，並不會比你坐在家中沙發上的危險性高出多少。

一副約二十五美元的汽車座椅安全帶，是最具成本效益的救命裝置之一。任何一年，在美國的所有汽車中加裝座椅安全帶，大約花五億美元的成本，等於每條被挽救的生命大約花三萬美元的成本。這跟另一種遠較複雜的安全裝置——安全氣囊相比，哪一種成本較高呢？美國平均每年花在加裝安全氣囊的成本超過四十億美元，等於每條被挽救的生命，大約花一百八十萬美元的安全氣囊成本。

先前以高齡九十三歲去世的麥納瑪拉，在辭世前不久告訴我們，他仍然希望座椅安全帶使用率能達到百分之百。他說：「很多女性往往不使用安全肩帶，因為她們覺得不舒服。安全肩帶的設計並未考量胸部，我想，它們應該可以設計得更舒適些，以提高使用率。」

他對於女性及座椅安全帶的看法，也許正確，也許不正確，但無疑的是，座椅安全帶的設計非常不適宜於另一群人：小孩。

兒童汽車安全座椅到底安不安全？

有時候，地位較卑微是件好事。當一家四口開車出門時，小孩通常被塞到後座，媽媽或爸爸坐前座。小孩不知道自己其實比較幸運：在撞車時，後座遠比前座安全。對成年人而言，更是如此，成年人體格更壯碩，當他們坐前座時，更容易撞上堅硬的東西。但不幸的是，讓地位較卑微的小孩坐後座，雖沒關係，可是若只有父母兩人開車出門，其中一人坐到後面，讓另外一人坐在前面的殉難者座椅，這有點尷尬。

如今，安全帶是所有汽車後座的標準配備，但它們的設計是針對成人，不是小孩。若你想把你的三歲小孩綁住，安全腰帶會太鬆，安全肩帶會壓在他的脖子或鼻子或眉毛上，而不是他的肩上。

所幸，我們生活在一個珍愛及保護小孩的世界，我們找到了一個解方：兒童汽車安全座椅。這個解方是在一九六〇年代推出的，一開始，只有最謹慎警覺的父母使用。因為醫生和交通安全專家的提倡，還有汽車安全座椅製造商的鼓吹，使用者愈來愈多，最後，政府也加入推動行列，在一九七八年至一九八五年間，美國每一州都立法要求，兒童必須坐在符合聯邦汽車衝撞測試標準的汽車安全座椅。

在當年，車禍是美國孩童的最大死因，至今仍是，但死亡率已經顯著降低，大多數人把這主要歸功於汽車安全座椅。

當然，安全不是免費得來的。美國人一年花超過三億美元購買四百萬張汽車安全座椅，一個小孩在成長過程中通常需要三種不同規格的汽車安全座椅：嬰兒得坐面朝後的安全座椅；學步孩童得坐尺寸較大的面朝前安全座椅；年紀大一點的使用防護座椅。此外，若小孩有一、兩個兄弟姊妹，父母可能得購買運動休旅車或小貨車，才能有容納多張汽車安全座椅的寬度。

汽車安全座椅這個解方，也不是像多數人想像的那般簡單。任何一種汽車安全座椅都有綁帶、拴扣、繫帶等，分別由不同的製造商製造，而且必須用汽車本身附加的安全帶固定住，而汽車本身的安全帶結構配置視製造商而有不同，不同車款的汽車後座的形狀輪廓也有差別。再者，汽車本身的座椅安全帶設計是要繫住成人的，不是用來綁一具無生命的大塑膠物體。根據美國國家公路交通安全管理局（National Highway Traffic Safety Administration，簡稱NHTSA）的調查，超過八成的汽車安全座椅安置方式不正確，正因此，才會有那麼多父母前往警察局或消防站求助，也因此，公路交通安全管理局才會對大眾安全相關工作人員，施以為期四天的國家標準化孩童乘客安全訓練，用多達三百四十五頁的手冊，教導汽車安全座椅的正確安置方式。

但是，誰會在意汽車安全座椅既不簡單、也不便宜呢？並非每一種解方都能如我們所期望地那般精簡。警員犧牲四天的工作，去學習熟練這麼有助益的一項安全裝置，這不是很值得嗎？重點在於汽車安全座椅有成效，能救小孩的性命。根據美國國家公路交通安全管理局的研究，它們的確使一到四歲兒童的車禍死亡風險降低了五四％。

好奇的父母大概有一個疑問：這五四％的風險降低，究竟是拿什麼來比較而得出的數字？

在公路交通安全管理局的網站上可以找到答案。該機構的「死亡事故分析報告系統」（Fatality Analysis Reporting System，簡稱FARS）中儲存了大量政府統計分析資料，包含自一九七五年起美國境內所有死亡車禍的警方報告。該系統記錄了所有你能想像得到的變數：車禍車輛的種類和數目、發生車禍時的車速、車禍發生日期、乘客坐的位置、哪些安全裝置受損等。

從資料中可以發現，坐安全座椅的孩童喪命機率，比完全未使用任何安全裝置（繫安全帶、坐安全座椅等）的孩童喪命機率低五四％。這有道理，撞車是很猛烈的衝擊，坐在重金屬車體內快速行駛中突然停止行進時，有很多可怕情形可能發生在人的肉體及骨頭上。

但比起簡單便宜的舊解方（儘管這簡單解方不是針對小孩設計的），這種複雜昂貴的新解方（安全座椅）好多少呢？

安全帶根本幫不了兩歲以下的小孩，因為他們個兒太小了，安全座椅對他們是最實用的安全裝置。不過，年紀較大的小孩呢？美國各州的法律規定不同，然而有許多州強制規定，六或七歲以下的小孩必須坐安全座椅。那麼，安全座椅是否有效保護這些小孩呢？

表4-2　安全帶與安全座椅對兒童的防護似乎沒差別

使用的安全裝置	車禍件數	兒童死亡人數	兒童死亡率
兒童安全座椅	6,835	1,241	18.2%
成人安全帶	9,664	1,750	18.1%

快速檢視FARS裡近三十年的車禍資料，得出了一個驚人結果：就兩歲以上的小孩而言，在涉及至少一人死亡的車禍中，坐安全座椅的小孩死亡率，跟繫安全帶的小孩死亡率幾乎相同（參見表4-2）。

也許是這些原始資料有誤導作用，也許那些坐安全座椅的兒童遭遇到的是較嚴重的車禍，或者，他們的父母有較多是在夜間開車時發生車禍，或是行駛在較危險的路上，或是駕駛的汽車安全性能較差？

不過，就算是對FARS裡的資料進行最嚴謹的計量經濟分析，也得出相同結果。不論是近年或很久以前發生的車禍，大車或小車，單一車輛事故或多輛汽車車禍，都沒有證據顯示，安全座椅比安全帶更能有效挽救兩歲以上小孩的性命。在某些類型的車禍中（例如後方追撞），安全座椅的功效反而較差。

也許，問題出在太多的安全座椅安置方式不正確，如同美國國家公路交通安全管理局所言。（你或許會說，一種已有四十年歷史的安全裝置，至今居然只有兩成的使用者能正確安置，這恐怕稱不上是多優異的安全裝置吧。拿安全座椅作為比較對象，印度男人戴的保險套幾乎都可稱得上是萬無一失了。）有沒有可能是：安全座椅的功效其實極佳，只不過我們沒有學會它的正確使用方式？

為回答這個問題，我們尋找對安全座椅和安全帶進行同時比較的汽車衝撞測試資料。你大概認為不難找到這樣的資料，畢竟每一張賣到市場上的安全座椅，都必須通過衝撞測試，以取得聯邦政府的核准。但事實是，在以孩童個頭的假人進行衝撞測試時，研究人員鮮少進行這種同時比較。所以，我們決定自己進行這樣的測試比較。

測試用的假人不會說謊

構想很簡單：我們委託進行兩件衝撞測試，在第一項測試中，使用一個三歲大個頭的假人坐在安全座椅，以及一個三歲大個頭的假人繫上安全肩帶和安全腰帶。在第二項測試中，使用一個六歲大個頭的假人坐在防護座椅，以及一個六歲大個頭的假人繫上安全肩帶和安全腰帶。兩件測試都是模擬時速三十哩的前方衝撞。

儘管我們願意支付三千美元（嘿，科學不便宜啊），仍然難以找到願意替我們執行測試的衝撞測試實驗室，感覺好像美國每一間這樣的實驗室都讓我們吃閉門羹。終於，最後找到一間實驗室願意收我們的錢，替我們辦事，不過實驗室主任要求，我們不能在書中提到這間實驗室的名稱，因為他怕安全座椅製造商可能因此不再委託他測試案子，這可是他的核心業務。但這位主任說他是「科學迷」，也想知道測試結果。

在飛抵這間實驗室所在地後，我們在玩具反斗城（Toy "R" Us）購買了幾張新的汽車安全座椅，開車來到實驗室。然而，聽了我們要求的測試內容後，值班工程師拒絕參與測試，他說：「這是白痴實驗。」安全座椅的功效當然較佳，而且我們若把他的昂貴假人繫上安全肩帶和安全腰帶，衝擊力可能會把假人撞得四分五裂。

憂心衝撞測試假人的健康，這似乎很奇怪，它們本就是被用來衝撞的，不是嗎？不過，在我們同意萬一繫安全帶的假人受損，我們將賠償實驗室後，那位工程師同意執行測試，嘴裡仍然咕噥抱怨。

實驗室的環境設計，保證會以最適當方式安置安全座椅。安全座椅被綁在舊式板凳形的平直後座（亦即座位之間沒有凹陷的隔溝），執行這項工作的是經驗豐富的衝撞測試工程師，想必他比一般父母更擅長以正確穩固方式安置安全座椅。

從開始到結束，整個測試很嚇人。每一具穿著短褲、T恤、球鞋的孩童假人身上，都拉出了一束纜線，用以度量其頭部和胸部的受損程度。

首先測試的是一對三歲小孩，一個坐在安全座椅上，另一個繫上安全肩帶和安全腰帶。氣動橇運車發出嚇人的猛烈撞擊聲，在當下，你無法看清楚太多情況（不過，我們鬆了一口氣，因為繫上安全帶的假人並沒有四分五裂），但觀看超慢速的影像重播時，你可以看到假人的頭、腿和手臂猛烈前衝，手指在空中揮動，然後頭猛然撞回。接下來進行六歲大假人的測試。

只花幾分鐘，我們就獲得了結果：成人的安全帶全都通過衝撞測試。根據頭部與胸部的受衝擊資料，不論是坐安全座椅的小孩，抑或繫安全帶的小孩，都不可能在此衝撞中受傷。

那麼，舊式的座椅安全帶功效如何呢？

座椅安全帶超越兒童安全座椅應該符合的每一項安全要求標準。試想：若我們把這些假人繫上座椅安全帶的測試結果呈報給聯邦政府，我們的這項「新」產品將很容易通過核准，但其實，這項「新」產品跟麥納瑪拉在一九五〇年代推動的尼龍安全帶幾近相同。既然舊式的座椅安全帶已能達到政府對安全座椅要求的安全標準，那麼，安全座椅製造商推出功效無法勝過安全帶的產品，也就不足為奇了。這或許令人感到可悲，但並不令人意外。

買個心安

你可以想像，我們對汽車安全座椅的評價並不高，這使得我們成為勢單力薄的極少數派。（若我們兩人之中的任何一人沒有小於六歲的小孩，我們很可能早已被貼上「厭惡小孩者」的標籤。）有一種跟我們論點相背而甚具說服力的看法，被稱為「座椅安全帶症候群」（seat-belt syndrome）。一群知名的兒童安全性研究人員警告，汽車衝撞測試中的假人，並沒有感應器度量頸部和腹部受到的傷害，他們以可怕的言詞述說，在急診室裡見到受損的座椅安全帶如何對小孩造成傷害。這些研究人員訪談遭遇車禍小孩的父母以蒐集資料，然後結論指出，防護座椅降低重大傷害的功效，比座椅安全帶高出六〇%。

這些研究人員當中，有許多人是主動關心車禍受傷的小孩。他們當然是立意良善，但論點正確嗎？

訪談父母並不是取得可靠資料的理想方法，原因有很多。父母可能因車禍而精神心理受到創傷，因此錯記車禍細節。父母的陳述未必是事實（研究人員從保險公司的資料庫裡取得這些父母的姓名），若你的小孩在車禍發生當時並未使用任何安全裝置，你可能感受到強大的社會壓力，或是擔心保險公司將因此提高你的保險費率，而感受到財務壓力，於是可能謊稱小孩在車禍發生當時有使用安全裝置。警方的調查報告中將顯示，你的汽車裡是否有孩童安全座椅，因此你無法對此撒謊，但所有汽車後座都有安全帶，所以就算車禍發生當時你的小孩並未繫上安全帶，你仍然可以謊稱他繫了安全帶，任何人很難證明你說謊。

除了訪談父母，有沒有其他資料來源能幫助我們，回答這個關於小孩受傷的重要問題呢？

FARS的資料幫不上忙，因為它只有死亡車禍的資料。不過我們找到另外三個涵蓋所有車禍資訊的資料庫，其中一個是全國性資料庫，另兩個是分別來自紐澤西州和威斯康辛州的資料庫。它們總計包含九百多萬件車禍的資料，威斯康辛州的資料庫特別有用，因為它把每件車禍連結至傷患自醫院出院的資料，使我們能對受害人的受傷程度進行更好的度量。

這些資料的分析結果如何呢？

在防止重傷方面，對於兩歲至六歲孩童，安全肩帶與安全腰帶的功效，跟安全座椅的功效一樣好。但在防止輕傷方面，安全座椅的功效較佳，它們減少受傷的可能性，比座椅安全帶高出二五％。

所以，別把你家的孩童安全座椅丟掉（在全美五十個州，未使用安全座椅是違法的），小孩太珍貴了，因此就算安全座椅只比安全帶多出防止輕傷的小益處，大概仍是值得的投資。還有一項益處是難以計價衡量的：父母的心安。

或者，換個方式來看，這也許是汽車安全座椅的最大成本：使用安全座椅使父母產生錯誤的安全感，認為他們已經盡一切可能保護小孩。這種自滿使我們不再努力尋求更好的解方，也許有另一種更簡單、更便宜、能夠挽救更多性命的解方。

最佳解方從來不是政府追求的

想像你現在從零開始，負責設法確保所有小孩的乘車安全，你真的認為最佳解方是從一種最適合成人的裝置著手，用它來衍生出適合孩童個頭的第二種新裝置嗎？你真的會讓這種新裝置由十幾家不同廠商製造、並期望它適用於具有不同汽車座椅設計的各種車款嗎？

這裡提出一個徹底不同的構想：考慮到有半數的汽車後座乘客是小孩，那麼座椅安全帶是否一開始就應該針對小孩而設計呢？從一個被證實有效的解方（而且這解方恰好既簡單又便宜）著手，修改調整它——例如把它變成可調整式座椅安全帶，或是設計可收摺、可放下的嵌入式座椅（確實有這種設計，但不普遍），而不是仰賴另一種成本更高、更笨重麻煩、但功效又不是很好的解方，這不是比較合理嗎？

然而，情況似乎朝反方向發展。美國各州政府不斷提高可以免用安全座椅的小孩年齡上限，而不是為孩童乘車安全尋找更好的解方，歐盟更進一步要求，小孩必須坐防護座椅直到十二歲。

唉，政府向來不是以尋求便宜或簡單解方聞名，他們往往偏好高成本、麻煩的解決途徑。你可以注意到，本章前文所敘述的例子中，沒有一個是出自政府的腦袋，就連小兒麻痺症疫苗也主要是由一個私人機構——美國小兒麻痺基金會（National Foundation for Infant Paralysis）研發出來的，羅斯福總統個人提供了種子基金（這倒有趣，就連現任總統也選擇由私人部門執行這樣的任務），該基金會繼而募款並進行藥物實驗。

安裝汽車座椅安全帶也不是出自政府的構思，麥納瑪拉認為，加裝安全帶能夠為福特汽車公司帶來競爭優勢。但他完全錯了，福特公司推銷座椅安全帶之路走得很艱辛，因為它似乎提醒顧客，開車是不安全的事。為此，亨利福特二世向一名記者抱怨：「麥納瑪拉推銷安全性，但雪佛蘭（Chevrolet）推銷的是汽車！」

颶風可以不再殺人嗎？

另一方面，有些問題似乎沒有任何解方，不論是簡單或複雜的解方。想想大自然經常帶來的蹂躪，相較之下，交通事故反倒顯得極容易駕馭。

自一九〇〇年至今，全世界已有超過一百三十萬人被颶風（或者，在一些地方，稱為颱風或熱帶氣旋）奪走性命，在美國，這種屠殺比較輕微，大約是兩萬人喪命，但颶風造成的財務損失卻不斷升高，平均每年超過一百億美元。光是二〇〇四年及二〇〇五年，包括卡崔納颶風在內的六個颶風，總計造成美國東南部約一千五百三十億美元的財務損失。

為何近年的損失會如此慘重？有更多人遷居到容易受颶風侵襲的地區（畢竟，住在靠近海邊是快樂宜人之事），其中很多人興建了昂貴的度假屋，使得颶風侵襲時造成的總房產損失增加。諷刺的是，這些屋主中有很多人遷居海邊地區，是因為近幾十年的颶風減少了，或許也因為伴隨颶風的減少，保險費率也明顯降低。

自一九六〇年代中期到一九九〇年代中期，颶風活動受到「大西洋多年代（數十年）

震盪」（Atlantic Multidecadal Oscillation）的抑制，這是六十至八十年期間的長期氣候週期循環，大西洋漸漸降溫，之後再度漸漸增溫。溫度變化並不顯著，只是幾度之差，但足以在低溫年減少颶風的形成，在暖溫年增加颶風的形成，如同我們在近幾年所見到的現象。

從某些層面來看，颶風似乎不是這麼難以解決的問題。颶風不同於其他問題（例如癌症），它的成因相當明確，出沒的地點可預測，就連發生的時間也是已知。大西洋颶風通常出現在八月十五日至十一月十五日之間，以朝西方向走「颶風巷」（Hurricane Alley），這是從非洲西岸延伸經過加勒比海區後，進入美國東南部的一條海上路徑。基本上，颶風是熱引擎，當海洋最上層水溫升高超過一定溫度（華氏八〇度或攝氏二六．七度）時，就會形成龐大的暴風雨，這也是為何它們只在接近夏末時才開始形成的原因，因為太陽已經在夏季的幾個月間使海洋水溫升高了。

儘管颶風有這些可預測性，卻是一場人類似乎已經戰敗的戰役。等到颶風形成時，人類其實已經沒有對抗它的方法，只能逃離。

「冷洋」策略

不過，西雅圖近郊住了一位喜歡動腦筋的傢伙納生（Nathan），他和一些朋友相信，一定有個好方法可以解決颶風問題❸。納生學的是物理，這是個關鍵，因為這意味著他了解促成颶風形成的熱（thermal）性質。颶風並非只是一具熱引擎，而是沒有「停止」開關的熱引擎，一旦開始積聚能量，就無法關閉；而且，它的威力太強大，無法用大型風扇把它吹回海上。

所以，納生和他的朋友（跟納生一樣，大都是某種類型的科學玩家）想設法搶在這股熱能有機會開始積聚之前，使它消散。換言之，就是搶先阻止「颶風巷」海水溫度升高得太暖，而足以形成具有龐大破壞力的颶風。軍隊有時會採取「焦土」（scorched earth）政策，摧毀任何可能對敵人有價值的東西；納生和他的朋友想使用「冷洋」（chilled ocean）策略，阻止敵人摧毀任何有價值的東西。

但你可能想問：這不是在對抗大自然嗎？

「這當然是在對抗大自然，」納生咯咯地笑著說，「瞧你，說得這好像是做壞事似的。」

事實上，若我們沒有對抗大自然，使用硝酸氨來提高農作物收成，本書的許多讀者恐怕現在都不存在；或者，他們至少忙得沒時間閱讀，整天四處尋找可以果腹的植物根莖和莓果。遏阻小兒麻痺症也是對抗大自然的一種形式；築堤防以阻擋颶風帶來的洪水，同樣也是對抗大自然，儘管有時並不管用，例如卡崔納颶風侵襲時的情形。

納生提出的對抗颶風解方太簡單了，連男童軍都可能構想過（至少，聰明的男童軍可能想到過）。這個解方需要的材料，可以在家得寶（Home Depot）買到，甚至在垃圾場裡翻一翻，大概也可以找到。

「這個計謀是設法改變海水的表面溫度，」納生說，「有趣的一點是，海洋的溫水表層很薄，通常不到一百呎，再往下就是極深廣、很冰冷的海水。若你在這些區域裸身潛水，可以感覺到非常大的差異。」

溫水層比下面的冷水層輕，因此才會浮在上層，「所以，我們要做的就是改變溫水層，」納生說。

這是一個令人心癢的謎題，那龐大無盡的冰冷海水就在溫水層下方，卻對消除潛在災難起不了什麼作用。

但納生有個解方，這解方基本上就是「有下襬的輪胎內胎，」他笑著說。也就是一個直徑從三十呎到三百呎左右的大型浮圈，有一個長長的彈性圓柱體附著在內圈上，這浮圈可以使用舊卡車輪胎來製作，投入泡沫混凝土，再以鋼纜線紮牢，而向下延伸至海洋約六百呎深處的圓柱體，可以使用聚乙烯（用以製造購物袋的橡膠）來製作。

「這樣就行了！」納生得意洋洋地歡呼。

這東西如何運作呢？想像這樣一具有下襬的輪胎內胎——一隻巨大古怪的人造水母，飄浮在海上，當暖浪打在其上時，浮筒內的水位上升，直到高於周圍的海洋，「當有水在這樣一個筒子裡升高到高於水平面時，這叫做『水力水頭』（hydraulic head），」納生解釋。

水頭是一股力（force），是由風颳起的浪潮中蘊含的能量所形成的力，這股力將把溫水層的海水下壓至長塑膠圓柱體裡，最終在海洋深處的圓柱體底部湧出。只要浪潮不斷地拍打（海上永遠有浪潮），水頭的水力就會不斷地將溫水層的水推入較冰冷的海水裡，這樣便能使海洋表面的水溫降低。這種過程產生的影響很小、無汙染，而且緩慢——溫水層的水分子大約得花三小時，才能從長塑膠圓柱體底部湧出。

現在，想像在颶風形成的海洋區布上這些巨大的浮筒。納生設想的是，在古巴和猶加敦半島之間，以及美國東南外海布署這樣的「浮桶柵欄」，在南海及澳洲外的珊瑚海也可以這麼做。需要多少個這樣的浮筒呢？視它們的大小而定，也許幾千個浮筒，就能在加勒比海和墨西哥灣阻止颶風形成。

大約花一百美元，就能製作一個這種新玩意兒的簡單版本，不過，把這些浮筒拖運及布署在海上，得花較高的成本。或許可以製作出更耐久、進步的版本，若能遙控的話，可以機動地重新布署到最需要的地方；更聰明的版本，甚至可以藉由改變浮筒吸入溫水的水量，調整降低水溫的速度。

納生設想，最貴的浮筒可能要花十萬美元成本，不過就算以這樣的成本，在全球布署一萬個浮筒，也只要花十億美元，相當於颶風造成美國一年的財產損失金額的十分之一。如同西梅爾魏斯醫生洞察到洗手的重要性，以及數百萬的心臟病患得知阿斯匹靈及施德丁等便宜藥丸的功效，一盎司的預防可能比幾噸的治療更有價值。

人類或許就要能呼風喚雨

納生還不確定這種浮筒能不能發揮功效，他和朋友已經花幾個月的時間進行密集的電腦模擬，很快就能在實際的水中進行測試，但所有跡象顯示，他和他的朋友已經發明出一種颶風殺手。

不過，就算這個發明能夠消除所有的熱帶風暴，這麼做將是不明智之舉，因為暴風雨是自然氣候循環的一部分，為土地帶來非常需要的雨水。這種發明的真正價值是，用來使五級暴風雨冷卻至破壞力較小的暴風雨，「我們也許能操縱熱帶地區的雨季週期，使非洲薩赫勒地區（Sahel）明顯暴雨及乾旱的週期循環變得緩和些，以防止饑荒問題。」納生熱切地說。

這種浮筒或許也可用於改善海洋生態。每到夏季，海洋表層水溫就會升高，導致缺氧及缺乏營養物，形成一個死區。將溫水往下沖，可以把富含氧分的冷水帶到表層，對於改善海洋生命應該有很大的幫助。（在現今各地的外海鑽油平台可以看到相同的作用。）海洋表層在近幾十年間吸收了過多二氧化碳，這種浮筒或許也有助於使部分二氧化碳往下沉。

當然啦，要如何及由誰去布署這些浮筒，仍然是個問題。美國國土安全部（Department of Homeland Security）最近徵求科學家提出減輕颶風的構想，其中包括納生和他的朋友。雖然這類機構鮮少選擇便宜簡單的解方（它們的DNA裡不存在這種成分），但在這個例子中，說不定會出現例外，因為這個便宜簡單解方的潛在益處很龐大，而進行試驗的潛在傷害似乎極微小。

颶風雖危險，但在自然界，隱現的是另一個遠較颶風嚴重的問題：全球暖化。只有像納生及其朋友這類聰明、有創意、不怕簡單解方的思考者，才能對此問題想出些法子……

注解

分娩死亡率：近期的數據，見〈二〇〇五年的孕產婦死亡：由世界衛生組織、聯合國兒童基金會、聯合國人口基金和世界銀行估計〉（Maternal Mortality in 2005：Estimates Developed by WHO, UNICEF, UNFPA, and the World Bank），世界衛生組織，二〇〇七年。過去的死亡率，見厄文・勞登（Irvine Loudon）的〈過去的孕產婦死亡率及其對當今發展中國家的影響〉（Maternal Mortality in the Past and Its Relevance to Developing Countries Today），《美國臨床營養學期刊》（*American Journal of Clinical Nutrition*）72，no. 1（July 2000）。

❶ 多年來，很多人講述過西梅爾魏斯醫生的故事，但講得最精采的應該是許爾文・努蘭（Sherwin B. Nuland）的著作《洗手戰疫》（*The Doctor's Plague：Germs, Childbed Fever, and the Strange Story of Ignác Semmelweis*）（Atlas Books，2003），這可能是因為努蘭本身也是醫生的緣故。本節內容大量參考這本著作，也參考西梅爾魏斯撰寫的〈產褥熱的病原、概念及預防法〉（The Etiology, Concept, and Prophylaxis of Childbed Fever）一文，柯戴爾・卡特（K. Codell Carter）翻譯（威斯康辛大學出版社，一九八三年；一八六一年初版）。注意：Puerpera是指稱生過小孩的婦女的拉丁文。

始料不及的後果：概論方面，參閱杜伯納與李維特的〈始料不及的後果〉（Unintended Consequence），《紐約時報雜誌》，二〇〇八年一月二十日。**美國身心障礙者法案**，見達隆・阿齊默魯（Daron Acemoglu）與約書亞・安格里斯特（Joshua D. Angrist）的〈就業保護的結果？美國身心障礙者法案案例〉（Consequences of Employment Protection? The Case of the Americans with Disabilities Act），《政治經濟學期刊》109, no. 5（2001）。**瀕危物種法案**，見迪恩・呂克（Dean Lueck）與傑佛瑞・麥可（Jeffrey A. Michael）的〈瀕危物種法案下的先占性棲息地破壞〉（Preemptive Habitat Destruction Under the Endangered Species Act），《法律與經濟學期刊》（*Journal of Law and Economics*）46（April 2003）；李斯特、麥可・馬哥里斯（Michael Margolis）與丹尼爾・斯古德（Daniel E. Osgood）的〈瀕危物種法案是否危及物種？〉（Is the Endangered Species Act Endangering Species?），美國全國經濟研究所（National Bureau of Economic Research）工作報告，二〇〇六年十二月。**規避垃圾稅**：關於「西雅圖重踩」、夏洛特維爾森林傾倒與其他策略，見唐・富勒頓（Don Fullerton）與湯瑪斯・金納曼（Thomas C. Kinnaman）的〈家庭對袋裝垃圾收費的回應〉（Household Responses to Pricing Garbage by the Bag），《美國經濟評論》（*American Economic Review*）86，no. 4（September 1996）；**德國人廚餘沖馬桶**，見羅傑・博伊斯（Roger Boyes）的〈兒童當心：老鼠回來了，哈梅林需要一個新的吹笛者〉（Children Beware：The Rats Are Back and Hamelin Needs a New Piper），《泰晤士報》（倫敦），二〇〇八年十二月十七日；**都柏林的後院焚燒**，見墨菲（S. M. Murphy）、戴維森（C. Davidson）、甘迺迪（A. M. Kennedy）、伊迪（P. A. Eadie）與勞勒（C. Lawlor）的〈後院焚燒〉（Backyard Burning），《塑膠、重建和美容手術期刊》（*Journal of Plastic, Reconstructive & Aesthetic Surgery*）61, no. 1（February 2008）。**安息年的後遺症**：見所羅門・齊特林（Solomon Zeitlin）的〈Prosbol：一個關於內在法理學的研究〉（Prosbol：A Study in Tannaitic Jurisprudence），《猶太季刊》（*The Jewish Quarterly Review*）37，no. 4（April

1947）。（感謝利昂・莫里斯〔Leon Morris〕通風報信。）

藏私產鉗：見詹姆斯・艾威林（James Hobson Aveling）的《錢伯倫家族和助產鉗》（*The Chamberlens and the Midwifery Forceps*）（J. & A. Churchill，1882）；**葛文德**（Atul Gawande）的〈得分：分娩是如何產業化的〉（The Score：How Childbirth Went Industrial），《紐約客》，二〇〇六年十月二日；杜伯納的〈醫療的失敗與成功：和葛文德的問與答〉（Medical Failures, and Successes Too：A Q&A with Atul Gawande），蘋果橘子經濟學部落格，《紐約時報》，二〇〇七年六月二十五日。

食物增加，人口也增加：見〈世界六十億〉（The World at Six Billion），聯合國，一九九九年；馬克・奧佛頓（Mark Overton）的《英國的農業革命：一五〇〇年至一八五〇年農業經濟轉型》（*Agricultural Revolution in England：The Transformation of the Agrarian Economy, 1500–1850*）（劍橋大學出版社，1996）；米爾頓・傅利曼（Milton Friedman）和羅絲・傅利曼（Rose Friedman）的《選擇的自由》（*Free to Choose*）（哈佛大學，一九九〇年；一九七九年初次出版）。

❷ 威爾・馬斯特斯是普渡大學農業經濟系教授，以下這句話節錄自本書作者與他的訪談。馬斯特斯對於農經理論有精闢獨到的闡釋，讀者可以在《紐約時報》的部落格「Freakonomics.blog」蘋果橘子經濟學中參考杜伯納於二〇〇九年六月四日發表的〈為何奇異果這麼便宜?〉（Why Are Kiwis So Cheap?）一文。

看看鯨魚：捕鯨業的盛衰在艾力克・朵林（Eric Jay Dolin）的《海中巨獸：美國的鯨魚史》

（*Leviathan*：*The History of Whaling in America*）（W. W. Norton & Company，2007）有優美的描述。亦請見：查理・梅爾維爾・史坎蒙（Charles Melville Scammon）的《一八一四年，北美西北海岸的海洋哺乳動物：連同美國捕鯨業的帳戶》（*The Marine Mammals of the Northwestern Coast of North America*：*Together with an Account of the American Whale-Fishery, 1874*）；亞歷山大・斯達巴克（Alexander Starbuck）的《美國捕鯨業從初始到一八七六年的歷史》（History of the American Whale Fishery From Its Earliest Inception to the Year 1876），作者自力出版，一八七八年；保羅・吉爾莫（Paul Gilmour）的〈大約一八五二年，拯救鯨魚〉（Saving the Whales, Circa 1852），《華爾街日報》讀者來信單元，二〇〇八年十二月六日。

小兒麻痺症（脊髓灰質炎）之謎：見大衛・奧辛斯基（David M. Oshinsky）的《小兒麻痺症：一個美國的故事》（*Polio*：*An American Story*）（牛津大學出版社，2005），是針對這個主題的傑作；〈與小兒麻痺戰鬥〉（The Battle Against Polio），公共電視台「新聞一小時主播：吉姆・萊勒」（NewsHour with Jim Lehrer）節目，二〇〇六年四月二十四日。**虛妄的小兒麻痺／冰淇淋連結**是由喬治華盛頓大學的統計學家大衛・艾倫・格里爾（David Alan Grier）在史蒂夫・洛爾（Steve Lohr）的〈對今天的畢業生而言，只有一個詞：統計學〉（For Today's Graduate, Just One Word：Statistics）文中提出，《紐約時報》，二〇〇九年八月五日。**小兒麻痺疫苗的估計節省費用**，見金佰利・湯普森（Kimberly M. Thompson）與瑞德博・泰本斯（Radboud J. Duintjer Tebbens）的〈美國小兒麻痺症疫苗成本效益回顧分析〉（Retrospective Cost-Effectiveness Analysis for Polio Vaccination in the United States），《風險分析》（*Risk Analysis*）26， no. 6（2006）；泰本斯等人的〈小兒麻痺症爆發的動態模型：鑑往知來〉（A Dynamic Model of Poliomyelitis Outbreaks：Learning from the Past to Help Inform the Future），《美國流行病學》（*American Journal of Epidemiology*）162，no. 4（July 2005）。**其他便宜簡單的醫療對策**，見馬克・克氏（Marc W. Kirschner）、伊莉莎白・瑪連科拉（Elizabeth Marincola）與伊莉莎白・泰斯伯格（Elizabeth Olmsted Teisberg）的〈生物醫學研究在醫療改革中的作用〉（The Role of Biomedical Research in Health Care Reform），《科學》266（October 7,1994）；厄爾・福特（Earl S. Ford）等人的〈一九八〇年至二〇〇〇年，美國冠狀動脈疾病死亡人數減少的解釋說明〉（Explaining the Decrease in U.S. Deaths from Coronary Disease, 1980–2000），《新英格蘭醫學雜誌》（*The New England Journal of Medicine*）356，no. 23（June 7, 2007）。

致死汽車：關於五〇年代的汽車數量，見〈華爾街一天的主旨和側燈：燃油消耗〉（Topics and Sidelights of the Day in Wall Street：Fuel Consumption），《紐約時報》，一九五一年五月二十五日。關於**產業對安全疑慮的恐懼**，見〈恐懼導致車流與銷售減少〉（Fear Seen Cutting Car Traffic, Sales），《紐約時報》，一九五二年一月二十九日。

羅伯特・麥納瑪拉的安全帶奇譚：這個段落係根據許多個來源，包括作者在麥納瑪拉死前不久進行的訪談。亦請見：〈公共服務生活：與羅伯特・麥納瑪拉對談〉（A Life in Public Service：Conversation with Robert McNamara），一九九六年四月十六日，哈里・克萊斯勒（Harry Kreisler）主持，是「和歷史對話」（Conversations with History）系列的一集，加大柏克萊分校國際研究所；《戰爭迷霧：羅伯特・麥納瑪拉生命中的十一堂課》（The Fog of War：Eleven Lessons from the Life of Robert S. McNamara），埃洛．莫里斯（Errol Morris）導演，二〇〇三年，索尼經典電影（Sony Pictures Classics）；理查．強生（Richard Alan Johnson）的《建立現代汽車產業的六位男性》（*Six Men Who Built the Modern Auto Industry*）（MotorBooks / MBI Publishing Company, 2005）；還有強生的〈外來者：羅伯特．麥納瑪拉如何改變汽車工業〉（The Outsider : How Robert McNamara Changed the Automobile Industry），《美國遺產》（*American Heritage*），二〇〇七年夏季號。

歷年的安全帶用途：見李維特與傑克．波特（Jack Porter）的〈安全氣囊和安全帶效能評估中的樣本選擇〉（Sample Selection in the Estimation of Air Bag and Seat Belt Effectiveness），《經濟學與統計學評論》（*The Review of Economics and Statistics*）83，no. 4（November 2001）。**安全帶拯救的人命**，見多納．格拉斯布萊納（Donna Glassbrenner）的〈評估安全帶和安全氣囊拯救的生命〉（Estimating the Lives Saved by Safety Belts and Air Bags），美國國家公路交通安全管理局（National Highway Traffic Safety Administration），論文no. 500；以及〈二〇〇八年透過使用安全帶和最低飲酒年齡法拯救的生命〉，NHTSA，二〇〇九年六月。**每年行駛三兆哩**：摘錄自美國運輸統計局。**其他大陸的危險道路**：見〈道路安全：公共醫療保健議題〉（Road Safety : A Public Health Issue），世界衛生組織，二〇〇四年三月二十九日。**安全帶與安全氣囊拯救人命的成本比較**：見李維特與波特的〈安全氣囊和安全帶效能評估中的樣本選擇〉，《經濟學與統計學評論》83，no. 4（November 2001）。

安全座椅有多少用處？這個段落主要根據李維特的〈證據證明安全帶與兒童安全座椅一樣有效防

止兒童死亡〉（Evidence That Seat Belts Are as Effective as Child Safety Seats in Preventing Death for Children），《經濟學與統計學評論》90，no. 1（February 2008）；李維特與約瑟夫・多爾（Joseph J. Doyle）的〈兒童安全座椅和安全帶於保護兒童安全的評估〉（Evaluating the Effectiveness of Child Safety Seats and Seat Belts in Protecting Children from Injury），《經濟研究》（*Economic Inquiry*）；李維特與杜伯納的〈座椅安全帶解決方案〉（The Seat-Belt Solution），《紐約時報雜誌》，二〇〇五年七月十日。**兒童安全帶簡史**，見查理（Charles J. Kahane）的〈兒童乘客安全評估：安全座椅的效能和益處〉（An Evaluation of Child Passenger Safety：The Effectiveness and Benefits of Safety Seats），NHTSA，一九八六年二月。「**一群知名的兒童安全研究人員**」：見福勞拉・溫斯頓（Flaura K. Winston）、丹尼斯・德賓（Dennis R. Durbin）、麥可・卡倫（Michael J. Kallan）與伊利・莎莫爾（Elisa K. Moll）的〈幼兒過早使用安全帶的危險〉（The Danger of Premature Graduation to Seat Belts for Young Children），《兒科學》（*Pediatrics*）105（2000）；丹尼斯・德賓、麥可・卡倫與福勞拉・溫斯頓的〈有固定安全帶的兒童安全座椅和減低汽車撞擊中兒童受傷的風險〉（Belt-Positioning Booster Seats and Reduction in Risk of Injury Among Children in Vehicle Crashes），《美國醫學協會期刊》（*Journal of the American Medical Association*）289，no. 21（June 4, 2003）。

颶風統計：全球颶風死亡人數資料由天主教魯汶大學（Université catholique de Louvain）主持的聯合國國家災害事件資料庫（Emergency Events Database）提供；美國的死亡人數從國家海洋和大氣管理局國家颶風研究處（National Hurricane Research Division of the National

Oceanic and Atmospheric Association）取得。**僅是美國的經濟成本**：見小羅傑・皮爾科（Roger Pielke Jr.）等人的〈一九〇〇年至二〇〇五年美國規範標準化的颶風危害〉（Normalized Hurricane Damage in the United States：1900–2005），《自然災害評論》（*Natural Hazards Review*），二〇〇八年二月。關於**大西洋多年代震盪的詳情**，見史帝芬・格雷（Stephen Gray）、麗莎・格蘭里希（Lisa Graumlich）、胡立歐・貝當古（Julio Betancourt）與葛列格里・佩德森（Gregory Pederson）的〈自一五六七年以來，基於樹輪的大西洋數十年震盪重建〉（A Tree-Ring Based Reconstruction of the Atlantic Multidecadal Oscillation Since 1567 A.D.），《地球物理研究通訊》（*Geophysical Research Letters*）21（June 17, 2004）；迪瑪（Mihai Dima）的〈大西洋數十年震盪的半球機制〉（A Hemispheric Mechanism for the Atlantic Multidecadal Oscillation），《氣候期刊》（*Journal of Climate*）20（October 2006）；大衛・恩菲爾德（David Enfield）、阿爾伯特・梅斯塔斯―努涅斯（Alberto Mestas-Nuñez）與保羅・特林布爾（Paul Trimble）的〈美國大陸的大西洋數十年震盪及其與降水和河流的關係〉（The Atlantic Multidecadal Oscillation and Its Relation to Rainfall and River Flows in the Continental U.S.），《地球物理研究通訊》28（May 15, 2001）；以及克萊夫・湯普森（Clive Thompson）的〈五年預測〉（The Five-Year Forecast），《紐約雜誌》，二〇〇六年十一月二十七日。

❸ 下文取材自本書作者與納生及其同事的訪談，讀者將在第五章再度見到他們，以及更詳盡的敘述。特別感謝尼爾・史蒂芬生（Neal Stephenson，沒錯，就是那位撰寫科幻小說的作家）幫助我們

了解一些細節，並以電腦模擬展示說明。本文敘述的颶風殺手，參見傑佛瑞・包爾斯（Jeffrey A. Browers）等人的專利申請文件：〈水改變結構的應用與方法〉（Water Alteration Structure Application and Methods），美國專利申請U.S. Patent Application 20090173366，二〇〇九年七月九日。比爾・蓋茲（Bill Gates）也是此專利申請文件的作者之一。這份專利申請文件的摘要說明中寫道：「此文件概括敘述包含改變環境的方法，此方法包含決定布署至少一個能夠藉由浪潮拍打，把水送至更深的水中的裝置。此方法也包含在決定的布署地點放置至少一個裝置。此外，此方法也包含運用此布署，在水面附近產生水的運動。」

Chapter 5

What Do Al Gore And Mount Pinatubo Have In Common?

哎！暖化問題不在減碳而已

至少，這些新聞真是令人煩憂。

《紐約時報》的一則報導說：「有些專家相信，人類正處於全球氣候不利的新型態開端，而我們對此尚未做好準備，」並引述氣候研究人員的話，「這種氣候變化對全世界的人們構成威脅」。

《新聞週刊》（*Newsweek*）有篇文章引用美國國家科學院的一份報告，警告氣候變遷「將迫使全球必須調整經濟與社會型態，」還有更嚴重的是，「政治領袖們是否會採取任何正面行動，以彌補氣候變遷，或甚至減輕氣候變遷造成的影響，氣候學家對此抱持悲觀看法。」

有頭腦的人，誰不憂懼全球暖化現象？

但這些科學家說的並不是全球暖化現象，這些出刊於一九七〇年代的文章，預測的是全球冷化（global cooling）的影響。

地球在發燒

警報響起是因為，自一九四五年至一九六八年，北半球地表平均溫度已經降了華式〇．五度（攝氏〇．二八度）；此外，一九六四年至一九七二年，降雪量大增，美國的陽光照射量減少了一．三％。《新聞週刊》的報導指出，氣溫降低的絕對值雖相當小，但是「已經將地球第六度帶向冰河時代的平均溫度。」

在當時，人們的一大擔憂是害怕農業體制可能崩潰。在英國，氣溫降低已經使得農作物生長季節縮短了兩星期，《新聞週刊》的文章警告：「全球冷化可能導致悲慘的饑荒。」一部分科學家提出促使氣溫上升的解方，例如：「用黑色煤灰覆蓋北極冰原，使它融化。」

當然啦，到了現在，威脅變成了反方向，地球不再被認為變得太冷，而是變得太暖了；黑色煤灰不再是拯救我們的東西，而是變成了罪魁禍首。我們向空中排放了無盡的碳，這是我們為了取暖、涼快、交通和娛樂，而燃燒各式各樣石化燃料所產生的殘餘物。

上述這些作為顯然把脆弱的地球變成了一座溫室，在空中形成一片化學帷幔，吸收並留住太陽的暖熱，阻止它逃回太空。「全球冷化」這個名詞站不住腳，在過去一百年，全球地表平均溫度升高了華式一・三度（攝氏〇・七度），這種暖化現象在最近加速了。

「我們現在對地球的傷害如此嚴重，」知名的環境科學家詹姆斯・羅夫洛克❶（James Lovelock）寫道，「致使地球可能升溫而回到五千五百萬年前的熾熱狀態，若果真如此，絕大多數人和我們的後代都將死亡。」

基本上，氣候科學家的一項共識是地球的溫度不斷上升，也愈來愈認同人類活動是導致這種現象的重要原因之一。但是，人類影響氣候的方式並不一定顯而易見。

一般普遍認為，極大部分的溫室效應氣體是由汽車、卡車、飛機排放的；近年來，這種看法使得許多富有正義感的人們，購買豐田先驅（Prius）和其他品牌的油電混合動力車。但是，每當先驅油電混合車的車主開車前往雜貨超市時，她有可能抵消掉改開這種車款所減少的廢氣排放量效果——至少，若她購買肉品的話，就導致了這種抵消作用。

怎麼說呢？因為牛、羊以及其他反芻動物是惡劣的空氣汙染來源，牠們呼氣、放屁、打嗝，排出的糞便更會釋出甲烷，平均而言，甲烷導致的溫室效應，比汽車和人類釋出的二氧化碳導致的溫室效應高出二十五倍。在排放溫室效應氣體方面，世上的反芻動物該負的責任比整個交通運輸部門高出約五〇％！

就連鼓勵人們食用本地生產的食物——「吃在地」（locavore）運動，也幫不上忙。

卡內基美隆大學研究員克里斯多夫・韋伯（Christopher Weber）和史考特・馬休斯（H. Scott Matthews）的一項近期研究發現，購買本地生產的食物其實反而導致溫室效應氣體排放量增加。為什麼？

跟食物有關的氣體排放量中，有超過八成是發生在生產階段，大型農產的效率高於小型農產。在與食物相關的氣體排放量中，交通運輸僅占一一%，這當中，從生產者送貨給零售商的過程只占了四%。韋伯和馬休斯指出，最有幫助的方法是稍稍改變你的飲食：「每週把不到一天的卡路里攝取來源，從紅肉和乳製品改為雞肉、魚、蛋或蔬菜類，這麼做所能減少的溫室效應氣體排放量，比完全購買產自本地的食物所能減少的溫室效應氣體排放量還要多。」

你也可以少吃牛肉，改吃袋鼠肉，因為袋鼠放的屁不含甲烷。不過，試著想像為使美國人改吃「袋鼠堡」所需要的行銷宣導，再想想美國的牛農將多麼大力地遊說華府禁止進口袋鼠肉。所幸，有一群澳洲科學家從反方向來解決此問題，他們試圖複製袋鼠胃裡的消化菌，以便把它移植到牛的胃裡。

暖化問題如幽靈般有揮不去的恐懼

緣於種種原因，全球暖化是個特別棘手的問題。

首先，氣候科學家無法進行實驗。在這方面，他們的處境跟經濟學家較相似，不像能夠進行大量實驗的物理學家和生物學家；他們得在現有資料中找出導致暖化的因果關係，但又不能要求禁止開車十年，或禁止吃牛肉十年。

其次，氣候科學極其複雜。任何一項人類活動的影響性取決於許多不同因素，舉例而言，假設我們把飛機航班增加為三倍，其影響性除了取決於飛機的排氣量，還得看飛機對氣流、雲的形成等造成的影響。

為預測地表氣溫，你必須考量這些及其他許多因素，包括蒸發、下雨、動物的排氣量等。不過就算是最先進的氣候模型，也無法正確周延地代表這些變數，這顯然使得未來氣候的預測工作落實困難。相較之下，現代金融機構使用的風險模型就顯得相當可靠了，但最近的金融風暴已經證明，這類風險模型也不是都那麼可靠、管用。

氣候科學固有的不準確性意味著，我們無法以任何程度的確定性知道，目前行走的途徑是否將使氣溫上升兩度或十度；我們也無法確知，就算氣溫明顯升高，是否代表將為人類自己帶來麻煩，抑或導致文明的終結。

就是這種如幽靈般令人憂懼的災難性威脅（不論多麼微乎其微），使得全球暖化成為公共政策的重要議題。若我們能確定暖化將導致重大、明確的成本，那麼這個問題的經濟學就可以進入簡單的成本效益分析了：減少溫室效應氣體的未來效益，將大於這麼做所需付出的成本嗎？抑或先等待，以後再處理會比較好呢？或者，甚至繼續汙染，只要學著生活在更熱的世界裡就行了呢？

環境經濟學家馬丁・魏茲曼（Martin Weitzman）分析目前所能取得的最佳氣候模型後得出結論：未來發生最糟情境（全球氣溫升高超過攝氏十度而足以毀滅地球）的機率大約是五％。

當然，即使這是針對不確定性所做的預測，其估計值仍然有很大的不確定性。那麼，對於這麼小的全球性災難發生機率，我們應該對它投入多少重視和經費呢？

為英國政府提出全球暖化全方位分析報告的經濟學家，尼可拉斯・史登（Nicholas Stern）建議，我們應該把每年全球總生產毛額的一・五％花在應付此問題上，若以現在的全球總生產毛額水準來計算，這相當於一兆兩千億美元。

但絕大多數經濟學家都知道，人們通常不願意花大把錢在防患未然這件事情上，尤其是在這個未來問題的發生可能性如此不確定之下。等待的一個好理由是，也許我們在未來將有花費成本遠低得多的其他選項可避免問題。

抗暖化成了人們崇信的宗教

雖然經濟學家受的訓練是必須夠理性，冷靜地坐下來討論全球性災難涉及的取捨抉擇，但其他人比較容易激動，而且多數人對不確定性會顯現出更情緒化的反應——害怕、責怪、癱瘓。不確定性也往往使我們腦海浮現最壞的可能性（想想看，最近一次你在夜間聽到臥室門外突然出現撞擊聲時，你腦海裡立即浮現什麼），就全球暖化而言，最壞的可能性是十足的神蹟：海平面上升、如地獄般的溫度、接二連三的瘟疫與災難、陷入混亂無序的地球❷。

因此，可以理解的是，阻止全球暖化的運動已經演變成令人有崇信宗教的感覺，其核心信念是：人類承繼了原始清新的伊甸園，但因為汙染了這伊甸園而罪孽深重，如今，我們必須受苦，免得我們全都毀滅於一個火燒般的世界末日。羅夫洛克堪稱是這門宗教的高級祭司，他以令人感覺置身禮拜儀式的懺悔言詞寫道：「我們錯誤地使用能源，令地球人口過剩……，永續發展已嫌太遲，我們需要的是永續退隱。」「永續退隱」（sustainable retreat）聽起來有點像穿著粗布衣，尤其是對已開發世界的人民而言，這意味著少消費、少使用、少開車，並學習接受地球人口逐漸減少（雖然這話顯得不文明而不太好意思大聲說出來）。

若說現代的環保運動有一位守護聖徒的話，那當然是前美國副總統、曾贏得諾貝爾桂冠的艾爾・高爾（Al Gore）。他的紀錄片《不願面對的真相》（*An Inconcenient Truth*）向無數世人灌輸過度消費的危險，後來他成立氣候保護聯盟（Alliance for Climate Protection），這個組織描述自己是「空前大規模的勸導行動」，其核心之作是耗資高達三億美元的「We」公益宣導活動，督促美國人改變他們的揮霍行為。

另一方面，任何宗教都有其異教徒，全球暖化也不例外。鮑里斯・強森（Boris Johnson）是受傳統教育的新聞工作者，後來成為倫敦市長，他在讀了羅夫洛克的論述（他稱羅夫洛克為「司鐸」）後給出以下結論：「跟所有最好的宗教一樣，對氣候變遷的恐懼滿足了我們對罪惡感、自我憎惡的需要，迎合人類永遠擺脫不了的『技術進步必遭上帝懲罰』的觀念。對氣候變遷的恐懼就像是基於這種重要觀念的一門宗教，它被神祕的面紗遮掩，你永遠無法知道你的補償或贖罪行動是否成功。」

所以，當虔誠的信仰者悲嘆，我們的地球伊甸園被褻瀆時，異教徒卻指出，早在人類來到之前，這個伊甸園曾經很自然地被濃厚的沼氣（甲烷）煙霧籠罩，且近乎沒有任何生命存在。當高爾呼籲人們犧牲塑膠購物袋、冷氣、不必要的旅行時，不可知論者卻提出異議，人類活動只占了全球二氧化碳排放量的二％，其餘都是由植物腐爛之類的自然界過程所產生。

氣候變遷的外部性問題

除去了宗教狂熱和科學複雜性，氣候暖化的核心存在著一個極其簡單的兩難困境，經濟學家稱之為「外部性」（externality）。

什麼是「外部性」？當某甲採取一項行動，但某乙在未同意下為此行動支付了部分或全部的成本時，就發生了所謂的「外部性」。外部性是一種經濟版本的「無代表權的徵稅❸」（taxation without representation）。

若你恰好住在一座肥料廠的順風位，從工廠飄出的阿摩尼亞惡臭就是一種外部性。當你的鄰居舉辦一場大型派對（而且沒有禮貌性地邀請你參加），他們的喧鬧就是一種外部性。二手菸是一種外部性；一名毒販對另一名毒販開槍，卻誤射中在遊樂場上的一名小孩，這也是外部性。

被視為全球暖化肇凶的溫室效應氣體，基本上是外部性。當你在後院升火燒烤棉花糖時，你也排放了氣體，這氣體以輕微的方式幫助整個地球增溫。每當你開車、吃漢堡、搭飛機時，你也在製造某些你未付費的附帶效果。

想像一位名叫傑克的傢伙，住在一棟他自建的好房子。在夏季的一個暖和日子下班回到家，他只想好好放鬆、涼快一下，於是他啟動冷氣。也許，他稍稍想了一下，下個月電費帳單會增加一、兩美元，但這成本不高，所以沒使他斷了開冷氣的念頭。

傑克沒考慮到的是：發電廠燒煤煮水以產生蒸氣壓力，使發動機的渦輪轉動而產生電力，輸送至傑克的房子，讓他的冷氣機可以啟動，使他的房子變涼快。而燒煤的過程產生了黑煙。

傑克也沒有考慮到，跟開採及運送煤塊過程有關的環境成本或危險性。在過去一個世紀，光是美國就有超過十萬名煤礦工人在採礦過程中喪命，還有另外約二十萬人後來死於肺塵病。這些都是外部性。謝天謝地，美國採煤喪命者人數已經顯著減少，現在每年平均約三十六人。但若傑克是住在中國，那裡的死亡外部性可就高多了，在中國，每年至少有三千名煤礦工人在採礦過程中喪命❹。

你很難責怪傑克沒有考慮到外部性，現代技術太發達了，往往掩蓋了跟消費有關的成本，從傑克的冷氣機所使用的電力，看不到什麼骯髒，它只是如魔法般地出現，宛如從童話故事走出。

奢望靠無私精神解決問題是天方夜譚

若這世上只有幾名傑克，或甚至只有幾百萬名傑克，那就沒人會在意了。但是，在地球人口逼近七十億的情形下，所有那些外部性加總起來可就不得了。那麼，誰該為這些外部性付費呢？

基本上，這不應是個多困難的問題。若我們知道某人每次使用一個油箱的汽油會帶給人類多少成本，我們就可以對此人課徵這筆稅。稅賦未必使他不再開車，也不應該使他不再開車；對外部性課稅的目的，是要確使他承擔行動的所有成本，或者以經濟學行話來說，就是「把外部性內部化」（internalize the externality）。

課徵到的這些稅收，可拿來分配給那些因氣候變遷而受影響的受害者，例如住在孟加拉低窪地區的人們，若海洋突然上升，他們就會遭到淹水之苦。若我們選擇完全正確地課稅，可以拿稅收來適當地補償氣候變遷的受害人。

但是，當談到透過課稅以確實解決氣候變遷的外部性時，我們只能說：祝你好運囉！除了明顯的障礙（例如決定正確的稅額，以及派人去收稅），還有一個克服不了的事實：溫室效應氣體並不會國界分明地停留在某處。地球的大氣層是恆常、複雜的移動，也就是說，你的溫室效應氣體變成我的，我的變成你的。所以，才會取名「全球」暖化。

假如澳洲在一夜之間決定完全消除其碳排放，這個好心的國家不會享受到這項高代價、高痛苦行為所帶來的益處，除非所有其他國家也這麼做，但沒有一個國家有權叫別的國家怎麼做。美國近年偶爾企圖降低其溫室效應氣體排放量，但當它向中國或印度施壓要求它們也這麼做時，你無法責怪那些國家回嘴說：「嘿，你可以搭便車成為工業化超級強國，我們為何不能？」

當人們沒有被迫支付其行動的所有成本時，他們就缺乏改變行為的動機。當年世界各大城市塞滿馬糞時，人們改開汽車並不是因為它對社會有益，而是因為這麼做符合經濟利益。今天，人們被要求改變行為，卻不是為了自身的私利，而是要他們出於無私，這可能使全球暖化看起來像個無望解決的問題，除非人們願意把私人利益擺一邊，不計個人代價地做正確的事，而這就是高爾所指望的——訴求人們內在的利他意願——我們內心那個「痛恨外部性」的好天使。

「正面外部性」讓大家都受益

別忘了，外部性並非總是顯然可見。

為避免停放路邊的愛車被偷，很多人使用「酷牢」（Club）這類防盜裝置鎖住方向盤。「酷牢」大而明顯（甚至還有桃紅色款式），使用「酷牢」，你等於是明白地告訴想偷車的賊兒：我的車子不好偷；但同時，它也暗藏一個訊息：你鄰居的車子沒裝「酷牢」，是比較好下手的目標。所以，你的「酷牢」對未使用「酷牢」的鄰居產生了負面外部性：他的車子被偷的風險增高。「酷牢」是個很好的利己主義例子。

另一方面，一種名為「路捷」（LoJack）的防盜裝置，在很多方面正好跟「酷牢」相反。「路捷」是小型無線電發射器，比一疊撲克牌大不了多少，隱藏在車內或車底某處，竊賊不易看到的地方。若車子被偷，警方可以遙控啟動發射器，追蹤其訊號來找到車子。

跟「酷牢」不同的是，「路捷」無法阻止賊兒偷你的車子。那麼，還安裝它做啥呢？第一，它幫助你快速找回車子。車子被偷後，快速找回很重要，若你的車子被偷超過幾天，你通常不會想找回它，因為它很可能已經被拆解了。不過，就算你不想找回它，你的保險公司會想找回它，所以，安裝「路捷」的第二個理由是，保險公司將提供你折扣費率。但是，安裝「路捷」的最佳理由恐怕是，當你的車子被偷時，那才有趣。

追蹤安裝了「路捷」的被盜汽車，過程頗為刺激，就像剛放出獵犬一樣。警察迅速行動，追蹤無線電訊號，在竊賊還搞不清楚怎麼回事之前，就逮到了他。幸運的話，他甚至可能已經幫你的車子加滿油了。

大多數被偷的車子最終都進了拆解廠，這類偷偷摸摸的小工廠專門把汽車最有價值的部分拆解下來，剩下的就當廢金屬。警方難以根除這類勾當，直到「路捷」問市後，情況才有了轉變，警察只須循著無線電訊號，往往可以找到拆解廠。

當然，拆解廠的人也不笨，在發現怎麼回事後，他們便改變了手法。偷車賊不把車子直接開到拆解廠，而是先停放在停車場幾天，重返時，若車子已經不見了，他就知道這輛車裝了「路捷」；若車子還在，他便認為可以安全無虞地送往拆解廠。

不過，警方也不是省油的燈。當他們在停車場找到被偷的車時，他們不立即取回，而是監視這輛車，待竊賊重返，便跟蹤他，找到拆解廠。

「路捷」究竟使偷車賊的日子變得多難過呢？

在一個城市，每多一％的汽車安裝「路捷」，汽車失竊總件數就減少達二〇％。由於竊賊無法知道哪些車子安裝了「路捷」，他們冒險隨機下手的意願就降低了。「路捷」並不便宜，售價約七百美元，因此並不是很受歡迎，新車安裝者不到二％。儘管如此，這些安裝了「路捷」的汽車，卻為所有未購買安裝「路捷」的車主創造了一種稀有、很棒的效果——「正面外部性」（positive externality），因為他們的車子也受到保護。

沒錯，並非所有外部性都是不利的。優良的公立學校創造了正面外部性，因為一個人人有教養的社會，使我們所有人都受益（它們也使所在社區的房地產價值提高）。果農及養蜂者互為彼此創造正面外部性：果樹為蜜蜂提供免費花粉，蜜蜂免費為果樹授粉。所以，果農及養蜂者往往毗鄰經營他們的事業。

火山爆發可以引發全球冷化作用

最令人意想不到的正面外部性例子之一，隱匿在一種天然災害中。

一九九一年，菲律賓呂宋島上受侵蝕、被繁茂樹木覆蓋的一座山開始隆隆作響，並噴出硫磺灰燼，原來，這座品納土玻山（Mount Pinatubo）是一座休火山。附近的農民和居民不願意撤離，但在趕至當地的地質學家、地震學家和火山學家的苦口婆心之下，總算成功勸服大多數人及早撤離。

六月十五日，品納土玻山猛烈爆發了九個小時，爆發威力大到使得它本身的山頂塌陷，形成碗狀的破火山口，讓這座山的新高度比原高度矮了八百五十呎。更糟的是，該地區同時遭到颱風侵襲，據報導，豪雨和挾帶如高爾夫球般大小石塊的火山灰燼傾盆而下，有兩百五十人死亡，主要是因為屋頂坍塌，隨後多天，有更多人因為坍方而喪命。不過，幸有科學家發出預警而及早疏散民眾，大大減少了死亡人數。

品納土玻山是近百年來威力最大的火山爆發，在爆發力最強的兩小時內，硫磺灰燼上衝至二十二哩高的天空，等到爆發止歇時，總計有超過兩千萬噸的二氧化硫釋出到大氣中的平流層裡，這對環境造成什麼影響呢？

平流層裡的二氧化硫煙霧就像一層遮光劑，降低了太陽對地球的輻射量，接下來兩年，在這層二氧化硫煙霧的擴散下，地球平均降溫華氏一度（攝氏〇・五度）。一次的火山爆發，差不多使得過去一百年累積的全球暖化增溫倒退回原地（儘管這只是暫時性現象）。

品納土玻火山爆發還創造了一些其他的正面外部性。全球各地的森林生長得更茂盛，因為樹木喜歡陽光稍稍擴散些；平流層裡的二氧化硫創造出人們從未見過的日落美景。

當然，引起科學家注意的是它所造成的全球冷化作用。《科學》（*Science*）雜誌刊登的一篇文章結論指出，每隔幾年發生一次像品納土玻山這種規模的火山爆發，將可以「顯著抵消接下來一個世紀的人為氣候暖化」。

就連羅夫洛克也承認這點，他寫道：「意外事件可能拯救我們，例如一連串規模夠大而足以遮蔽陽光、使地球降溫的火山爆發，但是，只有輸家才會把賭注下在這麼小的機會上。」

沒錯，大概只有輸家或傻瓜才會相信，能夠說服火山以適當的間隔期間，向天空噴出具保護作用的惡臭硫磺。不過，要是有一些傻子想到，或許可以拿品納土玻火山爆發作為阻止全球暖化的參考藍本呢？這世上就曾經有傻子相信婦女不必死於分娩，也曾經有傻子相信全球性饑荒並非注定之事啊！要是有傻子這麼做，他們能不能也提出簡單便宜的解方呢？若真有這樣的傻子，他們在哪裡？

高智發明公司的奇葩們

在西雅圖近郊的貝麗悅市（Bellevue），一個單調不起眼的地段坐落著一些非常單調不起眼的建築，這其中有一家冷暖氣公司、一家帆船製造廠、一家大理石磁磚製造廠，還有一棟建築曾經是哈雷機車（Harley-Davidson）的修理廠。最後一點，這棟建築沒有窗戶，毫無魅力可言，占地約兩萬平方呎，你只能從貼在玻璃門上的一張紙上看出這棟建築的目前使用者：高智發明❺（Intellectual Ventures）。

這棟建築物裡有世界上最不尋常的實驗室之一，有車床、製模機、3D印表機，當然也有許多性能強大的電腦，還有一間養蚊室，他們把養出的蚊子放進一個空魚缸裡，並從一百呎外以雷射殺死牠們。這項實驗的目的是要對抗瘧疾，只有某些種類的雌蚊會傳播瘧疾，所以雷射的追蹤系統藉由雌蚊的翅膀振動頻率，來辨識並殺死牠們，雌蚊的翅膀拍動速度比雄蚊緩慢得多，因為雌蚊比較重。

高智發明是一家專門從事發明的公司，除了前述裝備，實驗室裡還有一群腦袋一流的精英，他們是各種領域的科學家和解謎者。他們構思流程與產品，然後申請專利，一年超過五百件。這家公司也收購外部的發明者（從《財星》五百大企業到在自家地下室裡獨立發明的天才）的專利。高智發明公司的運作跟私募基金公司很像：募集投資資本，把專利授權出去後取得的報酬分配給股東。該公司目前擁有兩萬多件專利權，是全世界擁有專利件數最多的數十家公司之一，這使得該公司被一些人指責為「專利地痞❻」（patent troll），專門蒐集專利，對其他公司敲竹槓，必要時還打專利侵權官司。不過，沒有什麼明顯證據支持這種說法，比較確實的一個評價是，高智發明公司為智慧財產權創造了第一個大規模市場。

這家公司的首腦是一位親切合群的男士，名叫納生——就是我們在上一章碰見的那位納生。沒錯，在海洋上布署有下襬的卡車輪胎，以阻止颶風形成的構想，也是高智發明公司的發明，該公司內部稱此發明為「沙爾特下沉」（Salter Sink），因為它可使海面上層的溫水下沉，而該構想最早來自英國知名工程學教授史帝芬・沙爾特（Stephen Salter），數十年來，他致力於研究如何利用海浪的力量。

行文至此，讀者應該已經可以明顯看出，納生可不是什麼週末發明家，他是前微軟公司技術長納生・麥沃德（Nathan Myhrvold），在二〇〇〇年和生物物理學家、微軟首席軟體架構設計師愛德華・鄭（Edward Jung），共同創立高智發明公司。任職微軟期間，麥沃德扮演多種角色：未來學家、策略師、微軟研究實驗室創辦人、比爾・蓋茲的首席幕僚，蓋茲曾說過：「我說不出有誰比納生更聰明。」

博學的麥沃德是「每個領域的科學家」

現年五十歲的麥沃德在很年輕時就已經很聰明了，他在西雅圖長大，十四歲就讀完高中，二十三歲就已經從加州大學洛杉磯分校和普林斯頓大學取得一個學士學位（數學）、兩個碩士學位（地球物理學／太空物理學和數理經濟學）、一個博士學位（數學物理學），接著前往劍橋大學和史帝芬・霍金❼（Stephen Hawking）一起從事量子宇宙科學的研究。

麥沃德回憶他年輕時觀看英國科幻電視節目《超時空博士》（*Dr. Who*）的感想：「博士向某人自我介紹，那個人說：『博士？你是某個領域的科學家嗎？』博士說：『先生，我是每個領域的科學家。』我當下就想，對！對！對！我就是想成為這樣的人——每個領域的科學家！」

麥沃德博學到可以令一般的博學之士汗顏。除了科學方面的興趣，他也是個技藝精湛的自然生態攝影師、廚師、登山家，以及珍本書、火箭引擎、古老科學儀器、恐龍骨骸的收藏家（他共同領導的一項計畫挖掘到的暴龍骨骸，比世上任何人和計畫挖掘到的還要多）。麥沃德非常富有（這跟他的嗜好不無關係），一九九九年離開微軟時，他已經名列《富比士》四百美國富豪榜上。

另一方面，麥沃德也非常節儉，這是他得以保持富有之道。他帶領我們參觀高智發明的實驗室時，向我們指出他最喜愛的工具和小機件，他最感光榮的是那些他從eBay網站或破產拍賣會上購買的項目。麥沃德對複雜性的了解並不亞於任何人，但他堅信解決方案應該盡可能便宜、簡單。

他和夥伴們目前從事的研究計畫甚多，其中包括：更好的內燃引擎；降低飛機的下沉拉力以提高燃料效率的方法；有助於顯著改善世界未來發電的新式核能電廠。儘管他們的許多構想目前仍只是構想，但其中一些構想已經開始拯救性命。該公司發明的一種方法，可以讓試圖切除腦部動脈瘤的神經外科醫生，將病患的腦部掃描資料送至高智發明公司，公司人員把這些資料輸入3D印表機後，製作出和動脈瘤實際大小相同的動脈瘤塑膠模型，以隔夜快遞方式將此模型遞送給外科醫生，讓醫生在切開病人頭蓋骨之前，就如何處理動脈瘤做出詳細的規畫。

這一小群科學家和工程師必須有足夠的自負，才會認為他們能共同應付世上許多最棘手的問題。所幸，這些傢伙確實有足夠的自負，他們已經把衛星送上月球，幫助美國抵禦飛彈攻擊，並藉著電腦運算能力的進步，改變了世界的運作方式。（比爾．蓋茲不僅是高智發明公司的投資者，偶爾也是發明者，殺蚊雷射機就是應他的慈善組織對抗瘧疾要求而產生的發明。）他們也已經在許多領域進行了有把握的科學研究，包括氣候科學。

所以，他們開始思考全球暖化問題，只是遲早的事。在我們造訪高智發明公司的那一天，麥沃德召集了十幾名同仁討論此問題和可能的解方，他們圍坐於一張橢圓形會議桌前，麥沃德坐在靠近桌子的一個角落末端。

滿室都是高手，但無疑地，麥沃德是他們之中的哈利波特。接下來十小時左右，在大量低糖汽水助燃下，他時而迸發，時而補充，時而插話，時而質疑。

在座所有人都同意，地球的確持續暖化，他們普遍懷疑這跟人類活動有關，但他們也認為，常見於媒體和政治圈的全球暖化言論太簡化、也太誇大。麥沃德說，太多的報導受到「那些趾高氣揚地說地球物種將會滅絕的人❽」所影響。

那麥沃德相信這種說辭嗎？

「大概不會。」他說。

《不願面對的真相》在時空上都還不成熟

當提及《不願面對的真相》紀錄片時，會議室裡立即爆發一片抱怨、批評，麥沃德認為這部紀錄片的目的是要「把人們嚇得屁滾尿流。」雖然高爾「在技術上而言，並未說謊。」但高爾描繪的一些夢魘情境（例如佛羅里達州因為海平面上升而消失），「在任何合理的未來時間範圍內，並沒有任何物理事實基礎，沒有任何一個氣候模型顯示會發生這些情境。」

但是，科學界本身也有責任。如同洛威爾．伍德（Lowell Wood）所言，現代的氣候預測模型「極其粗糙。」六十幾歲的伍德體格魁梧，是非常健談的天體物理學家，令人聯想到頭腦清楚版的伊格納提斯・雷利（Ignatius P. Reilly）❾。很久以前，伍德是麥沃德的學術界良師益友，伍德本身是物理學家愛德華・泰勒（Edward Teller，有「氫彈之父」封號）的門徒，麥沃德認為，伍德是全世界最聰明的人之一。伍德的腦袋似乎對任何東西都懂得不少：格陵蘭島冰核的融化速度（每年八十立方公里）；前一年未經批准就開始運作的中國發電廠比例（約二〇％）；轉移性癌細胞在抵達轉移部位之前流經血液的次數（多達百萬次）。

伍德在大學、私人機構、美國政府單位達成很多科學成就，高智發明公司的雷射殺蚊系統就是由他構想出來的，這發明若令你覺得有點熟悉，那是因為伍德曾在勞倫斯利弗摩爾國家實驗室（Lawrence Livermore National Laboratory）參與「星戰」（Star Wars）飛彈防衛計畫的研發，他不久前從那裡退休。（從對抗蘇聯的核子武器到撲殺瘧蚊，這是和平帶來的好處之一！）

現在，在高智發明公司的這場集思討論會上，伍德穿著扎染的花色短袖襯衫與相襯的領帶。「氣候模型在空間上不成熟、在時間上不成熟，」他繼續說道，「有極多的自然現象是這些模型無法模擬的，它們甚至無法模擬像颶風這樣的巨大暴風雨。」

麥沃德解釋其原因。現在的氣候模型使用方格網來繪製地球，那些方格網太大而無法模擬實際天氣；較小、較準確的方格網則需要更好的模擬軟體，這將需要更強大的電腦運算能力。他說：「我們試圖預測從現在算起二、三十年後的氣候，但這需要電腦產業花相同的時間發展出讓我們有夠快速度可從事此工作的電腦。」

大多數現有的氣候模型往往得出相似的預測，這可能使人們合理地下結論認為，氣候科學家對未來的氣候已有很好的掌握。

伍德說，實情根本不是這樣。「人人都是在改變他們的旋鈕，」他說，意指調整他們的氣候預測模型裡的控制參數和係數，「這樣，他們才不會偏離主流，因為偏離主流的模型將很難獲得研究經費。」換言之，導致現有的氣候模型相似而得出相似結果的原因，是研究經費的經濟現實，而不是公正、未經協調下產生的科學共識。伍德表示，這並非指我們應該駁斥否定現有的氣候模型，而是說，在考慮地球的命運時，我們應該正確地認知到現有氣候模型的有限性。

當伍德、麥沃德和其他科學家，在討論有關全球暖化的各種傳統智慧之見時，這些傳統見解很少是完整無缺漏的。

我們是不是錯怪了二氧化碳？

全球暖化的問題重點在於二氧化碳嗎？「錯！」伍德說。

為什麼？

「因為二氧化碳並不是主要的溫室效應氣體，水蒸氣才是，」他說，但現有的氣候模型「不知道要如何處理水蒸氣和各種雲層，那是大家視若無睹的重要問題，我希望我們能在二〇二〇年左右以前能有關於水蒸氣的好數據。」

麥沃德引用最近發表的一份報告，指出二氧化碳可能跟近年的暖化沒有太大關係，相反地，我們在過去幾十年製造的重粒子汙染，似乎遮蔽了部分陽光而使大氣層降溫。這就是一九七〇年代引起科學家們注意的全球冷化，當我們開始清潔空氣時，這種趨勢就開始反轉了。

「所以，在過去幾十年，大部分的暖化其實可能是良好環境管理所造成的。」麥沃德說。

僅僅幾年前，學童在學校裡學到，二氧化碳是自然產生的植物命脈，就如同氧氣是我們的命脈一樣。如今，孩子往往認為二氧化碳是毒物，這是因為在過去一百年裡，大氣層裡的二氧化碳含量顯著增加，從二百八十ＰＰＭ增加到三百八十ＰＰＭ。

但高智發明公司的科學家們指出，人們所不知道的是，大約八千萬年前（也就是哺乳類動物祖先正在進化的時候）的大氣層二氧化碳含量至少是一千ＰＰＭ。事實上，若在一座新式的節能辦公建築裡工作，你正常呼氣時的二氧化碳濃度就是這樣的水準，因為這就是工程師團隊為暖氣和通風系統訂定的標準。

因此，二氧化碳不僅不是毒物，二氧化碳濃度改變也未必反映人類活動，大氣層裡的二氧化碳含量未必是造成地球暖化的原因：冰帽證據顯示，在過去數十萬年，是溫度升高後才出現二氧化碳含量升高，並非倒反過來。

麥沃德旁邊坐的是肯恩・卡爾戴拉（Ken Caldeira），他談吐溫和，有著一張稚氣的臉蛋和一頭鬈髮，他領導卡內基研究院（Carnegie Institution）設在史丹佛大學的一個生態實驗室。卡爾戴拉是世上最受敬重的氣候科學家之一，最熱情的環境人士常引用他的研究。卡爾戴拉和另一位科學家共同創造了「海洋酸化」（ocean acidification）這個名詞，指的是海水吸收了太多的二氧化碳，致使珊瑚礁和其他淺水生物受到威脅的過程。卡爾戴拉也對聯合國跨政府氣候變遷小組（IPCC）提供研究貢獻，這個組織和高爾因為對全球暖化做出積極警告，而於二〇〇七年共同獲得諾貝爾和平獎。（是的，卡爾戴拉也因此獲得諾貝爾獎證書。）

若你在一場派對上碰到卡爾戴拉，你大概會把他歸為熱情環保人士陣營。他在大學主修哲學，還有，天哪，他的姓氏恰好令人聯想到自然界：「Caldeira」的發音跟「caldera」（破火山口）相同。年輕時（他現年五十三），卡爾戴拉是領頭的環保運動人士，也是全面反戰者。

卡爾戴拉堅決相信，人類活動得為全球暖化負起部分責任，他對於未來氣候將影響人類的觀點比麥沃德來得悲觀。他相信，我們現在排放二氧化碳的作為極其愚蠢。

問題是二氧化碳增量的速度太快了！

不過，卡爾戴拉的研究告訴他，在這場戰役中，二氧化碳並非罪魁禍首。首先，在製造溫室效應方面，二氧化碳並不是非常有效率，他說：「二氧化碳量增加一倍，導致地球散出的輻射能被留住的比例不到二％。」此外，大氣層中的二氧化碳含量依循的是報酬遞減法則：空氣中每增加十億噸二氧化碳，其輻射影響程度小於前十億噸二氧化碳造成的輻射影響程度。

卡爾戴拉提到他曾經進行一項研究，以了解更高量二氧化碳對植物生命的影響。植物從土壤取得水分，從二氧化碳（亦即空氣）取得食物。

「植物以極昂貴代價取得二氧化碳，」伍德插話，「一棵植物必須以大約一百分子（molecule）的水分去換取吸收一分的二氧化碳，為了吸收二氧化碳，植物幾乎每取得一分子水分，就失去一分子水。大多數植物，尤其是在主要成長季節，為了吸取食物（二氧化碳）而嚴重流失水分。」

也就是說，若二氧化碳增加，植物就不需要那麼多的水以供成長。那麼，對生產力會造成什麼樣的影響呢？

卡爾戴拉的研究顯示，假使所有其他投入要素（水、營養素等）固定不變，二氧化碳量增加一倍，可以使植物成長增加七〇％，這對農作物的生產力有明顯助益。

「正因此，大多數商業水栽作物溫室都大量補充二氧化碳，通常這些溫室維持的二氧化碳濃度約一千四百ＰＰＭ。」麥沃德說。

「兩萬年前，二氧化碳量較低，海平面也較低，樹木因為缺乏二氧化碳，幾乎處於窒息狀態，」卡爾戴拉說，「今天的二氧化碳量、海平面或溫度，沒什麼可大書特書之處，真正對我們造成傷害的是變化的快速度。總的來說，更多的二氧化碳對生物圈可能是好事，只不過，二氧化碳增量的速度太快了。」

高智發明的男士們舉了很多有關全球暖化的錯誤觀點例子。例如，伍德說：「海平面上升，主要並非冰河融化所致，」不論這種觀念對環保人士的運動多麼有用，真相是，「海平面的上升主要是海水溫度上升所致，確切地說，是溫度上升下的海水熱漲作用。」

伍德指出，自上一個冰河時期末起，海平面上升現象已持續了約一萬兩千年，現在的海平面比那時升高約四百二十五呎，但大部分的升高現象發生在頭一千年。在過去一世紀，海平面升高不到八吋。

關於未來，有些人曾經做出災難性預測，在未來一世紀，海平面將上升三十呎，佛羅里達州將消失。伍德指出，這個主題的最權威文獻顯示，在二一〇〇年之前，海平面將上升約一呎半，這遠比大多數海岸地區每天兩次的潮汐變化還輕微，「所以，有點難以理解那些聲稱的危機到底是什麼。」他說。

卡爾戴拉帶著有點難過的表情提及一個最出人意料的環境禍源：樹木。沒錯，樹木。儘管卡爾戴拉本身過著相當環保的生活（他在史丹佛大學的辦公室不使用冷氣，而是由一個噴霧水室提供降溫涼快功能），他的研究卻顯示，在某些地點植樹其實反而會助長暖化效應，因為較深綠葉片吸收的陽光，比長滿草的平原、沙漠或覆雪的廣大地區還要多。

還有鮮少被討論的一個全球暖化事實：雖然在過去幾年，毀滅性災難的喪鐘愈敲愈響，但實際上，這些年的全球平均溫度是往下降的。

現有暖化解方太少、太遲、太樂觀

在燈光調暗的會議室裡，麥沃德用一張投影片總結，高智發明公司對於全球暖化問題現有解方的看法，這張投影片上說：

- 太少
- 太遲
- 太樂觀

太少，指的是針對全球暖化問題的常見談話內容，根本產生不了什麼幫助。麥沃德說：「若你相信存在一個值得解決的問題，那麼，現有的這些解方將不足以解決問題。風力發電和大多數其他的替代能源是可愛，但它們構不成足夠的規模。截至目前，風力發電廠基本上是靠政府補助在運作。」那麼，廣受喜愛的豐田先驅車款和其他種類的低排氣量車呢？「它們是不錯，只不過，交通工具造成的汙染並不是那麼大的因素，」他說。

此外，煤用於發電實在太便宜了，禁止使用煤，等於是經濟自殺，尤其是對開發中國家而言。麥沃德認為，以配額和成本來限制燃煤廢氣排放量的總量控制與交易協定（cap-and-trade agreement）幫不了多少忙，部分原因是已經……

太遲了。大氣層裡二氧化碳量的半衰期約為一百年，部分二氧化碳已經在大氣層中存在了幾千年，所以，就算人類立刻停止燃燒所有化石燃料，現存的二氧化碳仍然會在大氣層裡續存好幾個世代。假設美國（或許再加上歐洲）奇蹟似地在一夜之間轉變成零碳社會，再假設它們勸服中國（或許再加上印度）廢止每一座燒煤的發電廠和柴油卡車，對於大氣層裡的二氧化碳量而言，這些可能幫不上太大的忙。順便提一下，你夢想中的零碳社會是……

太樂觀了。麥沃德說：「人們口中說的許多好事，恐怕並非好事。」他舉太陽能為例：「太陽能電池的問題在於它們是黑的，因為它們是用來吸收太陽光的，但吸收到的太陽光中只有一二%可轉化為電，其餘的都轉化成熱，再輻射出去，這會助長地球暖化。」

有關太陽能的廣泛討論，看起來雖動人，但真相很弔詭。為取代燃煤發電廠和其他類型發電廠提供的電力，所需建立的數千座新太陽能電廠，將會造成龐大的長期「暖化負債」（warming debt，麥沃德使用的名詞），「最終，我們會有很棒的零碳能源基礎建設，但在我們花三十至五十年建好這些太陽能電廠之前，溫室效應氣體排放和全球暖化只會一年比一年更糟，」麥沃德說。

這絕非指我們不應再考慮能源問題，高智發明公司及世界各地的發明者仍然致力於奪取聖杯：更便宜、更乾淨的能源形式。

但是，從大氣層的角度來看，我們大概可以把能源稱為「投入要素的兩難困境」（input dilemma）。那麼，「產出的兩難困境」（output dilemma）呢？若我們已經排放的溫室效應氣體的確導致了生態災難呢？

麥沃德並沒有否定這種可能性，他已經用更縝密的科學思維考慮過這種情境，其慎重仔細程度恐怕更甚於任何一位預言災難者。這種情境包括：格陵蘭島或南極洲的龐大冰原瓦解；北極圈的永凍層融化，導致釋出數量龐大的甲烷；以及他所描繪的「北大西洋的溫鹽環流系統（thermohaline circulation system）減弱或停止，這將導致墨西哥灣流停止。」

那麼，要是預言災難者說對了呢？若地球真的暖化到極危險的景況呢？（姑且別管是因為我們過度使用化石燃料，還是因為一些自然的氣候循環所致。）我們可不想坐等自食其果，不是嗎？

多些大屁股火山，大家便可高枕無憂了

一九八〇年，當麥沃德還是普林斯頓大學的研究生時，華盛頓州的聖海倫斯火山（Mount St. Helens）爆發，麥沃德雖位於近三千哩外，仍然看到他的窗臺上積了一層薄灰，「你很難不聯想到那是火山灰燼降落在你的宿舍寢室，」他說，「雖然，坦白說，我的房間本來就是一團髒亂啦。」

在孩提時期，麥沃德就已經很著迷於地球物理現象（火山、太陽黑子等），以及它們對氣候的影響史。小冰河期令他著迷到強迫家人特地去造訪紐芬蘭島的北端，據說，一千年前，雷夫・艾瑞克森（Leif Eriksson）及同行的維京人在那裡紮營。

火山與氣候之間的關聯性，並不是什麼新觀念。博學的班傑明・富蘭克林（Benjamin Franklin）寫了第一篇有關此主題的科學論文，在這篇發表於一七八四年的文章〈氣象的想像與推測〉（Meteorological Imaginations and Conjectures）中，他推斷最近發生於冰島的火山爆發，導致了特別嚴寒的冬天和涼爽的夏天，同時，「全歐洲和北美一大部分地區經常籠罩於霧中。」一八一五年四月，印尼的坦博拉火山（Mount Tambora）巨大爆發，造成「沒有夏天的一年」，這是一場全球性災難，穀物死亡，導致各地嚴重饑荒及搶食暴動，新英格蘭在六月還下起雪來。

誠如麥沃德所言：「所有大屁股火山爆發都造成一些氣候影響。」

全世界各地經常有火山爆發，但真正的「大屁股」很少，若非如此，嗯，我們現在大概就不必擔憂全球暖化的問題了。人類學家史丹利・安布羅斯（Stanley Ambrose）認為，七萬多年前發生於蘇門答臘島塔玻湖（Lake Tabo）的超級火山爆發，嚴重遮蔽陽光，以致引發了第一個冰河時期，幾乎使人類滅絕。

大屁股火山不同於一般火山之處，不僅在於其爆發時的噴出量，還有噴出物的去處。一般爆發把二氧化硫送至大氣層中最靠近地球的對流層，類似於燃煤發電廠排出的二氧化硫，兩者只在空中停留約一星期左右，就變成酸雨落回地面，通常離起源處幾百哩內。

大屁股火山爆發時，把二氧化硫噴射得更遠，到達大氣層中的平流層。距離地球表面約七哩或離兩極約六哩高處開始就是平流層，超越了這個門檻高度，各種大氣現象就出現了急劇變化，二氧化硫不但不會快速返回地表，還會吸收平流層裡的水蒸氣，形成快速流動的懸浮微粒雲，覆蓋地球的大部分。二氧化硫可以在平流層中滯留一或多年，因此影響地球的氣候。

當菲律賓的品納土玻火山在一九九一年爆發時，就發生這種情形，相較於品納土玻火山爆發，聖海倫斯火山爆發簡直就像打嗝。自一八八三年喀拉喀托火山⑩（Krakatoa）爆發後，一個多世紀以來，品納土玻火山爆發是所有火山中噴射最多二氧化硫至平流層的一次。在喀拉喀托火山爆發和品納土玻火山爆發相隔的一百多年間，科學已有相當的進步，全世界有許多科學家監視品納土玻火山，使用現代技術掌握每一筆可測量到的資料。品納土玻火山爆發導致的大氣影響很明顯：臭氧減少、更擴散的陽光，以及地球氣溫持續降低。

當時，麥沃德任職於微軟，但仍然持續研讀有關地球物理現象的科學文獻，他對品納土玻火山爆發所造成的氣候影響做了筆記。一年後，美國國家科學院出版長達九百頁的報告《溫室暖化的政策含義》（*Policy Implications of Greenhouse Warming*），其中有一章談的是地球工程，國家科學院對地球工程的定義：「針對我們的環境所進行的大規模工程，目的是對抗或抵消大氣層化學變化所造成的影響。」

換言之：若人類活動導致地球暖化，人類的足智多謀能使它降溫嗎？

只是科幻，不是科學？

人類從不曾停止過試圖操縱天氣，幾乎任何一門人類創造出的宗教都有祈雨儀式，但近幾十年，世俗主義者更進一步，從祈雨邁向造雨。一九四〇年代後期，位於紐約州軒內特迪市（Schenectady）奇異公司（General Electric）的三位科學家成功地用碘化銀造雲，這三人中包括化學家伯納德．馮內果（Bernard Vonnegut）；他的弟弟科特（Kurt Vonnegut）擔任這項計畫的公關，他後來成為世界知名的小說家，在作品中，他使用了不少在軒內特迪市學到的前衛科學。

美國國家科學院在一九九二年出版的那本報告，使得地球工程學的聲譽大漲，在此之前，它被廣泛視為狂想家和游手好閒的政府才會搞的東西。儘管如此，國家科學院的一些提案仍然顯得怪異，就連在馮內果的小說裡也是如此。例如，「多氣球銀幕」指的是讓數十億個鋁漆氣球升上天空，以使陽光偏斜；「太空鏡」方法是找來五萬五千張反射帆，使它們在地球高空軌道上運行。

國家科學院的這份報告也提高了刻意把二氧化硫散布於平流層的可能性，此構想係源自白俄羅斯氣候科學家米克海爾・布迪科（Mikhail Budyko）。在品納土玻火山爆發後，平流層裡的二氧化硫無疑地使地球降溫，但若能不依賴火山做這件事，那不是很好嗎？

不幸的是，把二氧化硫送進平流層裡的提案複雜、花錢、不實際。舉例而言，把砲彈射向天空；或是出動一隊使用高硫黃燃料的戰機，讓它們把氣體排到平流層裡。「這比較像科幻小說，而不是科學，」麥沃德說，「沒有一項計畫有經濟或實際的效益。」

另一個問題是，許多科學家嫌惡這種構想，尤其是卡爾戴拉這類友善大自然的科學家。在大氣層中傾倒化學物質以逆轉……在大氣層中傾倒化學物質所導致的傷害？這實在是瘋狂、以毒攻毒之計，似乎違反了環保主義的信條，那些把全球暖化視為宗教議題的人，難以想像出比這更嚴重的褻瀆之行了。

不過，卡爾戴拉認為，反對此構想的最佳理由是：它根本就行不通。

這是他在一九九八年於亞斯本舉行的一場氣候研討會上，聽了伍德的平流層二氧化硫演講後所得出的結論。身為一位重視數據勝過教條的科學家（縱使在他心中深藏著環保教條），卡爾戴拉使用一個氣候模型測試伍德的論點，他說：「我的目的是要終結所有地球工程的論述。」

但他失敗了。不論卡爾戴拉有多麼不喜歡這個概念，他的模型測試支持伍德的論點，就算大氣層中存在大量的二氧化碳，地球工程也能穩定氣候，卡爾戴拉寫了一篇研究報告這麼說。於是，最反對地球工程的卡爾戴拉變成皈依者，至少，他已經願意去探究這個概念。

正因此，十多年後，卡爾戴拉（曾經是反戰分子）、伍德（曾經是武器建構者），和麥沃德（曾經是維京人的狂熱粉絲）這三人，才會聚集在先前的哈雷機車維修廠裡，為阻止全球暖化而各展其才。

「通往天空的花園水管」

令卡爾戴拉吃驚的，並非只有平流層二氧化硫的降溫潛力而已，還有做這件事所需要的二氧化硫竟是那樣少：大約每分鐘三十四加侖，比粗口徑花園水管流出的水量多不了多少。

暖化主要是一種極地現象，也就是說，高緯度地區對氣候變遷的敏感度比赤道高四倍。高智發明公司估計，每年十萬噸的二氧化硫就可以有效逆轉高緯度北極圈的暖化，並減輕北半球大部分地區的暖化。

一年十萬噸，乍聽之下似乎很多，但相對而言，其實是一點點。現在，每年至少已有兩億噸的二氧化硫進入大氣層裡，大約二五％來自火山，二五％來自人類（例如汽車、燃煤發電廠），其餘來自大自然（例如海水浪花）。

所以，要產生全球改變作用，只須目前二氧化硫排放量一％的二十分之一，把它放到天空的更高點就行了。這怎麼可能呢？麥沃德的答案是：「槓桿效益！」

物理學和其他學門（例如化學）的差別，其祕密成分是槓桿作用。回顧高智發明公司用以阻止颶風的裝置「沙爾特下沉」，颶風之所以具有強大破壞力，是因為它們聚積了海洋表層的熱能，把它轉化為物理力，這就是一種原始的創造槓桿效益行動。「沙爾特下沉」在整個颶風季使用浪潮力量持續地讓溫水下沉，破壞了這種槓桿作用的創造過程。

「卡車、巴士、發電廠排出一公斤的二氧化硫到對流層，其效益遠低於排放到平流層，因此，直接把二氧化硫送進平流層，能產生龐大的槓桿效益，這是相當酷的一件事。所以，阿基米德才會說：『給我一個支點，我就能舉起整個地球⓫。』」

一旦你能消除道德教訓及疑慮不安，逆轉全球暖化的工作，就簡化至純粹的工程問題了：如何把每分鐘三十四加侖的二氧化硫送到平流層？

答案是：很長、很長的水管。

所以，高智發明公司才會把這項計畫取名為「通往天空的花園水管」；或者，當他們覺得應該使用更有技術味道的名稱時，就稱它為「穩定氣候的平流層護罩」。若考慮到此構想的發起人，以及用一個保護層來覆蓋地球的概念，或許應該把這個計畫取名為「布迪科的覆蓋毯」（Budyko's Blanket）。

對於任何喜愛便宜簡單解方的人而言，這真是再好不過了。以下是其運作方式：在一個基地站，燃燒硫磺以產生二氧化硫，再把二氧化硫液化，「這樣做的技術已是眾所周知，因為早在二十世紀初，二氧化硫就是冷媒氣體，」伍德說。

從基地站延伸至平流層的管子大約十八哩長，但重量極輕，「管徑只有幾吋，並不是什麼巨大的管線，其實就是專業用消防水管，」麥沃德說。

管子將以許多高強度的氦氣球懸掛支撐，以每間隔一百至三百碼的方式把管子固定於氦氣球上，高智發明公司稱此為「一串珍珠」。這串珍珠從離地二十五呎高開始，最高處約離地一百呎。

一連串的幫浦把液化二氧化硫抽送向天空，這些幫浦以每間隔一百碼的方式附著於管子上，幫浦也很輕，一個約重四十五磅，「比我家游泳池用的幫浦還小，」麥沃德說。不在基地站設一個巨大幫浦，而是使用許多小幫浦附著於管子上，這有幾項益處：在地上設一個巨大幫浦，將產生更大壓力，這麼一來，就需要用更重、更粗大的管子；

使用許多小幫浦，就算其中幾個故障，輸送工作也不會受阻；使用標準化規格的小幫浦，可以維持低成本。

管子末端有噴嘴，可以把無色的液化二氧化硫以噴霧方式噴向平流層。平流層的風速通常是時速一百哩，二氧化硫噴霧大約會籠罩地球十天左右，要形成「布迪科的覆蓋毯」，大約就需要這麼長的時間。由於平流層的空氣自然地盤旋向兩個極地，北極圈地區比較容易受到全球暖化影響，因此在高緯度地區噴灑二氧化硫是有道理的，也許可以在南半球和北半球各設一條管子。

麥沃德在最近的旅行中偶然發現了一個可能的理想基地站。他和比爾・蓋茲及巴菲特（Warren Buffett）一行人做了一趟旋風式教育巡迴演講，對象是各種能源生產者（核能電廠、風力發電廠等），其中一站是位於加拿大北部亞伯達省（Alberta）的阿塔巴斯卡油砂公司（Athabasca Oil Sands）。

在亞伯達省，從油砂（瀝青砂）中可以提煉出近兩千億桶的石油，但卻是比重高、骯髒的重質原油，那些原油不是躺在地下地殼的液態油池裡，而是像糖漿般混在地表的砂土裡。阿塔巴斯卡油砂公司不是鑽油井抽取原油，而是鏟起巨量的砂土，再把原油跟其他雜質區分開來。

其中，最豐富的雜質是硫磺，硫磺能賣到的價錢太低了，因此，石油公司根本就不去管它，只是把它堆積起來。「它們堆積成一座座的大黃山，約一百公尺高、一千公尺寬！」麥沃德說，「而且是階梯式地堆積起來，就像一座墨西哥金字塔，因此，你可以在上頭設置一個小抽取設備。只須一座硫磺山的一角，就能解決整個北半球的全球暖化問題。」

想想看，要是麥沃德身處紐約市和全球各地城市被馬糞淹沒的一百年前，可能會發生什麼有趣的事。也許，當人人看著堆積如山的馬糞，看到的是大災難時，麥沃德看到的可能是機會。

「布迪科的覆蓋毯」成本相對很低

總的來說，「布迪科的覆蓋毯」是一項極其簡單的計畫。考慮到氣候的複雜性，以及有這麼多我們仍然不知道的東西，或許，從小小的嘗試做起是有道理的。使用消防水管方法，你可以開始用少量的硫磺進行試驗，監視其結果，你可以輕易地增量或減量，必要的話，也可以停止，這流程不涉及任何的永久性或不可逆轉性。

此外，這方法出奇地便宜。高智發明公司估計，只須兩年時間就能準備好「拯救極地」計畫，花費約兩千萬美元，年營運成本約一千萬美元。若冷化兩極地仍嫌不夠，高智發明公司已經擬好「拯救地球」計畫，不是只設兩個基地站，而是在全球各地設立五個基地站，每個基地站設置三條管子，這樣便能把三到五倍量的二氧化硫送進平流層。就算如此，這也只是現今全球硫磺排放量的不到一%，高智發明公司估計，約三年時間就能準備好「拯救地球」計畫，初始成本約一億五千萬美元，年營運成本約一億美元。

所以，「布迪科的覆蓋毯」用總成本約兩億五千萬美元，就能有效逆轉全球暖化。相較於經濟學家尼可拉斯．史登（Nicholas Stern）提議，一年花一兆兩千億美元來處理此問題，高智發明公司的點子簡直稱得上是免費。相較於高爾的基金會光是為了提高全球暖化問題的大眾意識所花的三億美元宣導費用，高智發明公司阻止全球暖化的點子也少花了五千萬美元的成本。

我們在本章一開始提出的問題：「美國前副總統高爾和菲律賓品納土玻火山有何共同點？」（原書章名）解答之鑰就在這裡。這個問題的答案是：高爾和品納土玻火山都建議了使地球降溫的途徑，只不過，兩種方法的成本效益是天壤之別。

我們不否認「布迪科的覆蓋毯」的潛在阻礙，事實上，潛在阻礙多得很。首先要問：「它管用嗎？」

科學證據說它管用。基本上，這是品納土玻火山爆發的一種控制性模擬，科學界已經詳盡地研究過品納土玻火山爆發後產生的冷化作用，結論迄今未受質疑。

這項計畫的最牢固科學論證，或許是來自荷蘭的大氣科學家保羅．克魯琛（Paul Crutzen），他的環保意識恐怕比卡爾戴拉還要深厚。克魯琛因為在大氣臭氧層破洞流失方面的研究貢獻，贏得一九九五年諾貝爾化學獎，可是，他在二〇〇六年於《氣候變遷》（*Climate Change*）期刊上發表了一篇論文，悲嘆減少排放溫室效應氣體的種種努力：

「總的來說，並不成功。」他也在文中承認，在平流層裡注入二氧化硫，「是迄今唯一能夠快速降低溫度和對抗其他氣候作用的選擇。」

克魯琛的擁抱地球工程，被氣候科學界視為異端，一些同儕開始停止引用及發表他的論文。這位被尊崇為「臭氧博士」的專家怎麼可能會為這種做法背書呢？這種做法造成的環境傷害不會大於益處嗎？

事實上，不會。克魯琛認為，這種做法對臭氧層的傷害非常小，二氧化硫最終將在兩極地區沉澱，但量相當少，不太可能造成明顯傷害。若真出現問題，克魯琛寫道：「只要一聲通知，就能立刻停止注入二氧化硫的動作，……這可以讓大氣層在短短幾年內就重返先前狀態。」

另一個反對地球工程的論點是，這種做法是刻意改變地球的自然狀態，對此，麥沃德給了一個簡單回答：「我們早已經對地球施以地球工程了。」

這是免費的慈善工作

再過幾個世紀，我們就會燒光花了三億年的生物累積形成的絕大部分化石燃料，跟這相比，在天空注入少量的二氧化硫，似乎輕微得多。誠如伍德所言，硫磺甚至不是對平流層最合適的化學物質，其他聽起來較無害的物質（例如覆鋁的塑膠微珠），能夠形成更有效的遮光劑。但是，硫磺是最令人中意的選擇，「只是因為我們已經有火山爆發提供了可行性的證明，此外，還加上無害性的證明，」伍德說。

伍德和麥沃德的確擔心「布迪科的覆蓋毯」可能會導致「汙染的藉口」，也就是說，這個解方原本可以為我們買時間，以找出新的能源解決方案，但它的功效可能反而導致人們就此滿足，不再尋找新的能源解決方案。不過，麥沃德認為，以此理由責怪地球工程，猶如責怪心臟手術挽救了一個吃太多炸薯條、又不運動的人的性命。

也許，反對「花園水管」構想的最佳理由，是它太簡單、太便宜了。截至本書撰寫之際，還沒有什麼管制法規禁止任何人（政府、私人機構、甚至個人）在大氣層裡注入二氧化硫。（若有這種管制法規的話，全世界近八萬座燃煤發電廠中，有許多發電廠可能麻煩大了。）儘管如此，麥沃德仍承認，若有人單方面地興建這東西，「恐怕會嚇壞人們。」不過，這得看是誰興建的，如果是高爾興建的，他搞不好會因此贏得第二座諾貝爾和平獎；如果是委內瑞拉的查維茲（Hugo Chávez）興建的，美國可能會立刻派幾架戰鬥機去拜訪他。

你也可以想像，針對由誰掌控「布迪科的覆蓋毯」的操縱裝置，可能會爆發戰爭。仰賴高油價的國家，其政府可能會加快注入二氧化硫，使地球氣溫變得格外低；反觀某些國家的政府，可能會比較希望農作物有較長的生長季節。

伍德回憶他曾經發表的一場演講，他在那場演講中提到，在平流層裡形成一層護罩，也有助於過濾掉有害的紫外線。一名聽眾說，較少的紫外線將導致更多人罹患軟骨病。

「我的回答是，」伍德說，「你的藥劑師可以用維他命D解決此問題，這對你的整體健康也有幫助。」

圍坐在高智發明公司會議桌邊的所有飛彈科學家、氣候科學家、物理學家和工程師們，對伍德的這個機伶回答莞爾而笑。接著，有人問到，有了「布迪科的覆蓋毯」這個錦囊妙計，高智發明公司接下來是不是應該開始研究預防軟骨病的專利方法。這下，他們笑得更大聲了。

不過，這不完全是個玩笑話。不同於高智發明公司的大多數其他專利，「布迪科的覆蓋毯」沒有明確的獲利途徑，麥沃德說：「若你是這家公司的投資人，你大概會問：『請再解釋一次，你為何要研發這東西？』」事實上，在高智發明公司花最多時間的計畫中，有許多實質上是免費的慈善工作，其中包括愛滋病和瘧疾的各種解方。

「坐在桌子那一邊的那位是世上最偉大的慈善家，」伍德用頭點向麥沃德，咯咯發笑地說，「他不是出於自願的啦，但他的確是。」

麥沃德儘管很不苟同時下普遍盛行的全球暖化觀點，但他快速否認自己否定全球暖化現象（若是如此，他就不會花自己公司這麼多的資源在尋找解方了）。他也不主張立即布署「布迪科的覆蓋毯」，他認為，像這樣的技術，應該多些研究與測試，以做到更完善的準備，以便萬一最糟糕的氣候預測情境真的成真時，可以立即派上用場。

「這有點像是建築物的消防灑水裝置，」他說，「一方面，你應該盡全力避免發生火災；但你也應該有萬一發生火災時的撤退機制。」同等重要的是，他說：「這可以讓我們有喘息的空間去尋找無碳能源。」

麥沃德也急切於把地球工程向前推進，因為他看到全球暖化運動人士近年來形成一股「急進的勢力」。

「他們嚴肅地提議做一些可能對人類生活產生巨大影響的事，在我們看來，這些可能是負面影響，」他說，「他們想把巨量的經濟價值轉移至當前的、急躁的反碳行動上，沒有徹底思考，這將嚴重拖累世界經濟，數十億窮人將大大延後獲得第一世界的生活水準，甚至永遠無法獲得。在美國，我們相當有餘裕可以負擔得起，做任何我們想要做的能源與環保先鋒，但世界其他地區的人們將嚴重受苦。」

地球工程是瘋子做的事？

有些新構想，不論多麼有用，都無可避免地引起反感與敵視。前面章節提到的人體器官市場就是一個例子，儘管這樣的市場每年可能挽救幾萬人的性命。

假以時日，有些構想總會得以跨越敵視障礙，獲得實現，例如：對貸款索取利息，出售人的精子或卵子，因為心愛的人早死而獲益。最後這個例子當然是指人壽保險的理賠方式，今天，拿自己的死亡當賭注，以便為你的家人獲取保障，這是標準實務；但在十九世紀中葉以前，壽險被視為「瀆神」，如同社會學家薇薇安娜・齊立澤（Viviana Zelizer）所述：「這是把死亡這件嚴肅的事，變成了鄙俗的商品。」

「布迪科的覆蓋毯」也許會因為受到過度敵視，而永遠未能獲得實現的機會。刻意的汙染？玩弄平流層？把地球的氣候交到西雅圖一群自負傢伙的手裡？這樣的解方能夠獲得像克魯琛和卡爾戴拉這樣氣候學界重量級人物的背書，誠屬難能可貴，但他們只是科學家，在這場戰役中，真正的重量級人物是像高爾這樣的人。

高爾對地球工程保持什麼樣的看法呢？

「一言以蔽之，我認為那是瘋子做的事，」高爾說。

若「通往天空的花園水管」這個構想不能起飛，高智發明公司還有另一個仰賴相同科學的提案，但也許比較不會遭到敵視。為使地球降溫所需要的平流層二氧化硫量，等同於幾座燃煤發電廠已經排出的二氧化硫量，因此，第二項計畫的要求便是，只須將幾座設於策略性地點的燃煤發電廠的煙囪，向更高的天空延伸，這麼一來，它們就不是在幾百米的天空中排出充滿二氧化硫的黑煙，而是排放到十八哩左右高的天空，進入到平流層裡，產生的淨降溫效果跟「通往天空的花園水管」一樣。

這項計畫較動人，因為它只是讓現有的汙染肩負新目的，無須增加任何汙染。雖然十八哩高的煙囪聽起來似乎難以興建，但高智發明公司已經想出興建的方法：基本上，只須在現有的發電廠煙囪上加上一個細長的熱氣球，形成一條渠道，讓熱硫磺氣藉著自己的浮力，升到平流層裡。這項計畫的名稱自然是：「通往天空的煙囪」。

若連這項計畫也遭嫌惡敵視，高智發明公司還有另一種全然不同的東西，這項計畫真的就如天堂一般了：充滿蓬鬆白雲的天空。

濕鏡與蓬鬆的雲朵

這是英國氣候科學家約翰・萊瑟姆（John Latham）的構想，他最近加入了高智發明公司的發明家行列。六十多歲的萊瑟姆文質彬彬，談吐溫和，也是一位認真的詩人。很久以前，他和當時年僅八歲的兒子麥克一起站立於北威爾斯的一座山頂，向下凝視日落美景，麥克指著被日落照耀得光彩奪目的雲朵，稱它們為「濕鏡」（soggy mirrors），這句話引起了萊瑟姆的注意。

沒錯！

「總的來說，雲的角色就是產生降溫作用，」萊瑟姆說，「若大氣層裡不存在雲，地球將會比現在熱上許多。」

就算是人造的雲（例如噴射飛機的凝結尾跡），也有降溫作用。九一一恐怖攻擊事件後，美國的所有商業航班停飛三天，科學家們使用來自全美四千多個氣象站的資料，發現航班的突然全面停飛，導致地表溫度突然升高了將近華氏兩度（或攝氏一・一度）。

雲的形成至少需要三項基本成分：上升的空氣、水蒸氣，以及名為「雲凝結核」

(cloud condensation nuclei)的固體粒子。在飛機飛行中，排氣煙雲裡的粒子就是凝結核；在大片陸地上，塵粒子扮演此角色。萊瑟姆解釋：但在海洋上空，這種對雲朵友善的粒子就遠少得多，因此雲中含的小液滴較少，把太陽光反射回太陽的效果較低，這樣一來就有較多陽光抵達地表，而海洋的顏色深，特別會吸收陽光的熱。

根據萊瑟姆的計算，只要使海洋上空的雲反射量增加一〇%至一二%，就足以使地球明顯降溫，哪怕目前溫室效應氣體量增加一倍，其導致的升溫效果也能被抵消掉。他提出的解方是：用海洋來製造更多的雲。

海水浪花中富含的鹽分，可以為雲的形成提供極佳的凝結核，只須設法使浪花噴到離海面幾碼高的空中就行了，從那裡，它自然會升至雲形成的高度。

高智發明公司考慮了使浪花噴高的幾種方法，目前，他們最青睞的構想，是使用一批由史帝芬．沙爾特設計的風力玻璃纖維船，在水面下的渦輪機可產生足夠推動力，以不斷激出浪花。由於這些船不使用引擎，因此不會造成汙染；唯一需要的要素——海水與空氣——當然是免費；而浪花量（以及進而形成的雲反射量）可以輕易調整；同時，雲也不會移至地面上空，不會導致農作物失去它們非常需要的陽光。這種解方的估計成本是：最初的模型打造低於五千萬美元，然後再花幾十億美元建造，足以抵消至少到二〇五〇年以前的預測升高溫度的一批船。在棘手問題的便宜簡單解方中，難以想到有比萊瑟姆的「濕鏡與蓬鬆雲朵」解方更雅致的例子了，這是連環保意識最強的人都會喜愛的地球工程。

限制消費是誘因薄弱的邀請

儘管如此，麥沃德擔心，恐怕就連高智發明的最溫和提案，都難以在某些環保主義圈子受到青睞。在他看來，這實在不合理。

「若你相信嚇人的情境可能成真，那你就應該承認，只仰賴減少二氧化碳排放量並不是很好的解方，」他說。換言之：相信碳導致的全球暖化世界末日情境，且相信只須靠減少新的碳排放量，就能避免這種末日情境，這是不合邏輯的。「就算我們做出極困難費力的努力，去減少碳排放量，嚇人的情境仍然可能發生，在這種情況下，唯一正確的解方是地球工程，」麥沃德說。

另一方面，高爾以自己的邏輯反擊：「若我們的知識都還不足以停止每天把七千萬噸導致全球暖化的汙染物排入大氣層，看在上帝的份上，我們又如何有足夠的知識去抵消它呢？」

但是，若你不是只抱持熱心人道主義者的思維，而是試著像經濟學家那樣冷靜理性地思考，就會發現高爾的這番邏輯是不合理的。並非我們不知道如何停止汙染大氣層，而是我們不想停止，或不願意為此付出代價。

別忘了，大多數汙染是人類消費行為的負面外部性，不論工程學或物理學有多困難，要使人類改變他們的行為，恐怕更加困難⓬。目前，限制消費所能獲得的報酬相當薄弱，過度消費遭受的懲罰也很薄弱，高爾和其他環保主義人士祈求人類少消費以達成少汙染，這是高尚的邀請，但不是誘因夠強的邀請。

至於集體的行為改變，儘管聽起來有趣，但其實是極難捉摸、掌握之事。不信的話，問問西梅爾魏斯醫生。

自負的醫生

一八四七年，當西梅爾魏斯解開產褥熱之謎時，他廣獲喝采被視為英雄，對吧？恰恰相反。沒錯，在他下令醫生執行屍體解剖後必須徹底洗手消毒後，維也納綜合醫院的產房死亡率大幅降低了。但在別處，醫生們漠視西梅爾魏斯的發現，他們甚至嘲笑譏諷他，他們說，如此嚴重的疾病，豈是光靠洗手就能防止的！再者，那個年代的醫生多半是高傲之士，無法接受自己是禍害根源的論點。

西梅爾魏斯感到非常沮喪，歷經時日，他的沮喪凝結成尖酸刻薄的言詞，他視自己為遭輕蔑的救星，把每位批評其理論的醫生貼上「婦女和嬰兒的謀殺者」標籤。他的爭論往往變得荒謬、失去理智；他的個人行為變得很怪異，包括下流及不得體的舉止，他的太太甚至發現他在性行為方面的變化。後人回顧，無疑地，當時的西梅爾魏斯已經漸漸發瘋了。四十七歲時，西梅爾魏斯被用計哄騙至一家精神病院，他發現時試圖逃走，但遭幾名守衛嚴重毆打後穿上約束衣，被強制關入一間陰暗的禁制房裡，僅僅兩週後便撒手人寰，他的聲譽也被徹底粉碎。

但這並不意味著他的洞察與理論不正確，在他死後，路易・巴斯德（Louis Pasteur）的細菌論研究證實了他的論點。此後，診療病患之前先徹底淨手，才成為醫生的標準實務。

那麼，現代的醫生有沒有遵照西梅爾魏斯的指令呢？

大量近年的研究調查顯示，在醫院人員應該清潔或消毒雙手的情況中，實際做到者不到一半，其中，醫生是最嚴重的違規者，比護士或助理人員還要馬虎。

這種疏忽似乎令人難解。在現代世界，我們往往相信，最能避免危險行為的方法是教育，從全球暖化、防止愛滋病到酒駕，幾乎所有大眾意識宣導的背後思維，都是這個信念，而醫生是醫院裡教育水準最高的一群。

在一九九九年發表的〈犯錯乃人之常情〉（To Err Is Human）這份研究報告中，美國國家醫學研究院（Institute of Medicine）估計，每年有四萬四千名至九萬八千名美國人，死於可預防的醫院疏失與錯誤，這比死於車禍或乳癌的人數還要多。其中，發生最多的疏失之一是傷口感染，而防止感染的最佳藥物是什麼？要求醫生勤於洗手⑬！

這份報告出爐後，全美各地的醫院趕緊矯正問題。就連洛杉磯的西德斯西奈醫學中心（Cedars-Sinai Medical Center）這種世界級醫院也發現需要改進，因為該院的手部衛生遵守率只有六五％，資深行政管理人員還設立了一個委員會，負責找出高疏忽率的原因。

他們指出，首先，醫生非常忙碌，花在洗手上的時間就是非診療病患的時間。那位曾經在華盛頓醫院急診室推動改革的克瑞格・費德（參見第二章）估計，他經常在一次當班中和超過一百名的病患互動，「若我遵守規定，每接觸一名病患後就跑去洗手，那麼，我有將近一半的當班時間會是站在洗手台前，」他說。

再者，洗手台並不一定設在便利、應該設置的地點，而且，有時會被器材或家具擋住，這種情形尤其常見於病房。西德斯西奈醫學中心跟其他許多醫院一樣，有普瑞爾（Purell）掛牆式消毒洗手液，但這些也經常被忽視。

公布醫生手上令人作嘔的細菌

醫生的疏於洗手，似乎也涉及一些心理因素。第一項心理因素，我們或許可以寬宏大量稱它為「認知不足」（perceptional deficit）。在澳洲一家兒童醫院的加護病房進行的五個月調查中，醫生被要求記錄自己的洗手頻率，他們的自我報告顯示確實洗手率為七三％，雖不完美，但也不太差。

但是，這些醫生並不知道，護士在暗中監視並記錄他們的手部衛生遵守率：實際上只有九％。

保羅．西爾卡（Paul Silka）是西德斯西奈醫學中心的急診室醫生，兼任該醫院的幕僚長，他指出第二項心理因素：傲慢。「當醫生一陣子後，你可能產生自負心理，」他解釋，「你會說：『嘿，我不可能帶著壞病菌，是醫院的其他人員帶著壞病菌。』」

西爾卡和西德斯西奈醫學中心的其他管理者，下定決心要改變同僚的行為，他們嘗試了各種激勵與誘因措施：以海報和電子郵件進行溫和的誘勸；每天早上以一瓶普瑞爾消毒洗手液問候醫生；成立一支手部衛生安全巡邏隊，巡視各科及病房區，對那些被看到正確洗手的醫生給予十美元星巴克咖啡消費卡。你大概會以為，身為醫院裡薪資最高的一群人，這些醫生對於十美元的獎勵應該是無動於衷才對，「但沒有一位醫生拒絕這張消費卡，」西爾卡說。

幾週後，西德斯西奈醫學中心的手部衛生遵守率提高了，但離夠高水準還差得遠。這項新聞由該醫院的流行病學家瑞荷．莫提（Rekha Murthy）在幕僚長顧問委員會午餐會報中宣布，這個委員會有二十名成員，大多數是該醫院頭銜最高的醫生，這項報告令他們公開地顏面無光。午餐會報結束時，莫提發給他們每人一個瓊脂培養皿（消毒過的有蓋培養皿，裡頭有一層瓊脂培養基），並告訴他們：「我想要培養你們手上的細菌。」

他們在培養皿裡印上自己的手掌，交給莫提送去實驗室。細菌培養結果「令人作嘔、吃驚，有大量的細菌集群，」西爾卡回憶。

這些是醫院裡最重要的人物，他們告訴其他人該如何改變行為，但就連他們自己的手也不乾淨！（啊，最令人不安的是，這是在午餐會報上採集的樣本呢！）

很多醫院大概會把這樣的資訊隱藏起來，不過西德斯西奈醫學中心的管理階層決定，利用手印布滿細菌的令人作嘔作用，他們把其中一張相片安裝到全醫院的電腦上作為螢幕保護程式。對於接受訓練、並宣誓救人的醫生而言，這種觸目驚心的警告比任何其他的激勵誘因更有成效，西德斯西奈醫學中心的手部衛生遵守率，立刻上升至接近百分之百。

消息傳開後，其他醫院也開始仿效這種「螢幕保護程式」解方，為何不呢？它便宜、簡單、又有效！

這是快樂的結局，對吧？

對，不過……，再深入思考，為何得花這麼多工夫去勸服醫生，做他們打從西梅爾魏斯那個年代就已經知道該做的事？遵守規定的價格（只不過是洗手而已）這麼低，不遵守的潛在成本（喪失人命）這麼高，為何如此難以改變他們的行為？

跟汙染問題一樣，答案還是跟外部性有關。

給他個洗手的誘因吧！

醫生不洗手，主要並非他自己的生命受到危及，而是被他診療的下一名病患，特別是有開放性傷口或免疫系統衰弱受損的病患。病患接受到的危險病菌是醫生行為造成的外部性，就如同汙染是所有開車的人、使用冷氣的人、製造煤煙的人所造成的外部性。汙染製造者缺乏足夠的誘因去停止汙染，醫生缺乏足夠的誘因去洗他的手。

這就是改變行為之所以如此困難的原因。

所以，與其集體絞擰我們骯髒的雙手，為如此難以改變的行為而苦惱，何不想出工程或設計或誘因解方，以代替對這種改變的需求呢？

高智發明公司在應付全球暖化問題時，就是這麼想的；公共衛生官員最終訴諸降低醫院感染率時，也是這麼想的。其中，最好的解方包括：對進入醫院的病患使用拋棄式量血壓戴套；用銀離子液浸泡醫院器材，以形成一層抗微生物護膜；禁止醫生打領帶，因為如同英國衛生署所指出：領帶很少清洗，對診療病患沒什麼有益的功能，且證據顯示，醫生的領帶上布滿大量病原體。

正因此，克瑞格・費德多年來都是佩戴蝶形領結，他也幫助發展出一種虛擬實境介面，讓穿上手術袍、戴上手套的外科醫生可以用X光捲動電腦螢幕，不需要實際觸及電腦，因為電腦鍵盤及滑鼠上布滿的病原體數量，不少於醫生領帶上的病原體數量。下一回你在醫院病房裡，不要拿起電視遙控器，記得先讓它經過日光照射殺菌後再使用。

為防愛滋大家割包皮

當改變行為所促成的大部分益處都將落在他人身上時，就很難使人們改變行為，這一點大概不太令人意外。不過，若是攸關自身福祉，我們就一定會改變行為，對吧？

不幸地，並非如此。若真是如此，大概所有減肥方法都會有效（實際上，大概也不會有減肥的必要）；若是如此，絕大多數的吸菸者都會戒菸；若是如此，凡是上過性教育課程的人，都不會成為意外懷孕者。知道和做是兩碼子事，特別是在涉及壓力之下。

以非洲的愛滋病毒和愛滋病高感染率為例，多年來，世界各地的公共衛生官員致力於對抗此問題，他們宣導各式各樣的行為改變——使用保險套、限制性伴侶人數等。不過，法國研究人員柏川・奧維特（Bertran Auvert）最近在南非進行的一項醫學檢驗，獲得了令人振奮的發現，而且令人振奮到這項檢驗被停止，以便立即展開新的預防性措施。

這項神奇療法是什麼呢？

割包皮。奧維特和其他科學家並不充分了解原因，但他們發現，割包皮可以使異性戀男士感染愛滋病毒的風險降低達六〇％。在肯亞和烏干達進行的後續研究也得出一致結果。

於是，在非洲各地，開始有更多男人割包皮。「人們向來接收到的是著眼於改變行為的政策宣導，」一位南非衛生官員說，「但割包皮是一種手術性干預方法，冰冷、堅硬。」

割包皮顯然是極個人性的決定，我們幾乎不會為了要不要割包皮而去諮詢他人。不過，對於那些選擇割包皮的人，這裡要簡單提醒一下：在醫生靠近你之前，請先確定他已經洗過手了。

注解

我們來融化冰帽吧！：關於全球冷化的段落，見：哈洛德．舒麥克（Harold M. Schmeck Jr.）的〈氣候變化危及世界糧食產量〉（Climate Changes Endanger World's Food Output），《紐約時報》，一九七四年八月八日；彼得．奎恩（Peter Gwynne）的〈冷化的世界〉（The Cooling World），《新聞周刊》，一九七五年四月二十八日；華特．蘇利文（Walter Sullivan）的〈科學家問為什麼世界氣候在改變；大範圍的冷化可能會提前〉（Scientists Ask Why World Climate Is Changing；Major Cooling May Be Ahead），《紐約時報》，一九七五年五月二十一日。一百年來的地面溫度出自〈二〇〇七年氣候變化：綜合報告〉（Climate Change 2007：Synthesis Report），聯合國氣候變遷國際委員會（IPCC）。

❶ 本文引述的所有羅夫洛克論述，皆取材自他的著作《蓋婭的復仇》（*The Revenge of Gaia：Earth's Climate Crisis and the Fate of Humanity*）（Basic Books，2006）。羅夫洛克是一名科學家，他最為人知的事蹟大概是他提出的「蓋婭假說」，認為地球基本上是一個活的生物，跟人類很像，但在許多方面比人類優異。他針對這個主題寫了幾本書，包括《蓋婭：地球醫學的實踐科學》（*Gaia：The Practical Science of Planetary Medicine*）（Gaia Books，1991）。

牛是邪惡的污染者：甲烷作為溫室氣體的效果與二氧化碳比較是卡內基科學研究所的氣候科學家肯恩．卡爾戴拉（Ken Caldeira）計算的，根據聯合國跨政府氣候變遷小組IPCC的第三次評估報告。**反芻動物比交通部門產生更多溫室氣體**：見〈家畜的深遠影響：環境問題和選擇〉（Livestock's Long Shadow：Environmental Issues and Options），聯合國農糧署，羅馬，二〇〇六年；與小林成基的〈運輸及其基礎設施〉（Transport and Its Infrastructure），第五章出自IPCC第三次評估報告，二〇〇七年九月二十五日。

善意的本地飲食者：見克里斯多夫・韋伯（Christopher L. Weber）與史考特・馬修斯（H. Scott Matthews）的〈飲食選擇在美國的食物里程和相對氣候影響〉（Food-Miles and the Relative Climate Impacts of Food Choices in the United States），《環境科學與技術》（*Environmental Science and Technology*）42，no. 10（April 2008）；詹姆斯・麥克威廉斯（James McWilliams）的〈論本土膳食主義者〉（On Locavorism），蘋果橘子經濟學部落格，《紐約時報》，二〇〇八年八月二十六日；還有麥克威廉斯的《只是食物》（*Just Food*）（Little, Brown, 2009）。

多吃袋鼠：見〈環保袋鼠屁可以幫助全球暖化：科學家〉（Eco-friendly Kangaroo Farts Could Help Global Warming: Scientists），法新社新聞，二〇〇七年十二月五日。

全球暖化是個「獨特棘手問題」：關於「可怕案例情境」，見馬丁・魏茲曼（Martin L. Weitzman）的〈建立和解釋災難性氣候變化的經濟學〉（On Modeling and Interpreting the Economics of Catastrophic Climate Change），《經濟學與統計學評論》（*The Review of Economics and Statistics*）91，no. 1（February 2009）。**史登的警告**：見尼可拉斯・史登（Nicholas Herbert Stern）的《氣候變化的經濟學：史登評論》（*The Economics of Climate Change: The Stern Review*）（劍橋大學出版社，2007）。

❷ 關於不確定性的影響，有許多探討論述可參考，尤其是拿不確定性和它的表親——風險——相比

較的文獻，不勝枚舉。為行為經濟學的誕生奠定基礎的以色列心理學家阿默斯．特沃斯基（Amos Tversky）和丹尼爾．康納曼（Daniel Kahneman），針對人們如何在壓力下做決策進行了開創性研究，他們發現，不確定性會導致「嚴重且系統性的判斷錯誤」。〔參閱〈不確定性下的判斷：啟發和偏見〉（Judgment Under Uncertainty : Heuristics and Biases），出自《不確定性下的判斷：啟發和偏見》（*Judgment Under Uncertainty : Heuristics and Biases*），丹尼爾．康納曼、保羅．斯洛維克（Paul Slovic）與阿默斯．特沃斯基編著，[劍橋大學出版社，1982]〕。

本書作者曾經在《紐約時報雜誌》專欄中探討對核能發電的恐懼〔〈珍芳達效應〉（The Jane Fonda Effect），September 16, 2007〕，文中闡述了風險與不確定性的差別：「經濟學家法蘭克．奈特（Frank Knight）對做決策時的兩項重要因素——風險與不確定性——做出了區分。奈特指出，這兩者最主要的差別在於，風險（不論多大的風險）可以衡量，但不確定性無法衡量。風險和不確定性在人們心中的分量如何呢？來看看一項著名實驗的例示，這項稱為『艾斯柏格矛盾』（Ellsberg Paradox）的實驗如下：有兩個缸子，你被告知第一個缸子裡有五十顆紅球和五十顆黑球，第二個缸子裡也有紅球和黑球總計一百顆，但不知道每種顏色的數量。若要你從任何一個缸子裡取出一顆紅球，你會選擇哪一個缸子？在實驗中，大多數人選擇第一個缸子，這顯示他們偏好可衡量的風險，較不喜歡無法衡量的不確定性——經濟學家稱這種現象為『模糊趨避』（ambiguity aversion）。所以，我們能不能這麼說：如今，核能發電雖有其風險性，但相較於全球暖化的不確定性，人們會偏好前者？」

艾爾．高爾的「我們」運動：見www. climateprotect.org與安德魯．雷夫金（Andrew C.

Revkin）的〈高爾集團計畫以廣告突擊全球暖化〉（Gore Group Plans Ad Blitz on Global Warming），《紐約時報》，二〇〇八年四月一日。異端鮑里斯・強森（Boris Johnson）：見鮑里斯・強森的〈我們已經失去了對地獄之火的恐懼，但把氣候變遷置於其位置〉（We've Lost Our Fear of Hellfire, but Put Climate Change in Its Place），《英國電訊報》，二〇〇六年二月二日。「**變得幾乎毫無生命**」：見彼得・沃德（Peter Ward）的《美狄亞假說：地球上的生命最終是自我毀滅的》（*The Medea Hypothesis：Is Life on Earth Ultimately Self-Destructive?*）（普林斯頓大學出版社，2009）；德瑞克・貝內特（Drake Bennett）的〈深綠：一位科學家認為，自然世界不是仁慈、具持久性的：這是對自我毀滅的追求〉（Dark Green：A Scientist Argues That the Natural World Isn't Benevolent and Sustaining：It's Bent on Self-Destruction），《波士頓環球報》，二〇〇九一月十一日。**人類活動與碳排放**：見肯尼斯・張（Kenneth Chang）的〈衛星會追踪二氧化碳〉（Satellite Will Track Carbon Dioxide），《紐約時報》，二〇〇九二月二十二日；關於NASA對二氧化碳的看法更多詳情請參閱http：/oco.jpl.nasa.gov/science/。

❸ 外部性可分為正面外部性和負面外部性，作者此處敘述的是負面外部性。

挖煤礦的負面外部性：關於**美國礦工死亡**，見美國勞工部礦業安全與保健署的〈一九〇〇年至二〇〇八年的採煤喪命人數〉（Coal Fatalities for 1900 Through 2008）與傑夫・古德爾（Jeff Goodell）的《大煤炭：美國能源的未來其背後的骯髒祕密》（*Big Coal：The Dirty Secret Behind America's Energy Future*）（Houghton Mifflin，2007）。肺病死亡數字摘自國家職業安全與健康研究所（National Institute for Occupational Safety and Health）的報告。

❹ 根據中國政府的統計數字，**煤礦工人的死亡人數**是：二〇〇六年有四、七四六人，二〇〇七年有三、七八六人，二〇〇八年有三、二一五人；但這些數字很可能是低估的。見〈中國煤礦致死率下降，但前景嚴峻〉（China Sees Coal Mine Deaths Fall, but Outlook Grim），路透社，二〇〇七年一月十一日；〈更正：二〇〇八年煤礦死亡三、二一五人〉（Correction：3,215 Coal Mining Deaths in 2008）China.org.cn網站，二〇〇九年二月九日。

路捷：見伊恩・艾爾斯（Ian Ayres）與李維特的〈衡量無法觀察的受害者預警帶來的正面外面性：路捷的實證分析〉（Measuring Positive Externalities from Unobservable Victim Precaution：An Empirical Analysis of LoJack），《經濟學季刊》（*Quarterly Journal of Economics*）113，no. 8（February 1998）。

蘋果樹與蜜蜂：見米德（J. E. Meade）的〈競爭環境下的外部經濟和不經濟（外部性）〉（External Economies and Diseconomies in a Competitive Situation），《經濟期刊》（*Economic Journal*）62，no. 245（March 1952）；與張五常（Steven N. S. Cheung）的〈蜜蜂寓言：經濟調查〉（The Fable of the Bees：An Economic Investigation），《法律與經濟學》（*Journal of Law and Economics*）16，no. 1（April 1973）。張五常在他的論文中寫了個佳句：「事實就像翡翠，不僅取得代價昂貴，也很難驗證。」關於這個洞見的奇特轉折，參閱杜伯納的〈Not as Authentic as It Seems〉，蘋果橘子經濟學部落格，《紐約時報》，二〇〇九年三月二十三日。

品納土玻火山：噴發的戲劇性描述，見芭芭拉・德克爾（Barbara Decker）的《火山》（*Volcanoes*）（Macmillan，2005）。關於它對全球氣候的影響，見：理查・克爾（Richard

Kerr）的〈品納土玻火山順利讓全球冷化〉（Pinatubo Cooling on Target），《科學》，一九九三年一月；明尼斯（P. Minnis）等人的〈品納土玻火山噴發對氣候造成的輻射驅動力〉（Radiative Climate Forcing by the Mount Pinatubo Eruption），《科學》，一九九三年三月；葛瑞格・布魯斯（Gregg J. S. Bluth）等人的〈爆裂性火山噴發對平流層硫濃度之影響〉（Stratospheric Loading of Sulfur from Explosive Volcanic Eruptions），《地質學報》（*Journal of Geology*），一九九七年；布萊・恩索登（Brian J. Soden）等人的〈品納土玻火山爆發後的全球冷化：水蒸氣對氣候反饋作用的測試〉（B Global Cooling After the Eruption of Mount Pinatubo：A Test of Climate Feedback by Water Vapor），《科學》，二〇〇二年四月；還有威格利（T. M. L. Wigley）的〈氣候穩定綜合緩解／地球工程方法〉（A Combined Mitigation/Geoengineering Approach to Climate Stabilization），《科學》，二〇〇六年十月。

智財權創投與地質工程：

❺ 這一節及後面多節內容，主要取材自我們在二〇〇八年初造訪華盛頓州美景市高智發明公司，以及和該公司多人〔納生・麥沃德、肯恩・卡爾戴拉、洛威爾・伍德、約翰・萊瑟姆、比爾・蓋茲、羅德・海德（Rod Hyde）、Neal Stephenson、Pablos Holman等〕的訪談。期間，也包括Shelby Barnes、Wayt Gibbs、John Gilleand、Jordin Kare、Casey Tegreene與Chuck Witmer……後續的通訊內容。在造訪該公司時，麥沃德兩個大學年紀的兒子**康諾**（**Conor**）**和卡默隆**（**Cameron**）也參與討論，他們本身已經加入發明行列「人體的穿戴／攜帶式防護系統」，又稱人體安全氣囊，並且有作品申請專利。專利申請書寫著：「具體化之後，system 100可以穿戴

在行動困難者身上，以防止未來可能的墜落或跟環境物體碰撞。在另一個版本中，system 100可以代替傳統護墊、頭盔與護甲，讓運動員穿戴。另一個版本，system 100可以給騎腳踏車、溜滑板、溜冰、滑雪、玩滑雪板、搭雪橇或從事各種其他運動的人穿戴。」**關於他們父親的更多有趣資料**，見肯恩．奧萊塔（Ken Auletta）的〈微軟的挑唆者〉（The Microsoft Provocateur），《紐約客》，一九九七年五月十二日；〈專利質量和改進〉（Patent Quality and Improvement），是麥沃德面對美國眾議院司法委員會法院小組委員會（the Subcommittee on the Courts）互聯網和知識產權（the Internet and Intellectual Property）的證詞，二〇〇五年四月二十八日；強納生．雷諾茲（Jonathan Reynolds）的〈廚房偷窺狂〉（Kitchen Voyeur），《紐約時報雜誌》，二〇〇五年十月十六日；尼可拉斯．瓦切弗（Nicholas Varchaver）的〈誰怕納生．麥沃德〉（Who's Afraid of Nathan Myhrvold），《財星》（*Fortune*），二〇〇六年七月十日；葛拉威爾（Malcolm Gladwell）的〈即將發生；創新年鑑〉（In the Air; Annals of Innovation），《紐約客》，二〇〇八年五月十二日；阿莫爾．夏爾馬（Amol Sharma）與唐．克拉克（Don Clark）的〈科技專家要求巨額專利費激怒了業界〉（Tech Guru Riles the Industry by Seeking Huge Patent Fees），《華爾街日報》，二〇〇八年九月十八日；麥可．厄爾曼（Mike Ullman）的〈問題解決者〉（The Problem Solver），《華盛頓CEO》（*Washington CEO*），二〇〇八年十二月。麥沃德本身文筆甚佳，尤其是許多長篇煽動激發性、極為詳盡、主要供內部使用的備忘錄，參閱上述奧萊塔詳細討論的一些麥沃德給微軟的備忘錄。其中，寫得最好的一份備忘錄應該是他在二〇〇三年為高智發明公司撰寫的〈優異的發明應具備什麼要素？〉（What Makes a Great Invention？），我們希望，有一天，外界能欣賞到這篇佳作。

雷射殺蚊子：更多迷人細節，見羅伯特・古斯（Robert A. Guth）的〈火箭科學家用雷射擊落蚊子〉（Rocket Scientists Shoot Down Mosquitoes with Lasers），《華爾街日報》，二〇〇九年三月十四—十五日。「我不知道有誰比納生更聰明」：見上述奧萊塔文章。

❻ 也有專利辭典參照法拍屋海蟑螂之行徑，把這個名詞譯為「專利蟑螂」。

❼ 聞名世界的傑出理論物理學家。

更多暴龍骨骸：見上述葛拉威爾文章；也根據與古生物學家傑克・霍納（Jack Horner）的通信，麥沃德和他合作尋找恐龍化石。**明確的研究……包括氣候科學**：見艾德華・泰勒（Edward Teller）、洛威爾・伍德與羅德里克・海德（Roderick Hyde）的〈全球暖化和冰河時代：I.基於物理學的全球變遷調整之展望〉（Global Warming and Ice Ages: I. Prospects for Physics-Based Modulation of Global Change），第二十二屆國際行星緊急情況研討會（22nd International Seminar on Planetary Emergencies），在義大利（西西里）埃理切（Erice）市舉行，一九九七年八月二十日至二十三日；肯恩・卡爾戴拉與洛威爾・伍德的〈全球和北極氣候工程：數值模式研究〉（Global and Arctic Climate Engineering: Numerical Model Studies），《自然科學會報》（*The Philosophical Transactions of the Royal Society*），二〇〇八年十一月十三日。

❽ 在中場休息時間，隨性地詢問麥沃德一些問題（例如行星的撞擊是否真的跟恐龍的滅絕有關），他往往會向你敘述各種不同理論的發展史、最終勝出的理論背後的邏輯（和但書）、沒能勝出的理論變化的謬誤（及較次要的真相）。至於行星的撞擊是否真的跟恐龍的滅絕有關，麥沃德給了肯定的

答案。

❾ 美國作家約翰・甘迺迪・塗爾（John Kennedy Toole）在死後多年才贏得普立茲獎的滑稽小說《笨蛋聯盟》（*A Confederacy of Dunces*）裡的主人翁。

伍德本身是個門徒：關於地質工程的精采探討，也是對洛威爾・伍德與肯恩・卡爾戴拉兩人的描述，見克里斯・穆尼（Chris Mooney）的〈百萬噸二氧化硫能否對抗氣候變遷？〉（Can a Million Tons of Sulfur Dioxide Combat Climate Change?），《連線》（*Wired*），二〇〇八年六月二十三日。

❿ 位於蘇門答臘島和爪哇島之間的巽他海峽上。

「多達一百萬」：見上述葛拉威爾文章。**麥沃德引述最近的論文**：見羅伯特・沃塔德（Robert Vautard）、巴斯卡（Pascal Yiou）與范歐登堡（Geert Jan van Oldenborgh）的〈歐洲過去三十年的霧，薄霧（靄）和霾的減少〉（Decline of Fog, Mist and Haze in Europe Over the Past 30 Years），《自然地球科學》（*Nature Geoscience*）2, no. 115（2009）；羅爾夫・菲羅娜（Rolf Philipona）、克勞斯・貝倫斯（Klaus Behrens）與克里斯汀（Christian Ruckstuhl）的〈八〇年代以來，歐洲氣膠減少與溫室氣體增加如何造成快速暖化〉（How Declining Aerosols and Rising Greenhouse Gases Forced Rapid Warming in Europe Since the 1980s），《地球物理研究通訊》（*Geophysical Research Letters*）36（2009）。

⓫ 針對麥沃德引述阿基米德的這句話，伍德提出質疑：「其實，他（阿基米德）要求的是一支夠長的槓桿。」麥沃德反擊：「他也需要一個支點！」

你在新辦公大樓呼吸的二氧化碳：摘自美國採暖、製冷與空調工程師學會（American Society of Heating, Refrigerating, and Air-Conditioning Engineers）的準則。**二氧化碳不是毒藥**：對大氣層裡二氧化碳現狀的清晰概觀，見威廉・黑波（William Happer）的〈氣候變遷〉（Climate Change），向美國參議院環境暨公共工程委員會（Environment and Public Works Committee）的陳述，二〇〇九年二月二十五日；資料也摘自能源部的二氧化碳資訊分析中心。**氣溫升高後二氧化碳濃度升高**：見傑夫（Jeff Severinghaus）的〈關於全球暖化，什麼是冰芯背後的「二氧化碳後至」告訴我們的事情〉（What Does the Lag of CO2 Behind Temperature in Ice Cores Tell Us About Global Warming），真實的氣候氣象網站（RealClimate），二〇〇四年十二月三日。**「海洋酸化」**：見肯恩・卡爾戴拉與麥可・魏克特（Michael E. Wickett）的〈海洋學：人為碳和海洋酸鹼值〉（Oceanography: Anthropogenic Carbon and Ocean pH），《自然》（*Nature*）425（September 2003）；與伊莉莎白・柯伯特（Elizabeth Kolbert）的〈變暗的海〉（The Darkening Sea），《紐約客》，二〇〇六年十一月二十日。**激進的環保人士**：見上述穆尼（Mooney）文章對卡爾戴拉背景的有趣描述。**卡爾戴拉提到一項研究**：見卡爾戴拉等人的〈地球工程方案對陸地生物圈的影響〉（Impact of Geoengineering Schemes on the Terrestrial Biosphere），《地球物理研究通訊》29，no. 22（2002）。**樹木是環境災害**：見卡爾戴拉等人的〈全球土地覆蓋變化的氣候影響〉（Climate Effects of Global Land Cover Change），《地球物理研究通訊》32（2005）；還有卡爾戴拉等人的〈大規模森林砍伐的氣候和碳循環效應〉（Combined Climate and Carbon-Cycle Effects of Large-Scale Deforestation），《美國國家科學院院刊》（*Proceedings* *of the National Academy of Sciences*）104，no. 16（April 17, 2007）。**大氣層碳元素的半衰期**：見亞契（Archer）等人的〈礦物燃料二氧化碳的大氣壽命〉（Atmospheric Lifetime of Fossil Fuel Carbon Dioxide），《地球與行星科學年度評論》（*Annual Review of Earth and Planetary Sciences*）37（2009）。**「會終結掉灣流」**：見湯瑪斯．斯托克（Thomas F. Stocker）與安德烈亞斯（Andreas Schmittner）的〈二氧化碳排放率對深海環流（溫鹽環流）穩定性的影響〉（Influence of Carbon Dioxide Emission Rates on the Stability of the Thermohaline Circulation），《自然》388（1997）；與布萊德．萊姆利（Brad Lemley）的〈下一個冰河時代〉（The Next Ice Age），《*Discover*》，二〇〇二年九月。**紐芬蘭的北端**：這個從前的北歐人聚落稱作L'Anse aux Meadows。**富蘭克林對火山的懷疑**：見班哲明．富蘭克林的〈氣象想像和猜測〉（Meteorological Imaginations and Conjectures），《曼徹斯特文學與哲學社會回憶錄》（*Memoirs of the Literary and Philosophical Society of Manchester*），一七八四年十二月二十二日；與卡倫．哈波（Karen Harpp）的〈火山如何影響世界氣候？〉（How Do Volcanoes Affect World Climate?），《科學美國人》（*Scientific American*），二〇〇五年十月四日。**「沒有夏季的一年」**：見羅伯特．埃文斯（Robert Evans）的〈來自過去的爆炸〉（Blast from the Past），史密森尼學會（Smithsonian Institution），二〇〇二年七月。**托巴超級火山湖**：見史坦利．安布羅斯（Stanley H. Ambrose）的〈晚更新世人口瓶頸，火山冬季和現代人類的分化〉（Late Pleistocene Human Population Bottlenecks, Volcanic Winter, and Differentiation of Modern Humans），《人類演化》（*Journal of Human Evolution*）34，no. 6（1998）。**馮內果兄弟造雨**：見威廉

（William Langewiesche）的〈偷竊天氣〉（Stealing Weather），《浮華世界》（*Vanity Fair*），二〇〇八年五月。**這個點子要歸功於……米克海爾．布迪科**：見米克海爾．布迪科（M. I. Budyko）的〈氣候變遷〉（Climatic Changes），美國地球物理學會（American Geophysical Society），華盛頓特區，一九七七年。離奇的是，肯恩．卡爾戴拉在布迪科位於列寧格勒的研究所進行了博士後研究，在當地認識他後來的老婆。**或許最強烈的科學爭論**：見保羅．克魯岑（Paul J. Crutzen）的〈平流層硫噴射提高反照率：為解決政策困境提供貢獻？〉（Albedo Enhancement by Stratospheric Sulfur Injections：A Contribution to Resolve a Policy Dilemma?），《氣候變遷》（*Climatic Change*），二〇〇六年。**沒有規範框架**：延伸閱讀見〈太陽從天上掉下來〉（The Sun Blotted Out from the Sky），伊莉莎白．斯沃博達（Elizabeth Svoboda），Salon.com，二〇〇八年四月二日。**某些新想法……必然令人反感**：研究反感的泰斗是哈佛經濟學家阿爾文．羅思（Alvin E. Roth），the Market Design部落格可以看到他的成果。亦請見：杜伯納與李維特的〈肉食貿易〉（Flesh Trade），《紐約時報雜誌》，二〇〇六年七月九日；薇薇安娜．扎里澤（Viviana A. Zelizer）的〈人的價值與市場：十九世紀美國的人身保險與死亡案例〉（Human Values and the Market：The Case of Life Insurance and Death in 19th Century America），《美國社會學期刊》（*American Journal of Sociology*）84，no. 3（November 1978）。高爾的各項引述出自李奧納多．大衛（Leonard David）的〈艾爾．高爾：地球正處於全面行星緊急狀態〉（Al Gore：Earth Is in 'Full-Scale Planetary Emergency'），Space.com網站，二〇〇六年十月二十六日。**「濕鏡」計畫**：見約翰．萊瑟姆（John Latham的）〈透過控制增強低空海洋雲層的反照率和持久度來改善全球暖化〉（Amelioration of Global Warming by Controlled Enhancement of the Albedo and Longevity of Low-Level Maritime Clouds），《大氣科學通訊》（*Atmospheric Science Letters 3*），no. 2（2002）。凝結雲：見大衛・崔維斯（David J. Travis）、安德魯・卡爾頓（Andrew M. Carleton）與萊恩・羅里茲恩（Ryan G. Lauritsen）的〈氣候學：凝結物降低日常溫度的範圍〉（Climatology：Contrails Reduce Daily Temperature Range），《自然》，二〇〇二年八月；崔維斯的〈二〇〇一年九月十一日至十四日飛機著地美國晝夜溫差的地區性變化：噴射飛機航跡影響氣候的證據〉（Regional Variations in U.S. Diurnal Temperature Range for the 11–14 September 2001 Aircraft Groundings：Evidence of Jet Contrail Influence on Climate），《氣候期刊》（*Journal of Climate*）17（March 1，2004）；還有安德魯・卡爾頓等人的〈美國綜合大氣環境中噴射飛機軌跡的爆發〉（Composite Atmospheric Environments of Jet Contrail Outbreaks for the United States），《應用氣象學和氣候學期刊》（*Journal of Applied Meteorology and Climatology*）47（February 2008）。

改變個人行為對抗全球暖化：

⓬ 歐巴馬（Barack Obama）在二〇〇八年競選總統時發生的一個例子，可間接證明以個人的行為改變來對抗全球暖化有多困難。在為一場政見辯論會做準備時，歐巴馬被錄音機錄到他抱怨政見辯論會有時很膚淺：「（NBC晚間新聞主播）布萊恩・威廉斯（Brian Williams）問我：『你個人做過什麼環保的事？』我說：『噢，我種了一批樹。』他說：『我指的是個人。』我心裡想：『哎，布萊恩，事實上，不可能因為我他X的更換了我家的燈泡，就能解決全球暖化問題，因為那是眾人的

事啊！』」此事記載於〈Hackers and Spending Sprees〉，新聞週刊網站專文，二〇〇八年十一月五日。

髒手與致命醫生：關於西梅爾魏斯的悲慘結局，見許爾文・努蘭（Sherwin B. Nuland）的《洗手戰役》（Atlas Books, 2003）。**「近期的很多研究」**：見迪迪埃・皮特（Didier Pittet）的〈提高信奉實踐手部衛生：各種學科途徑〉（Improving Adherence to Hand Hygiene Practice：A Multidisciplinary Approach），《新興傳染病》（*Emerging Infectious Diseases*），二〇〇一年三月至四月。**「凡人都會犯錯」**：琳達・科恩（Linda T. Kohn）、珍妮特・科里根（Janet Corrigan）與莫拉・唐納森（Molla S. Donaldson）的《人非聖賢：建立更安全的健康體系》（*To Err Is Human：Building a Safer Health System*）（National Academies Press, 2000）。

⓭ 這裡要強調的是，其實，長久以來，醫院一直試圖提高醫生的洗手率。一九八〇年時，美國衛生署推出一項宣導活動，旨在促進小兒科病房洗手率，獎勵品是名為「T. Bear」的填充玩具熊。小朋友和醫生都喜愛T. Bear，不過，喜愛T. Bear的可不只是他們，一週後，小兒科病房的幾十隻玩具熊被送去檢驗，每一隻玩具熊上都多了一大群新朋友：金黃葡萄球菌、大腸桿菌、綠膿桿菌、克雷白氏菌等。

西德斯西奈醫學中心：見杜伯納與李維特的〈賣肥皂〉（Selling Soap），《紐約時報雜誌》，二〇〇六年九月二十四日。該中心泌尿科的李歐・班德（Leon Bender）醫師介紹我們知道這個故事。**澳洲研究**：見J. Tibbals的〈教醫院醫務人員洗手〉（Teaching Hospital Medical Staff to Handwash），《澳洲醫學期刊》（*Medical Journal of Australia*）164（1996）。**「最佳對策之**

中」：關於拋棄式血壓計護套，見凱文・沙克（Kevin Sack）的〈手中的棉棒，醫院可以減少致命的感染〉（Swabs in Hand, Hospital Cuts Deadly Infections），《紐約時報》，二〇〇七年七月二十七日；**關於銀離子抗菌膜**，見克雷格・費德（Craig Feied）的〈新型抗菌表面塗層和減少SARS和其他病原體體液傳播的潛力〉（Novel Antimicrobial Surface Coatings and the Potential for Reduced Fomite Transmission of SARS and Other Pathogens），未發表手稿，二〇〇四年；關於領帶，見〈英國醫院禁止長袖和領帶來對抗感染〉（British Hospitals Ban Long Sleeves and Neckties to Fight Infection），美聯社，二〇〇七年九月十七日。

大家割包皮：見英格麗・卡茲（Ingrid T. Katz）與阿列克謝・萊特（Alexi A. Wright）的〈割禮——非洲預防愛滋病的手術策略〉（Circumcision—A Surgical Strategy for HIV Prevention in Africa），《新英格蘭醫學雜誌》（*New England Journal of Medicine*）359，no. 23（December 4, 2008）；亦摘自作者對卡茲的訪談。

Epilogue

Monkeys Are People Too

後記｜猴子也懂貨幣價值

關心通貨膨脹、經濟衰退、金融風暴的經濟學支流是總體經濟學，當經濟境況不錯時，總體經濟學家被稱頌為英雄；當經濟境況變差時（例如最近），他們就備受責怪。不論經濟欣榮或衰退，贏得新聞版面的都是總體經濟學家。

我們希望，在讀完此書後，你會明白，除了總體經濟學家，還隱藏著一大群另一支流的經濟學家——個體經濟學家，他們尋求了解個人所做的選擇，不只是個人購買什麼，還有個人是否常洗手，是否變成恐怖分子。

有些個體經濟學家甚至不局限於研究人類。

三十三歲的華人移民之子陳凱世（Keith Chen），有著一頭衝冠的新潮髮型，穿著時髦，非常健談。他隨父母在美國中西部鄉村地區輾轉遷居成長後，進入史丹佛大學數學系就讀，在短暫著迷於馬克斯主義後，改變了看法，進入哈佛大學經濟研究所就讀。現在，陳凱世是耶魯大學經濟系副教授。

他的研究議題靈感來自古典經濟學鼻祖亞當．史密斯（Adam Smith）在《國富論》一書中所寫的一段話：「沒有人見過一隻狗跟另一隻狗，就骨頭進行公平且深思熟慮的交易；沒有人見過一隻動物以牠的動作和自然叫聲，向另一隻動物打訊號示意：這個是我的，那個是你的；我願意拿這個跟你交換那個。」

換言之，史密斯很確定，只有人類會使用貨幣交易這種妙法。

不過，史密斯的這個看法正確嗎？

供需法則照樣行得通

在經濟學裡跟在生活中，你永遠無法找到這個問題的答案，除非你願意提問，不管它聽起來有多愚蠢。陳凱世的問題很簡單：要是我能教一群猴子使用貨幣呢？

陳凱世挑選的是捲尾猴，產於美洲的棕色猴子，玲瓏可愛，大約只有一歲大小孩的個頭，至少是瘦骨如柴的一歲大小孩，但有一條很長的尾巴。「捲尾猴的腦容量小，牠們主要只專注於食物和性。」陳凱世說。（關於這點，我們認為，捲尾猴和我們認識的許多人並沒有太大差別嘛，不過，這是題外話。）他又說：「捲尾猴的胃像是無底洞，你可以整天不斷地餵食牠們棉花糖，牠們會不斷地再索要。」

對經濟學家而言，這使得捲尾猴成為很棒的研究對象。

陳凱世跟他的學生溫卡・拉許米納拉亞南（Venkat Lakshminarayanan），前往耶魯大學心理學家勞莉・聖托斯（Laurie Santos）設在耶魯紐海芬醫院（Yale-New Haven Hospital）的實驗室，對七隻捲尾猴進行實驗。一般猴子實驗室都會為猴子取名字，這個實驗室以〇〇七系列電影裡的人物為捲尾猴命名，這七隻捲尾猴中四隻為母猴，三隻是公猴，其中的猴子王（公猴）名叫「菲利斯」（Felix），是以〇〇七電影中龐德的摯友、美國中情局情報員「Felix Leiter」命名。牠是陳凱世的最愛。

這些猴子一起住在一只大的開放籠裡，大籠的另一端有一個小很多的籠子，那是進行實驗的房間，一次只有一隻猴子進入這房間參與實驗。至於貨幣，陳凱世使用的是一吋、中間有個洞的小銀盤，「跟中國人的古錢幣很像。」他說。

第一步是教猴子這硬幣的價值，這得花些工夫。你給捲尾猴一枚硬幣，牠會聞一聞，知道這玩意兒不能吃（也不能跟它做愛），於是，牠會把硬幣丟在一邊。要是你重複給幾次，牠可能開始用力把硬幣朝你丟。

陳凱世和同事給猴子一枚硬幣，並展示要招待牠的食物。每當猴子把硬幣還給研究員時，牠就能得到這食物。這教導花了許多個月，不過，猴子終於學會：硬幣可以拿來買食物。

他們發現，每隻猴子對不同食物有強烈不同的偏好。研究員可能遞給一隻捲尾猴一盤十二枚硬幣（牠的預算上限），接著，一位研究員提供果凍，另一位研究員提供蘋果切片。這隻猴子會把牠的硬幣交給拿著牠所偏好的食物的那位研究員，這位研究員就把食物遞給牠。

接下來，陳凱世在猴子的經濟體系裡引進價格波動和所得變化。假設，菲利斯偏愛的食物是果凍，而且牠已經習慣以一枚硬幣換得三顆果凍，要是突然間，一枚硬幣只能換得兩顆果凍，將發生什麼狀況呢？

陳凱世吃驚地發現，菲利斯和其他猴子做出了理性反應！當其中某項食物的價格上升時，猴子便少買這項食物；當價格下跌時，牠們便多買。最基本的經濟學法則——需求曲線為負斜率，不僅適用於人類，也適用於猴子。

在目睹猴子的理性行為後，接下來，陳凱世想測試牠們的非理性行為。他進行了兩種賭局，在第一種賭局中，研究員向捲尾猴展示一顆葡萄，視丟擲出的硬幣面而定，猴子可以獲得這顆葡萄，或是除了這顆葡萄，還多贏得一顆。在第二種賭局中，猴子一開始就看到兩顆葡萄，但若丟擲出輸的那一面，研究員便拿走其中一顆，猴子只獲得一顆葡萄。

其實，以期望值來計算，猴子在這兩種賭局中平均獲得的葡萄顆數相同，但第一種賭局的安排方式是有「潛在利得」（potential gain），第二種賭局的安排方式是有「潛在損失」（potential loss）。

結果，捲尾猴表現出什麼樣的反應？

由於猴子並不是很聰明，你大概會以為牠們沒有能力運用任何的賭博策略，因此，你也許會預期牠們較偏好研究員一開始就提供兩顆葡萄。但實驗呈現的情形恰恰相反！當猴子發現，一開始就出示兩顆葡萄的那位研究員有時會拿走一顆葡萄，而一開始只出示一顆葡萄的那位研究員有時會多給一顆葡萄時，猴子們強烈偏好一開始只出示一顆葡萄的那位研究員。理性的猴子應該不會在乎玩的是哪一種賭局，但非理性的猴子卻呈現了心理學家所謂的「厭惡損失」（loss aversion）行為；牠們的行為隱義是：失去一顆葡萄的痛苦大於獲得一顆葡萄的快樂。

截至目前為止，猴子在用錢方面似乎跟人類一樣理性，但後面這項實驗卻顯示了猴子和人的極大差異性。

是這樣嗎？

拿錢去嫖妓！

事實上，對人類（例如短線交易者）進行類似的實驗，發現人類同樣做出非理性決策的比例幾乎跟猴子相同。陳凱世說，捲尾猴實驗得出的資料，「在統計上顯示牠們跟大多數股市投資人並無差異。」

所以截至目前為止，人類跟這些腦容量小、只專注於食物和性的猴子很相似。接著，彷彿陳凱世還需要為這種相似性取得更多支持證據似地，最奇怪的事在實驗室裡發生了。

菲利斯急匆匆地進入實驗房，牠這種舉動以前出現過無數次了，不過這一天，陳凱世不明白什麼原因，菲利斯並沒有把十二枚硬幣集中於盤子上，用它們來購買食物，反而把整盤的硬幣拋向所有猴子共同居住的大籠子，接著，自己逃出實驗房，跟著其他猴子背後奔跑：搶劫銀行後，接著越獄！

大籠子裡一團混亂，七隻猴子爭搶地上的十二枚硬幣。當陳凱世和其他研究員進入籠裡撿拾硬幣時，猴子們不肯退讓，畢竟，牠們已經知道這些硬幣是有價值的。所以，這些人便用食物來收買猴子，這使猴子們獲得了寶貴的啟示：犯罪可以撈到好處！

接著，陳凱世的眼角瞄到了值得注意的一幕：一隻猴子沒有把牠手上的硬幣交給人類，以換取一顆葡萄或一片蘋果，反而走向另一隻母猴，把硬幣遞給她。陳凱世在先前的研究中已經發現猴子會展現利他行為，所以他剛剛目睹的那一幕，就是猴子自動自發的利他行為嗎？

在幾秒鐘的梳理後，砰！這兩隻捲尾猴做起愛來了！

陳凱世剛剛目睹的根本不是利他行為，而是有記錄的科學史上第一樁猴子嫖妓！

再接下來，為了證明猴子們已經多麼徹底地吸收了貨幣概念，做愛結束後（歷時八秒鐘，牠們畢竟是猴子嘛），那隻收了錢的母猴立刻拿著硬幣向陳凱世購買一些葡萄。

這情節使陳凱世的腦袋轉了起來。截至目前為止，研究人員進行的是狹義貨幣實驗：一次只對一隻猴子進行實驗。要是陳凱世能夠在猴子的生活裡直接推出貨幣呢？那麼，研究的可能性就無窮盡囉。

可惜，陳凱世夢想的捲尾猴資本主義未能通過核准。監督此猴子實驗室的主管擔心，在捲尾猴的生活裡推出貨幣，可能會對牠們的社會結構造成無可挽回的破壞。

他們的顧慮大概是對的。

若捲尾猴這麼快就學會在手上有點錢時去嫖妓，想像這世界將多快地充斥著猴子兇手、猴子恐怖分子、導致全球暖化的猴子汙染者，以及疏於洗手的猴子醫生。當然啦，未來世代的猴子會出面設法解決這些問題，不過，這世界永遠都有需要解決的問題，例如猴子頑固又愚蠢的腦袋，堅持讓牠們的孩子坐汽車後座……。

注解

見杜伯納與李維特的〈惡作劇〉（Monkey Business），《紐約時報雜誌》，二〇〇五年六月五日；Venkat Lakshminarayanan、陳凱世（M. Keith Chen）與勞瑞・桑托斯（Laurie R. Santos）的〈捲尾猴的天賦效應〉（Endowment Effect in Capuchin Monkeys），《自然科學會報》（*Philosophical Transactions of the Royal Society*）363（October 2008）；還有陳凱世與勞瑞・桑托斯的〈理性與非理性經濟行為的演變：來自非人類靈長類物種的證據和洞察〉（The Evolution of Rational and Irrational Economic Behavior: Evidence and Insight from a Non-Human Primate Species），是《神經經濟學：決策與大腦》（*Neuroeconomics: Decision Making and the Brain*）書中的一章，保羅（Paul Glimcher）、科林（Colin Camerer）、恩斯特（Ernst Fehr）與羅素（Russell Poldrack）編注（Academic Press, Elsevier, 2009）。**「沒人看過狗」**：見亞當・史密斯，《國富論》，愛德華・卡農（Edwin Cannon）編注（芝加哥大學出版社，一九七六年；原著於一七七六年出版）。**短線交易者也討厭損失**：見泰倫斯・奧丁（Terrance Odean）的〈投資者不願意理解接受損失嗎？〉（Are Investors Reluctant to Realize Their Losses?），《財經》（*Journal of Finance*）53，no. 5（October 1998）。

Acknowledgments

致謝

首先，我們要一起感謝讓我們在本書中轉述他們故事的所有人。內文裡提到的每個人，以及通常另外有五到十位以不同方式做了貢獻的人。謝謝你們所有人。我們也很感謝本書中他們的作品被引述的許多學者與研究人員。

William Morris Endeavor經紀公司的Suzanne Gluck真是獨一無二的經紀人，我們很幸運遇到她。她還有許多傑出同僚，包括Tracy Fisher、Raffaella De Angelis、Cathryn Summerhayes、Erin Malone、Sarah Ceglarski、Caroline Donofrio與Eric Zohn，他們都幫了大忙，一如WME過去與現在的其他同仁。

在William Morris / HarperCollins公司，我們跟非常出色的責任編輯Henry Ferris合作愉快，Dee Dee DeBartlo總是開朗又堅持地努力工作。還有許多其他人要感謝——例如Brian Murray、Michael Morrison、Liate Stehlik、Lynn Grady、Peter Hubbard、Danny Goldstein與Frank Albanese——還

有那些已經離職的人，尤其是Jane Friedman與Lisa Gallagher。至於提供茶水與同情心等等，感謝英國企鵝出版社的Will Goodlad與Stefan McGrath（他們也出版我們子女能看的優質英國童書）。

謝謝紐約時報允許在它的報紙上與我們的部落格刊登本書的一些想法，以試探群眾反應。尤其感謝Gerry Marzorati、Paul Tough、Aaron Retica、Andy Rosenthal、David Shipley、Sasha Koren、Jason Kleinman、Brian Ernst與Jeremy Zilar。

謝謝Number 17的女士們：太好玩了！以後還有續集喔。

感謝Harry Walker公關公司給了我們更多機會認識更多超乎我們想像的傑出人士，而且跟他們配合很愉快。謝謝Don Walker、Beth Gargano、Cynthia Rice、Kim Nisbet、Mirjana Novkovic與其餘的每個人。

Linda Jines不斷證明了她描繪東西的功力，無人能出其右。

也特別感謝花時間提供各種聰明、迷人、邪惡與令人抓狂的點子讓我們參考的所有讀者。

Personal Acknowledgments

個人致謝

我虧欠許多共同作者與同僚，本書充滿了他們的絕佳點子，還有花時間教我了解經濟學與人生的各方人士。我的太太珍妮特和我們的子女：阿曼達、奧莉維亞、尼可拉斯以及蘇菲，讓每天都喜悅快樂，即使我們如此想念安德魯。感謝我的父母教我與眾不同也無妨。最重要的，我要感謝好友與共同作者史蒂芬．杜伯納，他是高明的寫作者與有創意的天才。

李維特

感謝Sudhir Venkatesh、Allie、Craig Feied、Ian Horsley、Joe De May Jr.、John List、Nathan Myhrvold與Lowell Wood這些人讓我每天慶幸自己成為作家。他們充滿了令人樂於學習的洞見與驚喜。史帝文．李維特不只是個好搭檔，也是個優秀的經濟學老師。至於傑出的研究協力，感謝Rhena Tantisunthorn、Rachel Fershleiser、Nicole Tourtelot、Danielle Holtz，尤其Ryan Hagen對本書大有幫助，

遲早會寫出他自己的好書。感謝我的好老婆愛倫，還有名叫所羅門與安雅的美妙生物：你們全都棒呆了。

杜伯納

作者簡介

史帝文・李維特 Steven D. Levitt

芝加哥大學經濟學系William B. Ogden榮譽終身教授。李維特在二〇〇三年獲頒「約翰・貝茲・克拉克獎」，該獎項是頒發給四十歲以下最具影響力的經濟學家，許多贏得此殊榮的經濟學家後來也贏得諾貝爾經濟學獎。《時代》雜誌將李維特評選為「全球最具影響力的百大人物」，《經濟學人》亦評選他為經濟學界的八位明日之星。

李維特的研究與論述不僅使艱澀深奧的經濟學變得更平易近人、饒富趣味，也啟發人們更深入思考社會與日常生活中，許多看似怪誕現象背後的道理與深義，並進而省思政策與措施的成效和影響性。他與杜伯納合著的前一本作品《蘋果橘子經濟學》，至今已在全球以三十五種語言銷售，超過四百萬冊。

史帝芬・杜伯納 Stephen J. Dubner

前《紐約時報雜誌》作家與編輯，為《紐約時報》、《紐約客》等知名報章雜誌撰文，出版多本著作。

譯者簡介

李芳齡

譯作超過一百五十本，包括近期出版的《持續買進》、《以小勝大》、《開放資料大商機》、《BCG頂尖顧問教你轉型思考術》、《頂尖對決：蘋果、谷歌與微軟的商戰風雲》、《尋找下一個賈伯斯》。

next 320

超爆蘋果橘子經濟學（15週年長銷紀念版）

作　者—史帝文．李維特（Steven D. Levitt）、史帝芬．杜伯納（Stephen J. Dubner）
譯　者—李芳齡
副總編輯—陳家仁
編　輯—黃凱怡
企　劃—洪晟庭
封面設計—木木 Lin
內頁排版—李宜芝

總編輯—胡金倫
董事長—趙政岷
出版者—時報文化出版企業股份有限公司
108019 台北市和平西路三段 240 號 4 樓
發行專線—(02)2306-6842
讀者服務專線—0800-231-705・(02)2304-7103
讀者服務傳真—(02)2304-6858
郵撥—19344724 時報文化出版公司
信箱—10899 臺北華江橋郵局第 99 信箱

時報悅讀網—http://www.readingtimes.com.tw
法律顧問—理律法律事務所 陳長文律師、李念祖律師
印　刷—勁達印刷有限公司
初版一刷—二〇一〇年一月四日
二版一刷—二〇一八年三月二日
三版一刷—二〇二四年四月三日
定　價—新台幣四五〇元
（缺頁或破損的書，請寄回更換）

時報文化出版公司成立於一九七五年，
並於一九九九年股票上櫃公開發行，於二〇〇八年脫離中時集團非屬旺中，
以「尊重智慧與創意的文化事業」為信念。

超爆蘋果橘子經濟學 / 史帝文 . 李維特 (Steven D. Levitt), 史帝芬 . 杜伯納 (Stephen J. Dubner) 著 ; 李芳齡譯 . -- 三版 . -- 臺北市 : 時報文化出版企業股份有限公司, 2024.04
352 面 ; 14.8 x21 公分 . -- (next ; 320)

譯自 : Superfreakonomics : global cooling, patriotic prostitutes, and why suicide bombers should buy life insurance.
ISBN 978-626-396-056-5(平裝)

1. 經濟學

550　　113003084

ISBN 978-626-396-056-5
Printed in Taiwan